KMES 한국음악교육학회 학술총서 02

Research Practice in Music Education

음악교육 연구방법의 이해

주대창 · 현경실 · 민경훈 · 양종모 · 김용희 · 조성기
김지현 · 권수미 · 조대현 · 박지현 · 최진호 · 임은정 공저

학지사

머리말

진리를 찾고 그것을 전하려는 학자에게 연구는 그 존재의 이유가 됩니다. 연구를 통하여 인류에 기여해야 하는 사명은 음악교육학자에게도 동일하며, 음악교육에 대한 연구가 소홀하게 되면 지표 없이 같은 곳을 맴도는 음악교육이 이루어질 것입니다.

음악교육연구에서는 진리 탐구에 대한 열정이 무엇보다 중요합니다. 또한 일정한 기간 내에 효율적인 연구 작업을 수행하기 위하여 음악교육연구에 대한 방법적 문제를 점검하고 풀어 보는 일이 필요합니다. 특히 음악교육연구의 길에 새롭게 접어든 사람의 경우, 일반적 학술연구의 원리와 음악교육 분야의 고유성을 아우르는 연구 노하우를 습득하는 것이 중요합니다.

학문의 세계에서 연구 수행의 결과는 대개 문헌의 형태로 나타나고, 기존의 문헌에서 음악교육의 모습을 추적하는 일과 새로운 음악교육 문헌을 창출하는 일은 서로 연결되어 있어야 합니다. 즉, 음악교육에 대한 과거의 문헌을 접함과 동시에 현재의 자료를 엮어 미래의 음악교육을 열 수 있는 연구 작업이 지속되어야 합니다. 그리고 여기에는 학문적 문헌 작성의 전통이 존중되어야 합니다.

이 책은 음악교육연구를 수행하여 논문이라는 연구문헌을 내는 데 도움을 주기 위한 하나의 길잡이입니다. 음악교육을 보다 심층적으로 탐구하거나 음악교육 관련 전공으로 학위과정을 이수하는 사람에게 음악교육연구의 방법에 대한 편리한 조망을 제공할 것입니다. 독자는 이 책을 통해 음악교육연구의 의미와 분야, 절차 및 그 결과물 작성에 이르기까지 음악교육연구의 전체 과정을 살펴보고, 예시한 방법적 틀을 실제 자신의 연구에 응용해 볼 수 있을 것입니다.

이 책의 출간이 이루어지도록 성원해 주신 한국음악교육학회 회원 및 이사님들께 감사의 말씀을 드립니다. 특히 원고의 틀을 안내하고 수집하는 일을 맡아 주신 한국교원대학교 권수미 교수님, 그리고 전체 원고를 꼼꼼히 읽고 좋은 의견을 주신 임은정 박사님께 고마움을 전합니다. 바쁜 일정 중에도 기꺼이 원고를 담당해 주신 집필진 여러분, 정말 수고 많으셨습니다. 여러분의 노고로 음악교육이 더욱 발전하리라고 믿습니다. 또한 이 책의 사용자 입장에서 초고를 세밀하게 살펴 준 서울대학교 음악교육전공 석·박사과정의 김지현, 이현수, 신은지, 원초롱, 정윤정, 김지혜, 김연진, 홍수민 선생님의 도움을 기억합니다. 모두 감사합니다.

첨언하자면, 신진 학자에게는 음악교육연구의 다양한 경향을 접해 보는 일이 유용할 것입니다. 이 책과 더불어 한국음악교육학회에서 기획한 『음악교육연구의 동향과 과제』(학지사, 2018)를 참고해 보길 권합니다. 그 책에서는 국내에서 이루어지고 있는 음악교육연구의 실제 상황을 주요 문헌과 함께 소개하고 있습니다. 아무쪼록 한국음악교육학회가 연구총서로 제공하는 『음악교육 연구방법의 이해』와 『음악교육연구의 동향과 과제』가 음악교육 현장에서 연구 디딤돌의 역할을 할 수 있기를 소망합니다.

한국음악교육학회장 주대창

차례

제1부 음악교육연구의 기초

제2부 음악교육연구의 실천-질적 연구

제3부 음악교육연구의 실천-양적 연구

제4부 음악교육연구의 실천-현장연구

제5부 음악교육연구의 측정과 검사

제6부 연구윤리와 참고문헌 작성법

제 1 부

음악교육연구의 기초

1장
음악교육연구의 의미

주대창

1. 교육활동에서의 연구

1) 연구의 의미

모든 교육 행위는 나름의 목적을 지닌다. 비형식적 또는 잠재적 교육과정에 의한 교육도 그 의도에 따라 그렇게 설정된 것이다. 설령 교육활동의 목적을 설정하지 않고 그 행위 자체를 목적으로 본다고 하더라도 교육의 목적 지향성이 사라지지 않는다. 칸트(Immanuel Kant, 1724~1804)의 표현을 빌자면 그것은 무목적적 합목적성이라고 볼 수 있다(1790).

> **연구**
> 깊이 있게 조사하고 생각하여 진리를 탐구하는 일이다.

목적을 향한 행위인 교육활동의 의미는 어디에서 오는가? 현상의 흐름에 충실하면 의미 있는 교육 및 좋은 교육자가 되는 것인가? 일부 교육 관련 직업의 현실이 그러하듯이, 매뉴얼에 따라 주어진 역할을 성실히 수행하면 나름의 보람을 찾을 수 있을 것처럼 보인다. 즉, 단순 기능의 직업인처럼 일상의 일을 반복하면서 가르치는 일을 수행할 수 있다. 하지만 교육의 전문성을 염두에 두고 살펴보면 기능 차원의 업무 수행을 벗어난 교육활동이 주류를 이루고 있음을 알 수 있다. 포괄적 의미의 교육은 단편적 지식이나 기술에 국한하지 않고 인간의 문명 및 문화에 모두 관여하므로 단순한 기능 수행의 관점에서 그 역할을 논할 수 없다.

교육이 인간의 총체적 역량 및 그 활용과 묶여 있음은, 그것이 곧 인간 고유의 가치 지향성을 지니고 있음을 뜻한다. 보다 낫다고 여기는 것은 궁극적으로 보다 가치 있다는 것으로 연결되어야 하고, 교육 역시 그러한 방향에서 수행된다. 이 점에서 인간 교육은 기능 훈련의 범위를 넘어선, 정신적 인간 형성의 일을 한다. 인간 공동체적 가치 추구라는 관점에서 보면, 인간은 저절로, 즉 생물학적 성장에 의해 인간이 되는 것이 아니라 의도적으로, 즉 정신적 교육에 의해 인간이 된다. 이 맥락은 사실 '그래야 한다.'라고 설정된다. 저절로, 당연히 기능적 · 생물학적 범위의 성장을 넘어서는 것이 아니라 일부러 그렇게 설정해야 하기 때문이다. 그러므로 사회에서 가치 관련성은 탐구되고 정리되어 공유된다. 그 핵심 과정이 교육이다. 만약 교육을 가치 지향성과 단절시키면 비록 그것이 가능하다고 하더라도 교육의 연구 관련성은 희석되거나 변질된다. 교육활동을 단순 기능적 업무 수행으로 볼 경우 교육활동에서 연구가 지닌 위상은 약화되며, 연구를 수반한 교육활동과 교육자 양성은 빛을 발하지 못한다.

교육의 가치 지향성은 인간의 앎의 욕구 및 승화 욕구와 맞물려 계획과 체계적 수행을 이끈다. 이것은 동서고금을 막론하고 삶에 대한 심오한 사고가 교육과 직결되는 이유이다. 특정 분야의 노하우를 전하는 기능인으로서의 교육자를 상상하는 것은 직업 세계에서 당연한 것이지만, 그것이 곧 교육의 본질을 형성하는 것은 아니다. 이는 정치가의 직업 세계가 곧 정치의 본질이 아닌 것과 같다. 정치의 본질은 꾸준히 연구하면서 추구해야 할 사항이다. 현실 세계에만 머물지 않은 인간 본연의 가치와 결부되면서 연구를 통한 현실의 개선 방향 또는 나아갈 바가 설정된다.

인간의 교육은 궁극적으로 인간성의 고양과 이를 통한 행복의 증진을 염두에 두어야 한다. 교육의 이러한 가치 추구는 교육이 지닌 공동체적 특성 때문에 개인의 범위를 넘어서서 타인 및 집단으로 확산된다. 그러므로 무엇인가 더 나은 것을 찾아가는 '연구'는 인간적 가치 추구를 위하여 교육에게 부여된 본래적이며 필수적인 사항이다.

가치 지향성을 전제하는 교육은 연구를 필요로 할 수밖에 없다. 교육을 통해 일구어 내려는 가치는 연구를 통해 점검되고 촉진된다. 만약 교육에서 이러한 연구 작업이 생략된다면 교육 행위의 명분은 보편성을 획득하지 못하고, 그 행위의 결과는 실리를 살리지 못할 것이다. 만약 교육에 대한 연구가 이루어지지 않는다면 교육이 그만큼 인간 삶에서 덜 중요하게 여겨지고 있다는 증거가 된다. 교육 연구의 필요성은 어느 시대에나 또는 어떤 교육 상황에서도, 바람직한 인간 및 인간 사회의 설정과 추구 그리고 그것을 향한 방법적 대안이 여전히 열려 있다는 것과 맥을 같이한다. 나아가 교육의 의미와 연구의 의미를 조합해 보면, 인간 행위로서의 교육은 넓은 의미에서 하나의 학문 대상이 된다. 교육에 대한 연구를 통하여 학문으로서의 교육(연구)과 행위로서의 교육(수행)이 만나야 바람직한 세상이 이루어진다고 볼 수 있다.

2) 학문 활동으로서의 체계성

지식의 체계성

활용할 수 있도록 구조화되어 있음을 말한다.

연구하는 일을 체계적으로 수행하는 분야를 소위 학문이라고 한다. 학문(學問)을 한자어 그대로 풀면 '배우고 묻다.'이다. 그 자체로 배움, 즉 교육의 의미이다. 동시에 그 자체로 물음, 즉 연구의 의미이다. 그러므로 어원에 따라 교육을 규정하자면, 그것은 체계적으로 배우고 묻는 행위가 필수적이다. 체계성을 갖추어야 배우고 묻는 활동의 결과가 이해 가능한 형태로 도출되고, 또한 그러한 활동의 연속성이 담보될 수 있다. 물론 『논어(論語)』에 나오는 학문의 의미를 현대어에 그대로 접목하기에는 경직된 면이 있다. 하지만 이러한 어원적 추적은 적어도 교육활동에서 깊이 탐구하는 일이 빠질 수 없음을 보여준다. 국립국어원의 『표준국어대사전』에도 학문은 "어떤 분야를 체계적으로 배워서 익힘 또는 그런 지식"으로 풀이된다.

서양어에서도 이런 맥락은 비슷하게 나타난다. 'science'는 라틴어 'scientia'에서 온 것으로, 이 말은 앎을 뜻한다. 널리 알려진 베이컨(Francis Bacon, 1561~1626)의 라틴어 문장 "Nam et ipsa scientia potestas est. (그러므로 아는 것이 힘이다.)"에서 보듯이, science는 형성된 지식을 뜻하는 일반 용어에서 온 것이라고 이해할 수 있다. 독일어에서는 학문을 'Wissenschaft'로 지칭하는데, 이것 역시 인간 앎의 총체[(Wissen(앎) + schaft(무리)]를 뜻한다.

형성된 지식으로서의 학문은 단순한 앎의 누적 형태가 아니라 체계적이어야 하고 또한 활용 가능한 방식의 검증 대상이 되어야 함이 강조된다. 이를테면 영어권의 용어 설명을 보면 그러한 면이 잘 드러난다. "학문은 지식을 만들고 조직하는 체계적 탐구인데, 그것은 이 세상에 대한 검증 가능한 설명과 예언의 형태로 나타난다. (Science is a systematic enterprise that builds and organizes knowledge in the form of testable explanations and predictions about the universe.)"(https://en.wikipedia.org). 따라서 학문의 관점에서 무엇이 '그러하다'이면 그것은 '진정' 그러해야 하기 때문에 그 자체로 이해 가능성을 포함하고 있어야 하며, 그 이해 가능성은 나름의 체계성을 통해 검증될 수 있는 형태여야 한다.

학문은 체계적으로 수집하고 전달하는 작업을 수반할 수밖에 없다. 말하자면 연구가 전제되는 일이다. 학문과 연구는 하나의 대상을 결과와 과정의 관점에서 표현한 것이다. 단어의 의미를 보면, 연구는 "어떤 일이나 사물에 대하여 깊이 있게 조사하고 생각하여 진리를 따져 보는 일"(『표준국어대사전』)이다. 그 근처에는 탐구, 공부, 조사, 궁리 등의 단어가 있다. 그 특징은 깊이(심오)와 참됨(진리)일 것이다. 깊이는 체계성, 참됨은 지속성을 이끈다. 여기에서 지속성은 어떤 연구의 결과가 영원히 그러하다는 것이 아니라 그 연구의 실체가 계속 효력을 지녀야 한다는 뜻이다. 그러므로 연구는 어떤 일을 따져 볼 때 그 바닥까지 훑어봄으로써 진정 그러함을 들춰내야 한다.

이러한 일을 수행함에 있어서 지식의 구조화가 필수적이다. 왜냐하면 구조화되지 않은 결과는 이해가 불가능하다. 어떤 앎의 요소들이 단순하게 나열만 되어 있다면 그것은 결국 지식다운 지식을 형성하지 못한다. 즉, 이해는 지식의 본질적 속성이므로 그것의 형성에서 방법적 기조로 체계적 접근이 요구된다.

3) 연구의 실용성

> **연구에서 실용성의 범위**
> 구체적인 것에서부터 추상적인 것에 이르기까지 열려 있다.

학문 세계에서 연구는 왜 하는가? 이 질문은 곧 인간 삶에 진화가 필요한가와 같다. 인간의 가장 큰 특징 중의 하나가 사고를 현상보다 우위에 둔다는 점이다. 이를테면, 인간은 같은 행동을 하여도 어떤 사고에 의한 것인지를 더 중요한 판단 기준으로 삼는다. 사고가 배제된 행위를 인간의 의사표현으로 여기지 않은 것도 같은 이치이다. 이것은 사고 활동 없이 삶을 살 수 없다는 말과 같고, 인간의 의식이 살아 있는 한 사고 활동은 지속됨을 이야기한다. 즉, 생각하는 힘이 곧 인간 능력의 원천이며, 생각을 체계적으로 하여 그 결과를 얻으려고 하는 것이 곧 연구이다.

인간 삶과 앎의 속성을 염두에 두면 이 세상 모든 것은 연구의 대상이다. 예컨대, 과거에 절대적 존재는 연구의 대상이 아니라 두려움이나 숭배 또는 믿음의 대상이었다. 인간의 행동 역시 그 범위에서 이루어졌다. 하지만 오늘날 신을 연구하는 일은 결코 새롭지 않다. 심지어 성직자조차도 신을 연구하여 설교를 한다. 그것이 신의 계시에 의한 것인지는 개별 연구자의 판단에 따를 일이지만, 신학이나 종교학까지 하나의 학문으로 자리 잡은 상황에서 연구하지 말아야 하거나 연구할 수 없는 주제가 정해져 있는 것은 아니다. 다만, 연구자 역시 하나의 윤리적 인간이므로 그의 윤리관에 따라 연구 범위를 설정하는 일은 가능하고, 사회의 위탁을 받은 형태의 연구 활동이라면 사회적 합의가 하나의 테두리를 형성할 수는 있다.

일부에서는 생각하는 존재인 인간이 연구라는 사변적 작업을 중시하면서 혹시 실천적 동력이 약해지는 것은 아닌지 염려하기도 한다. 실제가 빠진 연구의 허무함을 실천주의자 또는 실용주의자들로부터 자주 듣는다. 인간이 펼쳐 보이고 있는 다양한 활동에서 연구가 꼭 필요한 것인지에 대한 의문은 흔히 '탁상공론(卓上空論)' 또는 '이론을 위한 이론' 등의 비판을 만들어 낸다. 또한 연구라는 탐구 과정이 생략된 형태로 특정 사항을 익히고 직업 현장에서 그대로 투입해도 삶의 영위에 당장 큰 어려움이 없어 보일 수 있다.

그러나 그러한 입장은 학문의 발전과 사회의 발전, 나아가 인류 문명과 문화의 발전이 인간의 논리적 사유를 기반으로 한 연구 작업의 결과라는 사실을 간과한다. 연구는 본래 앎을 추구하는 인간 노력의 본령이고, 그 앎은 또 다른 앎을 촉발한다. 알아 간다는 것은 곧 몰랐을 때와 다른 행동을 유발하므로 지식의 창출과 축적은 곧 삶의 방식을 포함한 모든 인간 행동에 관여하고 진화를 이끈다.

현상적으로 보아도 모든 연구가 실제나 실용을 배제하는 것은 아니다. 물론 연구의 대상이나 방법은 열려 있으므로 거시적 관점에서 때때로 연구 작업이 순수한 정신 활동을 위한 것일 수 있다. 하지만 그것의 작용 범위가 어떠할지는 예단할 수 없다. 그 연구 결과를 접하는 사람의 활용에 따라 아마존에 있는 나비의 날갯짓이 태풍을 몰고 오는 효과로 이어질 수도 있다. 나아가 연구가 반드시 그렇게 이론적 논의에만 국한되는 것은 아니다. 직접적 실용을 전제한 연구가 가능하며, 그 층위 역시 구체적인 데에서부터 추상적인 데에 이르기까지 넓게 펼쳐져 있다.

4) 연구 활동의 주요 과업

연구 활동

무엇인가를 알아내야 하고, 그것을 다른 사람이 알아볼 수 있는 형태로 전한다.

지식을 축적하는 일이 단순 경험에만 의지할 경우 그 폭과 깊이는 현저히 낮을 수밖에 없다. 또한 지식을 기록의 방식으로 공표하지 않으면 세대를 넘어서 정교하게 전수되기 어렵다. 단어의 의미에서, 연구는 어떤 행위를 잘하기 위한 인간의 모든 궁리에 쓰일 수 있으나, 학문의 관점에서 연구는 논리적 서술로 새로운 지식 창출의 결과를 정리하여 보여 주는 활동이다. 그러므로 연구 활동에는 연구대상에 관한 무엇인가를 새롭게 알아내고 또한 그것을 전해야 하는 과업이 들어 있다.

이 두 가지 과업 중 알아내고자 하는 욕구가 곧 연구의 욕구이다. 이를테면 음악교육에 대하여 이미 모든 것을 알고 있다면 그것을 더 연구할 필요가 없다. 이 알아내기는 과거 지향의 의미가 아니다. 이전의 것을 알아내는 것도 알아내기이며, 현재의 것들을 엮어 새롭게 정리하거나 미래를 대비하는 앎을 창출하는 것도 알아내기의 한 지류에 속한다.

그런데 연구는 거시적으로 앎의 긍정적 역할에 뿌리를 두고 있다. 앎이 행동에 새로운 변화를 줄 것이라는 단기적 이로움뿐만 아니라, 알아 가려는 인간 속성 자체에 희망을 거는 장기적 이로움까지 포괄한다. 현재의 상황에서 알아내지 말아야 할 부정적인 것들 또는 결과적으로 인간의 선행에 해를 끼칠 수 있는 사항들이 있다고 하더라도 연구자는 그것을 밝힘으로써 자신의 본분을 다한다. 이 관점에서 연구는 현상적 가치판단의 중립 지대에 있다. 어떤 연구든 결국 인간을 이롭게 할 것이라는 본질적 측면을 인정받으므로 연구자에게 연구의 자유가 허락된다. 주어진 시대 상황에서 연구자는 윤리적이어야 하나, 연구를 통해 밝히는 진리는 그와 상관없이 그 자체로 의미를 확보해야 한다는 이야기이다. 다른 말로 설명하면, 연구의 진행은 사회 규범에 따라 이루어질 수밖에 없으나, 연구의 내용은 연구자의 연구 욕구와 진리의 본래적 방향성에 의해 설정되고 진행된다. 여기에서 진리의 방향성이란 참됨을 객관적으로 추구해야 하는 의무를 말한다.

다음으로, 연구의 자유는 곧 연구 결과의 공유라는 짐을 지운다. 왜 연구라는 인간 행위에 희망을 걸고 또 그것을 가치 있게 여기는가? 그것이 연구자 자신의 지적 충족에 머문다면 공동체 차원에서 연구 활동을 촉진할 필요가 없을 것이다. 특정 능력이나 활동을 사회에서 높게 여기고 그것을 장려하는 데는 그것이 장차 인간을 이롭게 할 것이라는, 적어도 해당 사회의 구성원들에게 직간접적 혜택을 가져다줄 것이라는 나름의 이유가 있다.

이 공익성은 예술의 경우도 마찬가지이다. 근대 계몽주의가 부각된 이후 서양의 많은 국가와 사회 공동체에서 학문과 예술의 중흥을 내세웠다. 심지어 음악이라는 예술까지도 학문의 범주에서 이해해 보기도 하였다. 그만큼 사익이 아니라 공익의 차원에서 인간의 탐구 활동에 의미를 부여해 왔다. 만약 참된 음악을 한 개인이 형성해 내고 그 자신만 그것을 향유한다면 예술 활동을 장려한 보람은 사라진다. 좋은 것을 들춰내어 함께 활용하는 구도여야 그것을 추구하는 활동에 의미를 부여할 수 있다. 그러므로 연구는 무엇을 알아내는 것에 그치지 않고 그것을 다른 사람에게 전하는 일을 잘 수행해야 한다.

5) 결과 제시에서의 논리성

연구에서 논리
지식 형성과 전달에서 인간 지성이 공통으로 사용하는 이해 체제

'알아내기'에 이어 '전하기'라는 기본 속성을 연구에게 부여하면, 이제 연구 결과의 전달 방식에 대해 고민하지 않을 수 없다. 무엇보다 다른 사람이 이해 가능한 형태로 제시하려는 노력이 함께 수반되어야 한다. 후학에게 직접 행동이나 구두로 연구 결과를 전수할 수 있으나, 더 많은 다수에게 공표하여 연구 결과의 검증과 활용, 나아가 그 접근성을 높이려는 노력을 기울여야 한다. 연구자는 이러한 노력으로 연구 및 연구자를 존중하는 집단의 지성에 화답하여야 한다. 아무리 좋은 연구라고 하더라도 자신이 독점하거나, 다른 사람이 이해할 수 없는 형태로 제시하면 공유의 명분을 지킬 수 없다. 공유에 대한 연구자의 바람직한 태도가 빠진 연구 활동이나 결과 제시는 후학에게 어려움을 가중시키고, 설령 연구 내용이 좋다고 하더라도 그 공적 활용성을 떨어뜨린다.

학문의 세계에서 공유의 방법은 보통 논문이라는 글의 형태로 나타난다. 논문은 논리적 글이며, 그 논리는 진리의 형성과 그 이해 가능성을 높이는 차원에서 일종의 공동 규칙으로 작용한다. 말하자면, 지식 형성과 전달에서 인간 지성이 공통으로 사용하는 이해 체제가 논리인 셈이다. 하지만 연구 논문에서 논리는 그 자체로 가치를 지니는 것이 아니다. 논리는 이해 가능한 판을 제시하는 것이고, 그 판 안에서 연구자가 내세우는 유의미한 내용을 펼쳐 보여야 한다. 논리성을 상실한 연구 결과 제시는 이해 불가능한 상태에 빠지며, 설령 그 연구 활동에 나름의 성과가 있어도 그것을 제대로 들춰내지 못하는 요인이 된다.

전달 방식에서의 논리성은 인류 역사에서 대개 언어의 발달과 함께 언어적 개념의 형태로 구현되어 왔다. 수학 기호 역시 논리성을 담을 수 있으나 창조적 가치 지향의 개념을 담아내고 일반화하는 데는 아직 한계가 있다. 논리 전개의 일반적 방식은 개념적 언어 사용이다. 인간이 설정하고 사용하는 모든 개념이 언어의 형태를 띠지는 않는다. 그렇다고 하더라도 인간이 사고 표현을 위해 가장 쉽고 편하게 사용하는 논리 전개 수단이 언어이며, 그 과정에서 주로 언어적 개념들이 쓰인다. 그것을 문자로 정리하여 기록한 결과

물이 논문이라는 형식의 문헌이다. 그러므로 학문 세계에서 연구의 결과는 흔히 논리적 글들의 묶음으로 나타난다. 단행본이든 학술지든 또는 개별 논문이든 그것은 모두 새롭게 알아낸 지식과 그것의 공유를 위한 논리적 전달 방식을 담고 있어야 한다.

전체적으로 조망하면, 연구는 학문 세계에서 피할 수 없는 활동이고, 그것은 인간의 가치 지향적 진화 욕구에 기초한다. 그러므로 연구는 앎을 향한 개인의 자유를 넘어선 공익적 의무까지 감당해 낸다. 연구자는 이 공익적 관점에서 연구 결과를 이해 가능한 형태로 정리하여 공유함으로써 그 활용을 촉진한다. 연구 결과의 공유 방식은 대개 논리적 저술의 형태로 나타나며, 이는 정제된 언어 서술의 방편을 취한다. 그러므로 좋은 연구 결과물은 내용을 정확히 담아야 함은 물론이며, 그 정보를 다른 사람이 가능한 한 쉽게 이해할 수 있도록 제시되어야 한다.

2. 음악교육연구의 특징

1) 음악교육연구의 대상

> **음악교육연구의 대상**
> 음악과 교육이 만나는 다양한 현상과 원리

음악교육은 '음악'과 '교육'의 합성어이다. 음악 그리고 교육이 함께 있어야 음악교육이 가능하다. 그런데 이 두 가지는 태생적 의존 관계가 아니다. 음악은 사회의 음악문화 또는 개인의 음악 향유를 전제하여 존재하는 인간의 창조물이다. 그리고 교육은 어떤 의도를 가지고 인간을 양육하는 행위이다. 대부분의 음악은 교육을 위하여 탄생했던 것이 아니며, 모든 교육이 음악을 염두에 두고 이루어지는 것도 아니다. 그런데 필요에 따라 이 두 가지가 연합할 수 있으며, 그 결과물이 음악교육이라는 현상이다.

음악교육이라는 현상이 존재하는 한, 그것을 연구하는 일은 교육 연구의 명분을 공유한다. 이 점에서 음악교육은 하나의 퓨전 현상을 다루는 응용과학이다. 음악을 연구하는 일과 교육을 연구하는 일이 있고, 음악과 교육의 접목을 연구하는 일이 있는 셈이다. 음악을 연구하는 쪽에서 그것의 교육 관련성을 탐구할 때 이는 음악교육의 연구에 점차 가까워진다. 교육을 연구하는 쪽에서도 그 수단으로써의 음악에 초점을 두게 되면 음악교육의 연구라는 테두리 안에 들어오게 된다. 연구 객체(주제)가 있어야 연구가 이루어지므로, 음악교육연구에서는 음악과 교육 그리고 그것들과 맥락을 형성할 수 있는 다양한 요소들을 조합하여 주제를 설정한다.

앞에서 살펴보았듯이, 음악을 연구하는 일이나 교육을 연구하는 일 모두 인간의 가치 지향적 삶의 욕구에 맞닿아 있다. 음악교육연구 역시 이 당위성에 종속된다. 음악교육만의 연구 명분이 따로 존재하는 것이 아니라 학문 연구의 거시적 목적에 동참하는 하나의 분과가 음악교육연구이다. 그러므로 음악교육연구의 범위에서 이루어지는 모든 연구는 기본적으로 학문 영역에서 이루어지는 연구의 모습과 기본적으로 같다.

그럼에도 불구하고 음악교육연구의 고유성이 존재한다고 볼 수 있다. 이 고유성이 있으므로 음악교육연구라는 별도의 논의가 가능하다. 음악교육연구는 우선 음악이라는 소리 문화와 연결된 현상, 즉 음악의 소통을 다룬다. 이 음악 부분이 없으면 음악교육이라는 연구대상이 성립되지 않을 것이다. 다음으로, 교육이라는 행위 및 그것과 관련된 사항을 다룬다. 가르치거나 배우는 일과 연결되어 있는 내용을 연구하므로 음악교육연구는 음악 자체에 대한 고찰로 끝날 수 없다. 그런데 음악교육연구에서 직접 음악을 다루게 되면 그것은 음악 연구와 같아진다. '음악이 어떠하다.'라는 결과보다 '음악을 가르치는 또는 배우는 것이 어떠하다.'라는 결과를 내 보여야 한다. 또한, 음악교육연구에서 교육적 사항만을 다루게 되면 교육 연구와 다름 아닌 결과를 만난다. 즉, 교육에 대한 고려가 없으면 음악교육연구라고 내세우더라도 자칫 음악에 대한 이야기만으로 흐를 수 있다. 따라서 음악이 빠져서도, 그것이 중심을 형성해서도 안 되는 것이 음악교육연구이다.

음악교육연구에서 음악 관련성을 고려하면, 교육 연구와 음악교육연구는 음악 포함 여부에 따라 상대적으로 선명한 구분선이 보일 것처럼 여겨진다. 하지만 음악 연구와 음악교육연구는 모두 음악 관련 현상을 필수적 소재로 삼기 때문에 그 경계가 때로 모호하다. 그러므로 음악 고찰에 더하여 그것의 교수·학습 관련성을 확보하여야 음악교육연구의 고유성이 드러난다. 물론 음악교육연구에서 음악 연구의 결과를 활용하거나 직접 음악 연구를 곁들이는 것은 가능하다. 그러나 순수한 음악 탐구의 결과만으로 음악교육연구를 대신할 수는 없다. 음악교육연구자가 자신의 연구에서 음악 내적 요소의 비중을 줄일수록 음악교육연구의 주제는 교육적 사항과 만날 가능성이 높다.

이렇게 보면 음악교육연구는 음악과 교육 사이의 다양한 연결고리에 주목한다. 음악의 어떤 면이 교육에 기여하는지 또는 교육의 어떤 면이 음악을 필요로 하는지를 해명해 주려고 한다. 이때 음악교육연구의 기여도는 일차적으로 음악의 우수성에서 오지 않는다. 음악교육연구는 매개체인 음악을 넘어 그것의 교육 관련성을 밝히는 일이다. 그러므로 음악교육연구의 결과가 유용하게 쓰이는 일은 우선적으로 음악교육의 '교육' 쪽에서 이루어질 수밖에 없다. 즉, 음악교육연구에서 음악에 대해 고찰하더라도 결국 음악이 어떻게 교육에 활용되는지 또는 음악 활동에서 교육이 어떤 역할을 하는지를 밝힐 수밖에 없다.

큰 틀에서 보면, 음악교육연구의 성과는 음악의 소통을 촉진한다. 음악교육이 활성화되어야 음악을 향유하는 층이 늘어난다. 또한 음악교육연구가 활성화됨에 따라 음악과 교육의 관계가 그만큼 더 적나라하게 드러나게 되고, 그러한 연구 성과들은 음악의 교육적 활용 가능성을 높인다. 이는 결과적으로 음악의 발달 및 음악문화의 융성에도 기여한다.

음악교육연구가 다른 연구 분야와 비교하여 상대적으로 개성을 드러내는 면은 대개 교육 관련성보다 음악 관련성에서 온다. 교육학적 접근에서 음악을 포함하여 연구를 수행하다 보면 음악 때문에 불거지는 어려움이 있고, 그것을 소화해 내는 일이 다른 분야의 연구와 차별성을 형성한다는 이야기이다. 음악은 감성 관련성이 높은 소리 구조물이다. 음악은 연주를 통한 실제 소리로 청중에게 어필한다. 음악에서 이 '창작-연주-이해'의 구도가 각인되어 있기 때문에, 음악교육연구에서도 '연주' 부분이 없는 다른 분야의 연구에서와 접근 방식이 다를 때가 많다. 시각적 매체가 우위를 점하는 정보 사회에서도 음악교육은 소리로서의 음악을 언어적 개념 및 정량적 데이터로 풀어 교육 관련성을 생성해 내므로 그것을 연구하는 일 또한 그러한 스펙트럼을 함께 고려할 수밖에 없다. 다시 말하면, 음악교육연구에는 언어에 잘 잡히지 않는 음악 관련성을 교육이라는 보편적 사회 행동에 넣어 글로 풀어야 하는 짐이 있다.

때문에 음악교육연구에서는 음악과 관련하여 기존의 음악학적 개념들을 그대로 차용하는 경우가 흔하다. 그리고 연구의 진행의 틀은 음악의 고유성에 초점을 두기보다 교육 연구 영역 방법론을 활용할 때가 많다. 하지만 음악교육 영역의 고유한 방법론을 개척하여야 이 분야의 고유성이 강화된다. 이 사항은 앞으로 음악교육의 발달과 더불어 계속 보충 · 재정비되어야 한다. 무엇보다 음악교육 분야에서 독특하게 이루어지는 연구방법의 현상을 유목화하고 그 특징을 정리하는 작업이 필요하다. 물론, 새로운 방법론적 접근이 그 자체로 연구 내용의 질을 담보하지는 못한다. 음악교육연구가 활성화되면서 연구 패러다임이 새롭게 개척되고 그것을 바탕으로 연구 결과의 완성도가 올라갈 때 이 분야의 고유한 특성이 강화될 것이다.

2) 음악교육연구의 갈래

음악교육연구의 갈래

음악교육의 종류, 분야, 지도 영역 등에 따라 나뉘는 것이 흔하다.

음악교육은 외형적으로 음악을 '가르치고 배우다.'라는 하나의 활동 유형을 보인다. 그러나 그 내면에는 여러 가지의 교육 방향이 존재한다. 음악교육의 종류는 무엇보다도 음악교육의 목적에 따라 다르게 나타난다. 음악의 기능적인 면을 학습자에게 전달하는 음악 기능 전수 교육은 음악교육과 함께 가장 먼저 떠오를 수 있는 방향이다. 이것은 피교육자가 음악을 잘하게 만든다는 의미에서 음악의 교육(education of music) 또는 음악으로의 교육(education to music)이라고 부를 수 있다. 이와 비교하여 음악 기능의 습득보다 음악의 활용 내지 향유를 전면에 내세우는 음악교육이 있다. 이 방향에서는 이미 설정된 일반 교육목적의 달성을 위해 음악을 수단으로 사용한다. 이른바 음악을 통한 교육(education through music)이 이 방향에 속한다.

우선 역사적으로 보면 과거의 음악교육자들은 음악가를 겸하였고, 그들은 대부분 음악적 숙련 과정을 거쳐 배출되었다. 음악교육이 당시에 기능의 전수에 집중되었던 것은 당연하다. 음악이 생계의 수단이 되면서 음악 관련 노하우는 때로 일종의 업무 비밀이었다. 이것의 습득은 곧 음악 직업 세계에서 경쟁력을 뜻했고, 계파를 형성하면서 새로운 전통을 확립할 기회로 작용하였다. 그래서 좋은 음악교육을 받고 싶어, 즉 좋은 음악교사를 만나기 위하여 먼 곳으로 유학을 떠나는 일이 흔하였다. 문하생 또는 음악학교(콘서바토리)의 학생이 되는 것이 양질의 음악교육을 받는 지름길이었다.

이에 비하여 일반 음악교육의 역사는 주로 음악 수용의 편에서 이루어졌다. 이것은 계몽주의의 대두와 더불어 인본 · 인권주의에 기반을 둔 음악 향유와 밀접한 관련이 있다. 음악이 하나의 단순한 오락물로 여겨지거나 행사에서 장식적 기능물의 역할을 할 때는, 음악이 일반인에게 전해지더라도, 그 수용자들이 의도적 음악교육을 받았다고 보기 어렵다. 음악과 그 수용이 시장의 자연발생적 수요와 공급에만 따른다면 다수의 일반인을 상대로 한 음악교육의 설 자리는 좁아진다. 오늘날 음악교육이라고 함은 대개 음악을 배우는 의도적 교육활동에 노출되었을 때를 의미한다. 그 가운데 음악을 통한 직업 활동을 전제하지 않고 자신의 성장을 목표로 그러한 교육을 받는 경우를 일반 음악교육의 범주로 설정해 볼 수 있다. 가장 대표적인 경우가 교양 증진을 위한 음악교육과, 발달단계에 있는 학생의 품성 함양을 위해 실시하는 학교 음악교육이다.

음악교육을 이렇게 두 계열로 대별해 보면 이에 대한 연구 방향이 가시화된다. 음악교육의 발달에서 음악으로의 교육에 대한 대표적 연구는 다레초(Guido d'Arezzo, 991?~1033?)의 계명창법 제시, 음악가의 안목을 논한 마테존(Johan Matteson, 1681~1764)의 『완전한 악장(Der vollkommene Capellmeister』(1739), 모차르트(Leopold Mozart, 1719~1787)의 『기본적 바이올린 교수법 시도(Versuch einer gründlichen Violinschule)』(1756) 등을 들 수 있다. 건반악기 연주법, 플루트 연주법 등에 대한 연구들도 모두 이 계열에 속한다. 르네상스 시대의 음악작법을 연구하여 하나의 대위법 교습서로 제시한 푹스(Johann Joseph Fux, 1660?~1741?)의 『파르나소스의 계단(Gradus ad Parnassum)』(1725)도 이러한 연구물의 대표적 예이다. 이 연구들은 음악을 어떻게 가르칠 것인가의 질문에 집중하였고, 그 목적은 훌륭한, 경쟁력을 갖춘 음악가 양성이었다.

음악을 통한 교육의 입장에서 연구를 진행하면 그 목적의 포괄성 때문에 연구의 실제 갈래가 더 다양하게 나타난다. 이 계열의 음악교육연구는 대부분 음악을 애호하게 만들거나 음악에 대해 알아가는 과정을 탐구한다. 음악을 생산하는 쪽의 교육보다 음악을 활용하는 쪽에 집중함으로써 음악의 수용을 촉진하고, 그로 인해 형성된 두터운 수용층이 다시 음악 생산 쪽의 교육을 지탱하고 발전시키는 선순환적 구조를 지향한다. 내용 선정의 폭이 넓어서 선택한 연구주제가 음악교육 분야에 해당하는지 모호할 때가 있다. 음악교육연구의 범위 점검을 위한 하나의 기준을 제시하자면, 음악 활용을 촉진하려는 의도가 잘 나타나고 또 그것의 구현 가능성이 높은가를 생각해 볼 수 있다.

음악교육의 목적이 아니라 그 현상에 주목하면 음악교육연구는 음악교육의 하위 분야별로 나뉘어 연구가 진행될 수 있다. 음악교육연구 현장에서는 대개 이 분류에 따라 주제가 설정된다. 기본 틀은 음악교육의 이유를 고찰하는 철학적 연구, 발달의 추이를 살펴보는 역사적 연구, 구조와 원리를 살펴보는 방법론적 연구, 다양한 전개 모습을 추적하거나 비교해 보는 현상적 연구 등이 가능하다. 이 가운데 후자의 두 가지가 오늘날 음악교육연구의 양적 대세를 형성한다. 그만큼 음악교육의 여러 변인에 따른 현상적 다양성이 나타나고 있다는 의미이다.

이러한 기본적 분류에 따른 소재 선택의 관점에서 가장 두드러지는 것은 교육과정 및 교재 그리고 효율적 음악지도 요령을 탐구하는 교수법 분야일 것이다. 교육과정, 교재 그리고 수업은 현장의 음악교육을 알아볼 수 있는 기본 줄기이다. 이 틀에서 다시 음악의 각 분야 지도로 세분화하는 것이 가능하다. 이를테면 노래 지도, 악기 지도, 창작 지도, 감상 지도 등으로 나눠볼 수 있다. 근래에는 컴퓨터나 인터넷을 활용한 음악 학습지도가 새로운 연구 분야를 형성한다. 또한 문화 교류 및 다문화 사회의 출현에 따라 문화 접목 분야의 연구도 주목을 받고 있다.

음악교육연구는 음악적 사항만으로 이루어질 수 없다. 음악의 생산이나 활용, 나아가 음악의 발전을 결정짓는 요소에는 비음악적인 것들이 다수 들어 있다. 따라서 음악교육연구자는 음악과 교육이 만나는 사항을 다루는 음악교육의 주변 학문 영역을 고려할 수밖에 없다. 특히 교육학 관련 이론들은 음악교육과 접목되어 새로운 연구주제를 형성한다. 심리학과 사회학 역시 음악교육연구에서 자주 연계되는데, 심리학적 접근은 교수법적 측면과 사회학적 접근은 음악 수용적 측면과 관계가 깊다. 나아가 인류의 특성과 음악교육을 엮을 때 인류학적 접근이 고려된다. 음악 실기교육에서 생리학적 및 의학적 측면도 자주 거론되는 연구 갈래이다. 또한 음악의 구조적 어법이나 역사적 유산을 다룰 때는 음악학 및 역사학의 노하우가 연구에 자주 쓰인다.

참고문헌

성태제(2016). 교육연구방법의 이해(4판). 서울: 학지사.
송방송(1994). 음악연구 어떻게 하는 것인가. 서울: 음악춘추사.
이상비(1983). 논문작성법. 좋은 논문을 쓰려면. 서울: 학문사.
한승홍(1997). 표준논문작성법. 서울: 장로회신학대학교.

Kant, I. (1790; 1968). *Kritik der Urteilskraft*. Vol. X, Kant Werke in Zwölf Bänden. Frankfurt am Main.
Standop, E. (1988). *Die Form der wissenschaftlichen Arbeiten*. Wiesbaden: Quelle & Meyer Heidelberg.
Turabian, K. L. (1998). *A Manual for Writers of Term Papers, Theses, and Dissertations* (6th ed.). Chicago and London: The University of Chicago Press.

https://en.wikipedia.org [검색어: science]
http://stdweb2.korean.go.kr [검색어: 연구(硏究)]

정리하기

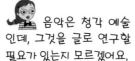

음악은 청각 예술인데, 그것을 글로 연구할 필요가 있는지 모르겠어요.

지금 우리가 언어를 매개로 생각을 나누고 있지 않나요? 그것이 가장 편한 방법이기 때문이겠지요.

논리라는 것도 참 모호해요. 뜻만 전하면 되지, 논리성까지 따질 필요가 있을까요?

잘 살아보려니까 따지게 되고, 논리적인 주장이 설득력을 발휘합니다.

그냥 목소리 큰 사람, 힘이 센 사람의 주장이 먹힐 때가 더 많아요.

그런 관행이 비이성적 · 비합리적 사회의 한 요인이라고 볼 수 있어요.

'연구' 하면 머리 아픈데, 좀 편한 길은 없나요?

음악교육연구에 매력을 느끼는 비법이 있으면 좋겠어요.

그렇게 되기를…… (간절히) 나도 그 비법 갖고 싶군요.

음악교육연구에 관심을 갖는 이유? 그것이 비법인가 보군요. (껄껄)

아! 왜 이 분야의 연구를 하려고 하는지 잊지 말아야겠어요. (하하)

내용요약

1. 교육은 목적 지향과 가치 지향의 성격을 함께 지니므로 논리적 체계성을 갖추어 깊이 따져 보는 일을 필요로 한다.

2. 음악교육연구는 음악 기능 교육과 음악 활용 교육에 존재하는 다양한 현상과 원리를 탐구하는 활동이다.

연구문제

1. 음악교육연구의 이로움이 무엇인지 학생과 교사의 입장에서 밝혀 보시오.

2. 다른 연구 분야와 비교하여 음악교육연구가 지닌 특성을 정리하여 이야기해 보시오.

2장
음악교육연구의 설계

주대창

1. 연구주제의 설정

1) 문제 제기

'필요는 발명의 어머니'라는 말이 있다. 아쉬움을 지닌 사람은 그 대안이 있을 때 그것을 활용할 동기를 얻는다. 원하는 것이 없는 사람은 새로운 사항이 나타나도 그것을 유의미한 상태로 인지하지 못한다. 관심이 없으면 보이지 않거나 들리지 않는다는 말과 같다.

> **문제 제기**
> 어떤 점에서 새로운 앎이 필요한지를 밝히는 일

연구는 기본적으로 일종의 불만에 대한 대안 제시의 작업이다. 그 불만의 바탕은 앎이 부족하다는 것이다. 앎의 욕구를 기존의 상태에서 충족하지 못하므로 스스로 무엇을 밝혀 알아보고자 하는 것이 연구이다. 그러므로 음악교육연구에서는 음악교육에 대하여 무엇인가 더 알아보고 싶은 것이 있어야 한다. 음악교육과 관련하여 이미 모든 것이 만족스럽다면 연구가 필요하지 않다. 이 알아내고 싶은 바가 곧 연구의 주제가 된다.

그러므로 연구에서 주제를 잡는 일은 무엇보다 앎이 더 필요하다고 여기는 분야에서 나온다. 연구주제를 설정하는 일에서, 부족한 앎의 상황을 파악하여 새롭게 해내야 할 일이 무엇인지를 밝히는 것이 문제 제기이다. 연구할 것을 특정하지 못하면 연구 수행은 불가능하다. 아직 연구주제를 잡지 못한 상황에서 주변의 여러 정보들을 수집하여 연구주제를 좁혀 가야 한다고 보는 경우가 있다. 그 경우 주변의 정보 수집 자체가 이미 연구 활동인 셈이며, 그러한 작업을 통하여 앎의 범위를 보다 넓혀가게 된다. 그러므로 연구 초기 단계에서 연구의 방향이나 주제의 폭이 다양하게 점검되는 것은 연구주제 설정 과정의 자연스러운 현상이다.

음악교육과 관련하여 어떤 점이 못마땅한지가 구체화되면 그것을 언어적으로 표현해야 한다. 심정적으로 불만은 있으나 대놓고 말을 못하거나 문어체적 표현으로 다듬지 못하면 연구를 위한 문제 제기가 아직 성립하지 않았다고 볼 수 있다. 문제가 없는 사람이 문제를 풀지 못하듯이, 문제 제기가 언어적으로 불가능하다면 학문적 연구 수행은 진척되지 않는다. 이 이치는 이후 연구 결과의 공유에서도 똑같이 나타난다. 알아낸 것을 남이 알아듣도록 설명하지 못하면, 특히 기록으로 남겨 후대에까지 활용하게 하는 일을 수행하지 못하면, 연구 작업은 완성되지 않는다.

음악교육연구에서 문제 제기를 할 때 그 비중이 자주 교육 쪽에 있게 된다. 음악이 문제가 아니라 교육이 문제여서 해당 주제가 음악교육연구의 범위에 들어오기 때문이다. 음악에 대해 알아 가더라도 그것을 가르치는 일과 연계되므로 결국 문제의 핵심은 음악을 '가르치는' 일에 있게 된다. 그렇다고 하여 음악이 송두리째 빠지고 교육적 사항만을 다루게 되면 그것 역시 음악교육연구 분야의 문제 제기라고 보기 어렵다. 예컨대, 음악교사의 보수 문제에 대하여 연구하면서 근무 시간과 보수 수준의 상관관계를 추적한다면 거기에는 음악적 사항이 자리 잡을 곳이 없다. 이것은 일반행정의 문제, 좁게 잡더라도 교육행정의 문제에 해당할 것이다. 그런데 만약 음악교사의 보수 문제가 음악을 가르치는 일에 영향을 주거나 음악이라는 교수 내용과 연동된 사항이라면 음악교육연구의 문제 제기가 될 수 있다.

그러므로 음악교육연구에서 문제 제기를 하려고 할 때, 우선 연구 활동에서 이루어지는 일반적 문제 제기 기준을 충족해야 함은 물론, 그것이 음악교육연구에 해당하는지를 검토해 보아야 한다. 이 이야기는 음악교육연구에서 다른 학문 분야의 연구를 피하라는 취지의 말이 아니다. 문제 제기로 연구주제를 좁혀 갈 때 검토해 보아야 할 일 중의 하나가 연구주제 속의 내용들이 얽힌 구조의 조망이며, 그 구조 속에 음악교육적 사항이 들어 있어야 한다는 말이다. 전체 학문의 관점에서 비록 음악교육 분야의 문제 제기가 아니라고 하더라도 연구할 가치가 있으면 기꺼이 그 연구를 수행하여야 한다. 필요하면 분야를 넘나드는 융합적 · 복합적 접근을 하거나, 아예 연구 분야를 달리하여 연구를 진행할 수도 있다. 특정 연구주제가 특정 집단 사람들의 전유물일 수는 없다.

문제 제기에는 일반적으로 다음과 같은 사항들이 녹아 있어야 한다.

- 과거적 상황: 현황의 점검
- 현재적 대상: 밝혀야 할 것
- 미래적 기대: 밝혀질 것의 작동

이 가운데 마지막 세 번째 것을 꼭 포함시켜야 하는가에 대한 논쟁이 가능하다. 밝히는 것에 국한하여 문제 제기를 하면 될 일이지 왜 그것의 향후 상황까지 염려할 필요가 있느냐고 반문할 수 있다. 물론 연구의 수행 및 결과물에서 그 활용 가능성을 필수적으로 보지 않은 경우가 있다. 지식은 일단 가치중립적이며 그것을 활용하는 사람의 윤리적 판단에 따라 그 역할이 달라진다. 다시 말하면, 어떤 연구 결과물이든 발표되면 독자는 연구자가 그것의 잠재적 활용 가능성을 열어 둔 것으로 보아야 한다. 하지만 음악교육연구 분야에서 문제 제기를 함에 있어서 연구주제의 유용성이 빠지게 되면 교육적 명분을 간과하기 쉽다. 이것은 인문사회 계열의 연구에서 공통으로 요청되는 사항으로서 일종의 자발적 연구윤리에 해당한다. 이 관점은, 가급적 적당히 쉬운 연구주제 또는 외형적 구색을 갖춘, 소위 연구를 위한 연구를 하지 말고, 꼭 알아내고 싶은 사항, 세상을 널리 이롭게 할 사항을 설정하고 그 범위를 좁히면서 연구의 깊이를 더해가라는 의미를 담고 있다.

2) 수행 가능성

지피지기(知彼知己)

연구 수행에 필요한 사항과 자신의 능력을 미리 점검하여 연구주제를 잡아야 한다.

음악교육연구에서 문제 제기가 제대로 이루어졌다면 이제 연구자가 그것을 제대로 수행할 수 있는지를 점검해 보아야 한다. 수행 가능성에 대한 체계적 접근은 원활한 연구 진행을 견인하고, 또한 연구자 자신의 연구 역량을 높인다. 아무리 갈급한 주제의 연구라고 하더라도 그 수행의 난이도가 임계점을 넘으면 연구를 결국 중단하게 되거나, 억지로 강행하더라도 좋은 연구 결과를 도출하기 어렵다. 이와 관련하여 무엇보다 연구 기간의 상정이 매우 중요한 요소로 작용한다. 평생 하나의 주제로 연구를 수행하여 의미 있는 결과를 제시할 수 있다. 그러한 뚝심과 시간을 확보할 수 있으면 중·장기적 연구주제의 설정을 굳이 피할 이유가 없다. 그러나 대부분의 연구자들은 연구 시간의 확보가 생계 등과 엮여 있다. 그래서 완전히 자유로운 상태에서 연구를 수행하는 일은 현실적으로 쉽지 않다. 연구 기간을 현실에 맞추고, 작은 단계로 나누어 높은 곳을 올라가도록 구상하여야 한다.

이와 관련하여 흔히 주제를 좁게 잡으라는 말이 회자되고 있다. 이것은 연구할 일을 줄이라는 의미이기도 하지만, 더 근본적으로는 시간을 효율적으로 쓰라는 취지의 조언이다. 전체를 오랫동안 훑어볼 것인지, 전체를 여러 부분으로 나누어 하나씩 세밀하게 들여다볼 것인지의 문제와 같다. 시간은 유한하고 연구거리는 무한한 현실에서 연구 수행의 가능성을 따지는 일은 원론적 문제 제기 못지 않게 중요하다.

음악교육연구에서 문제 제기에 이은 연구 수행 가능성의 점검은 내부 구조의 틀에서 크게 두 가지 방향으로 전개될 수 있다. 말하자면, 음악 부분과 교육 부분을 나누어 문제 제기에 따른 해답 추구 과정을 상정해 볼 수 있다. 우선, 음악에 대하여 어느 정도 아는지를 생각해 보아야 한다. 연주 등의 방식으로 직접 음악을 확보하거나 우회적으로나마 접할 수 없다면 음악적 요소를 강하게 반영한 문제 제기는 그 해결에 많은 시간을 요구할 것이다. 나아가 음악적 사항이 연구주제에 관여하는 종류에 따라 발품을 팔아야 하는 폭이 커질 수 있다. 한 계열의 정보가 아닌 다중 계열의 음악적 정보를 정밀하게 모아야 하는 상황이 전개된다면 정작 문제 제기의 핵심 답을 얻기 전에 자료 확보 과정에서 지쳐 버릴 수 있다.

다음으로, 음악교육연구의 교육 부분에서 연구 수행 가능성을 살펴볼 때, 무엇보다 교육 현장과의 친밀성을 고려해야 한다. 흔히 '현장에 답이 있다.'고 하듯이, 교육 관련 주제들은 어떤 경로로든 실제 교육이 이루어지는 상황과 관계한다. 심지어 철학적 접근이나 심리학적 접근처럼 상대적으로 사변적 논의에 가까운 경우도 음악교육의 현장에서 그러한 사항이 어떻게 전개될 수 있는지 가늠할 수 있어야 한다. 음악교육 현장에 가까이 있거나, 그런 경험을 축적해 왔거나 또는 끊임없이 교육 현장과의 관련성을 설정할 수 있는 기저가 존재해야 한다. 서양의 일부 대학에서 음악교육으로 박사학위를 취득하고자 하는 사람에게 음악교육 현장의 경험을 권하는 것도 같은 이치이다.

음악교육의 구조적 관점에 따른 점검에 이어 연구자의 개인적 능력을 고려해야 한다. 문헌 관련 연구는 독서에 큰 부담이 없는 사람이 수행하여야 한다. 문헌 해독에 익숙하지 않은 연구자가 단기간에 수많은 문헌을 독파하기란 쉽지 않다. 이와 관련하여 외국어 능력도 중요한 기준이다. 대부분의 자료가 영어로 되어 있는데 영어 능력이 부족하면 이차 문헌에만 의존하여 연구를 진행할 수밖에 없고, 따라서 연구과정이 버겁게 된다. 한문이나 라틴어 등 고어(古語)를 필독해야 하는 경우도 그런 예에 속한다. 숫자에 능하지 않은 연구자가 통계 분석 쪽의 연구주제를 잡는 것도 권장할 일이 아니다. 사교성이 부족한 경우 면담을 주된 연구방법으로 사용하는 연구를 수행하기가 쉽지 않을 것이다.

또한, 연구자의 자기 관리 역량을 키워야 한다. 학문의 세계에서 학자, 즉 연구자는 평생 진리를 탐구하는 데 헌신하여야 한다. 진리 탐구를 위한 마음가짐뿐만 아니라 지속적 연구가 가능하도록 일상생활에서의 시간 및 건강을 관리해야 한다. 밤을 새워서 몰아치기 방식으로 글을 읽고 쓴다고 하여 연구가 잘 진행되는 것은 아니다. 인간의 집중력은 한계가 있으며, 양질의 사고가 가능한 시간대를 안정적으로 확보하는 생활 습관이 필요하다.

음악 분야에서 간혹 언급되는 풍자 중에 음악 실기를 통한 직업 유지가 어려운 사람이 음악교육자가 된다는 이야기가 있다. 일면 맞는 말이다. 연주로 승부를 할 수 있는 사람은 그쪽에서 활동하는 것이 인류에 더 많이 기여한다. 그러나 음악교육이 더 쉬워서 연주가의 길을 떠나 왔다고 말할 수는 없다. 같은 이치로 연구가 더 쉬워 학자의 길로 들어섰다고 말하기도 어렵다. 음악을 연주하는 일, 음악을 가르치는 일, 음악교육을 연구하는 일 모두가 나름의 정체성과 당위성이 있고, 그 수행에서는 나름의 난이도를 요구한다. 예를 들어, 피아노 연주는 꾸준히 해야 하며, 피아노 교육 또한 몰아서 대충해도 되는 일이 아니다. 피아노 교육을 연구하는 일 역시 마찬가지이다. 훌륭한 연주가가 되기 위하여 투자해야 하는 시간과 노력이 있다면, 훌륭한 피아노 교육자가 되기 위해서 그리고 훌륭한 피아노 교육 연구자가 되기 위해서도 그러한 인풋(input)은 필요하다.

그렇다고 하여 미리 위축되어 도전적 주제 설정에서 너무 밀리는 것은 바

표 2-1 수행 가능성 점검표

점검 분야	점검 사항	점검 조언
연구 기간	연구 범위 및 난이도에 따른 총 시간	예측 기간보다 늘려 잡기: 문장 작성 및 윤문 과정의 경험이 적을수록
음악적 정보	연구에 사용되는 음악 기능 및 지식의 유무	연구에 쓰이는 음악적 사항을 미리 열거해 보기
교육 현장과의 친밀성	교육활동과의 관계 및 활용 가능성	구체적 장소, 대상, 시기 등을 특정해 보기
언어 능력	독해 능력(속도)	선행연구 독해로 자신의 속도 파악하기
	서술 능력	연구계획서의 연구 필요성 및 목적 서술로 가늠하기
	외국어 능력	영어 또는 다른 외국어 문헌의 활용 정도 파악하기
자기 관리	규칙적 연구 시간대 확보	짧더라도 반복적 시간대 활용하기(예: 새벽 등
	건강한 육체와 정신 상태	규칙적 운동과 마인드 컨트롤하기
	도전적 자신감	큰꿈에 이은 힘찬 출발의 에너지 확보하기(예: 조력자 구하기)
	감정 안정성	억울함, 분노, 패배주의 경계하기

람직하지 않다. 관심 있는 분야에서 문제를 제기하는 것에 성공하였다면, 자신이 왜 그 연구를 하고 싶은지 자신의 처지에서 분명히 그 명분을 설명할 수 있을 것이다. 명분이 분명하다면 그 주제와 연구자 자신의 장점을 나열하고 엮어 보아야 한다. 막연한 흥미에 이끌려 연구를 시작할 수는 있어도, 그 결과를 내는 데는 흥미만으로 해결할 수 없는 일들이 많다. 감정의 기복도 연구 수행에 장애를 만든다. 주변의 역경을 담담하게 받아들이면서 본래의 마음을 유지하는 소위 '강한 멘탈'이 필요하다.

2. 연구계획서의 작성

1) 연구 제목의 표현

어떤 제목이 좋은가

문제 제기가 잘 드러나면서도 쉽게 이해할 수 있는 단어조합

연구계획을 세울 때 가장 중요한 것은 연구주제의 문어적 확정이다. 표어 형태로 요약하여 제시된 제목을 보았을 때, 그것이 어떤 연구인지를 최대한 쉽고 명확하게 알 수 있어야 한다. 우수 연구자들의 연구 제목을 보면 그것만으로도 연구주제와 내용이 선명하게 다가온다. 특히 문제 제기가 분명하게 드러날수록 작고 강한 주제이며, 실제 연구에서 탄탄한 논리적 연결을 확보하기가 쉽다. 이를 위해 보통 연구계획서를 작성한다. 연구계획서는 발표를 전제한 논문 작성용이기 때문에 제목에서 문제 제기와 결과 예측을 드러내야 한다. 만약 문어적 주제 제시가 원활하지 않으면, 그 제목으로 진행하는 연구는 방향성을 잃거나 연구 진행에서 시간적 손실을 입기 쉽다.

이를테면 '성악교육의 이해'라는 단어조합은 학술적 논문의 제목으로는 효율성이 떨어진다. 본인이 이해하겠다는 것인지 남을 이해시키겠다는 것인지가 불분명하며, 무엇을 새롭게 알아내기 위한 연구인지도 알 수 없다. 즉, 문제 제기가 빠져 있다. 물론 그러한 제목으로 지식을 정리하는 글을 쓰는 것은 가능하고, 그러한 일이 교육적 의도에서 때로 필요하다. 또한 그러한 제목의 글이라고 하더라도 실제 연구 결과물을 보면 그 속에 연구의 핵심이 잘 드러날 수 있다. 이러하다면 연구 수행은 잘하였으나 제목 설정이 미흡하다

고 볼 수 있다. 이와 같은 불균형 상태의 연구 활동에서 좋은 결과를 기대하기는 어렵고, 설령 그것이 이루어진다고 하더라도 불필요한 에너지 손실이 발생할 것이다. 그러므로 연구의 핵심 사항을 연구 제목에 바로 드러내려는 노력이 연구 수행의 초기부터 이루어져야 한다. 앞의 예에서, 만약 '성악교육의 이해에 나타나는 주요 요소'라고 하면 연구주제의 선명도가 훨씬 올라간다. 여기에 '초등 성악교육의 이해에 나타나는 주요 요소'로 보충하면 범위가 더 좁혀지고, 이에 더해 '초등 성악교육의 이해에 나타나는 주요 요소로서의 발성 지도'라고 하면 연구자가 수행하려는 연구 의도가 보다 명확해진다.

연구 제목에는 대개 명사 또는 명사형을 종합한 서술 방식이 쓰인다. 일부 학자들이 연구물에서 '○○○을 어떻게 지도할 것인가?' 등의 서술형을 쓰기도 하지만, 이는 대체로 예외에 속한다. 명사형을 쓰는 가장 큰 이유는 사고의 구조화를 위해서이다. 구조화되지 않은 지식은 활용하기 어렵다는 이야기가 있다. 창고에 많은 물건이 쌓여 있어도 그것을 구조화하여 보관해 놓지 않았다면 필요할 때 꺼내 사용하기가 쉽지 않다. 활용 가능성이 높은 지식은 대개 구조화가 잘 되어 있다. 연구 제목의 설정에서도 같은 원리를 생각해 볼 수 있다.

그러므로 연구주제 표현의 구조성을 높이기 위하여 명사나 명사형을 사용하면서 부사 또는 형용사형 어미를 가미하고, 그것들의 조합과 배열 또는 상호 관계를 다각도로 변화시켜 볼 수 있다. 연구 제목에 자주 사용되는 주요 관형적 조사(助詞)들을 모아 키워드 사이에 적절히 위치시켜 보는 것도 한 방법이다. 정제된 제목의 연구주제는 그만큼 전체 연구의 구조를 가늠해 보기가 쉽게 한다.

연구 제목을 구체화하려고 할 때 흔히 거치는 과정이 브레인스토밍(brain storming)이다. 이때 주요 키워드들을 나열하고 서로 연결하기를 시도하면서 마인드맵(mind map)이나 의미 지도[semantic mapping, 의미 나무(semantic tree)]를 만들어 볼 수 있다. 논리적 흐름을 좇아가는 순서도 방식으로 점검해 보기도 한다. 이러한 작업을 통해 연구에서 핵심적으로 요구되는 사항들을 모아 정리한 후, 그것들을 엮어 표어 형태의 제목으로 만드는 과정으로 넘어간다. 또는 그 반대 방향으로 임시 설정된 연구 제목을 검토해 볼 수 있다. 즉, 임시의 연구 제목을 상단이나 중앙에 놓고 마인드맵이나 의미 지도를 만

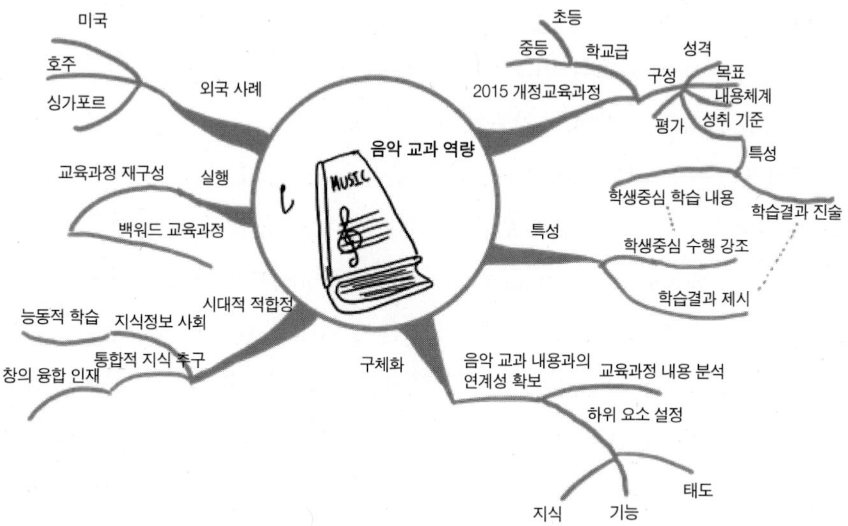

[그림 2-1] 마인드맵을 적용한 브레인스토밍의 예

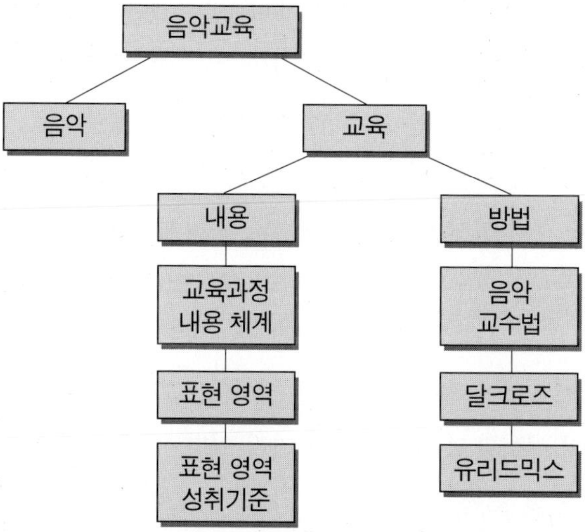

[그림 2-2] 의미 지도를 적용한 브레인스토밍의 예

들어볼 수 있다. 연구 제목을 만들 때 흔히 부수적 문장을 사용할 수 없는 특성상 자칫 단어들이 서로 꼬여 의미 왜곡을 불러올 수 있다. 일단 만들어진 연구 제목을 타인에게 보여 주고 그 이해 가능성을 살펴보는 것이 좋다.

또한, 문장과 제목을 오가며 점검해 보는 방식이 있다. 먼저 연구의 의도를 가장 정제된 방식의 문장으로 만들어 본다. 최대한 절제된 상태로 단어들을 나열하여 문장을 만들기 때문에 그 길이가 짧고 문장의 수도 많지 않다.

만약 많은 수의 문장들로 표현하여야 비로소 연구주제가 드러난다면 대개 연구 범위가 너무 넓거나 연구 초점이 아직 불명확한 경우이다. 연구 결과물의 초록을 쓴다고 생각하고 압축해 보아야 한다.

이때의 초록은 짧을수록 좋다. 같은 내용을 표현하는 글이라면 한 자라도 짧은 것이 명문(名文)이라고 보아야 한다. 실제로 음악 관련 문헌을 정리하는 하는 RILM(Répertoire International de Littérature Musicale)의 초록 작성 가이드라인을 보면, 학위논문의 경우 200단어 이내의 요약을 제시한다(http://www.rilm.org). 이것은 일반 문서 작성에서 다섯 줄 이내의 길이이다. 짧은 논문은 25단어, 즉 한 줄 이내로 요약하기를 권하다. 이렇게 연구 계획 단계에서 미리 작성해 보는 초록 정도의 문장에서 주요 키워드를 뽑아 엮어 보면 연구주제의 제목을 쉽게 가시화할 수 있다. 반대로, 연구 제목이 잘 표현되었다면 그것을 문장으로 풀어 보는 것도 도움이 된다. 제목의 의미 전달을 확인해 보기 위해서 문장 형태로 바꿔 보는 작업이 필요하다. 최종 연구 결과물에서는 결국 문장의 형태로 연구의 초점을 정리하게 된다. 즉, 서론과 결론 그리고 초록은 논문 작성 과정의 말미에 최종적으로 점검되기 마련이다.

이런 작업을 거치면서 연구자는 이른바 문어체의 표현을 익히게 된다. 같은 내용인데 문체에 따라 그 평가가 달라지는 것에 동의하지 못하는 사람이 있을 것이다. 일상생활에서뿐만 아니라 연구 활동에서도 언어는 되도록 쉽고 간편하게 사용해야 하는 것이 옳은 길이다. 그러나 사고를 구조화하는 일에는 구어체의 언어만으로 역부족인 면이 있다. 연구 내용을 가장 적확하게 표현하는 제목 및 초록 제시에서 문어체의 사용이 선택적 사항이 아니라는 이야기이다. 만약 구어체적인 표현으로 연구주제를 잘 표현한다면 그것은 본받을 수 있는 모델이다. 하지만 그것은 연구자가 대단한 연구 노하우와 언어 능력을 갖춘 경우에 가능할 것이다. 소위 연구 내공이 없는 상태에서는 그러한 제목 구성이 쉽지 않으므로 연구 초보자라면 문체의 종류에 구애받지 말고 명확한 연구 내용을 전하는 제목을 만드는 일에 집중하여야 한다.

2) 연구계획서의 주요 요소

연구계획서는 학문적 수련 과정이나 연구비 수주에서 요구된다. 좋은 연구계획서는 앞으로 수행할 연구의 실상을 적나라하게 보여 주는 것이다. 물론 연구 진행을 예상하는 단계이므로 실제 연구 활동이 반드시 계획서대로 이루어지지는 않을 수 있다. 그렇다고 하더라도 연구계획서는 최대한 완성도가 높게 작성할 필요가 있다. 연구의 계획과 실제의 간극이 좁을수록 연구 진행의 효율성은 높아지기 때문이다. 또한 문서의 형태로 탄탄한 연구설계를 제시하는 일은 해당 연구의 워밍업에 해당한다. 본격적 연구 활동의 고달픔을 이겨낼 내력을 갖게 하고 연구 활동에 가속도를 더해 준다. 무엇보다 연구 작업을 위한 연구자의 개인 생활을 미리 짜임새 있게 구성하게 한다. 그러므로 연구계획서는 연구설계 단계에서의 연구 역량을 평가하는 주요 자료이며 실제 연구의 원활한 수행을 위한 안내의 역할을 한다.

연구계획서 작성

연구의 필요성과 목적, 내용, 방법, 제한점, 선행연구 고찰을 담아야 한다.

연구계획서에서 가장 중요한 것은 연구 내용의 적시이다. 무엇을 연구할 것인지를 분명히 밝혀야 한다. 이 사항은 사실 제목에 이미 드러나 있다. 연구계획서의 본문에서는 그것을 문장의 형태로 풀어서 설명하되 설득력과 상세함을 함께 담아내야 한다. 그러나 이 연구 내용 제시는 연구계획서의 맨 앞에 오지 않는다. 해당 내용으로 연구를 수행하려는 의도를 먼저 밝히는 것이 일반적 예이기 때문이다. 이것은 큰 범위에서 작은 범위로 진행하며 설명하는 위계의 원리를 반영한 것이다. 또는 원론적 이야기에서 각론적 이야기로 전개하는 사고의 논리성에 기인한 결과라고도 볼 수 있다. 이 연구 의도는 대개 연구의 필요성과 목적으로 명시된다.

초보 연구자에게 연구의 필요성과 목적은 잘 구별되지 않은 면이 있다. 필요성은 '반드시 요구되는 것'이고 목적은 '실현하고자 하는 것'이니 두 가지가 겹칠 수 있다. '요구되는 것을 실현하겠다.'라고 하면 두 가지가 같은 맥락을 지니게 된다. 그럼에도 불구하고, 보다 치밀한 설계를 위하여 연구자는 이 두 가지를 연구계획서에서 외부적 상황과 내부적 상황이라는 관점에 따라 정리해 볼 수 있다. 필요성은 연구자의 입장이 아니라 밖의 입장, 즉 여건을 점검해 보니 그렇다는 것이고, 목적은 연구자 자신의 입장에서 이루어 내려는 일이 무엇인지를 밝혀 보라는 것이다.

사실 작은 논문에서는 이 두 가지를 굳이 구별할 필요가 없을 때가 많다. 연구계획서 단계를 지나 연구가 완결되면 대개 서론에서 이 사항을 밝히게 되는데, 연구의 목적을 충분히 언급했다면 굳이 연구의 필요성이라는 관점에서 이중적으로 같은 사항을 설명할 필요는 없다. 기존 학자들의 연구물을 보면 대개 서론 내의 도입 부분에서 연구의 필요성을 언급한 후 이어서 목적을 밝힌다. 아마도 연구의 필요성보다 연구의 목적이 무게감을 더 갖는 모양새다. 그러므로 두 가지 중 하나를 선택하여 밝히고 싶다면 당연히 목적을 우선하여 연구 의도를 밝히는 것이 좋다. 연구계획서 작성에서도 연구의 필요성을 연구목적 설정의 배경으로 언급하고 이어서 연구의 초점을 분명히 하는 방식으로 목적을 제시하는 것이 무난하다.

연구계획서의 연구 내용 부분은 알아내기의 핵심 대상을 소개하는 부분이다. 소위 '무엇을' 연구할지에 집중한다. 이때 연구의 범위나 자료를 함께 언급할 수 있다. 가장 흔한 방식은 연구 제목 설정에서 드러내었던 문제 제기가 명확하게 해결될 것이라는 예측을 북돋우는 서술이다. 완성된 논문의 본론에서 전개할 주요 쟁점을 미리 요약해 보는 형태를 취해 볼 수 있다. 아무튼 연구 내용 제시 부분에서는 의문의 형태로 제기했던 문제의 해결을 위해 다루어야 할 사항들을 일목요연하게 보여 주어야 한다.

다음으로 흔히 연구방법을 밝히는 부분이 온다. 특히 조사나 실험을 거치는 연구는 방법적 접근이 연구 내용과 밀접하게 묶여 있다. 그만큼 연구방법의 설계가 중요한 사항으로 나타난다. 사변적 논쟁을 주요 방법으로 사용하는 경우는 특별한 매개적 단계를 설정하지 않는 한 대개 연구절차를 소개하는 것으로 연구방법의 제시를 대신하기도 한다. 연구방법의 선택은 음악교육연구의 실제 주제에 따라 다양하게 나타나므로 계획서 단계에서 그 틀을 획일적으로 요구할 일은 아니다. 연구 수행의 실효성을 담보하는 차원에서 그 강도와 양을 유연하게 정할 필요가 있다. 다만, 연구방법은 그것을 통해 소기의 연구 성과를 낼 수 있는지가 가늠되도록 작성해야 한다. 이때 방법의 단순 나열은 논리적 일관성을 갖추는 데 어려움을 줄 수 있다. 숙성된 연구주제라면 이미 연구방법의 설정에서 나름의 체계가 드러나기 마련이다. 그러므로 연구자는 연구주제에 따라 조직적으로 연구 활동을 전개해 가는 과정이 잘 그려지도록 연구방법을 제시해야 한다.

이어서 연구의 제한점을 밝힐 수 있다. 이 부분은 연구의 범위를 좁혀 나가는 의미를 지니며, 나아가 연구 결과의 확장성에 대한 정직한 의견 표명이기도 하다. 어디까지 이 연구가 관여하는지, 또 있는 그대로의 연구 결과를 이해하는 가이드라인은 무엇인지에 대한 서술이다. 연구의 제한점의 제시에서 '~라는 제한점을 둔다.' 또는 '~하는 제한이 있다.' 등의 일부 격식화된 표현들이 통용되고 있으나 굳이 획일적 단어 조합에 묶일 필요는 없다. 자신의 연구에서 책임질 부분이 어디까지인지를 명확하게 밝히는 것에 초점이 있어야 한다. 대개 해당 연구에서 다루어야 할 내용의 확장이나 파장을 사전에 제어함으로써 불필요한 논리적 엉킴을 방지한다. 특히 연구주제가 다소 포괄적으로 설정된 경우, 부주제로 그 범위를 제한하는 방안 외에, 제한점에서 그 범위를 명확히 규정해 주는 것이 좋다.

연구계획서에서 때로 장황하게 거론되는 부분이 선행연구의 고찰이다. 이 부분은 연구주제나 규모에 따라 때로 연구 내용의 제시 근처에 나오기도 한다. 하지만 연구계획서를 요구하는 연구의 경우, 기존 연구들과의 차별화를 이루어야 하므로 이 부분을 별도의 장으로 설정하고, 자체의 논리적 흐름을 만들어 대응하는 것이 흔하다. 여기에서 주의할 점은 선행연구를 임의로 해석하거나 판단하여 열거하지 말아야 한다는 것이다. 특히 연구윤리의 관점에서 보더라도 선행연구에 대한 아전인수식의 해석을 피해야 한다. 또한 주요 참고 대상으로서의 선행연구물은 반드시 정독하여야 한다. 다른 사람의 평을 그대로 사용하거나 선입관을 가지고 정리를 하게 되면 자신의 연구에 중요한 사항임에도 놓치거나 왜곡된 인용을 할 수 있다.

선행연구의 고찰에서 꼭 챙겨야 할 것은 자신의 연구 내용을 차별화하는 일이다. 이전에 이루어진 연구와 비교하여 본인의 연구가 어떻게 다른지를 설명해 내지 못하면 사실 그 연구주제는 성립하지 않는다고 해도 과언이 아니다. 그러므로 앞에서 언급하였듯이, 선행연구의 고찰을 분리된 하나의 장으로 설정한 후, 그것을 하나의 소논문으로 보고 그 서술에 서론-본론-결론의 논리적 흐름이 살아나도록 하면 좋다. 비교표를 만들거나 주요 쟁점을 도출하고 압축하여 토론을 전개해 보는 것도 유용한 방법이다.

지금까지 살펴본 연구계획서의 주요 요소를 정리하면 [그림 2-3]과 같다.

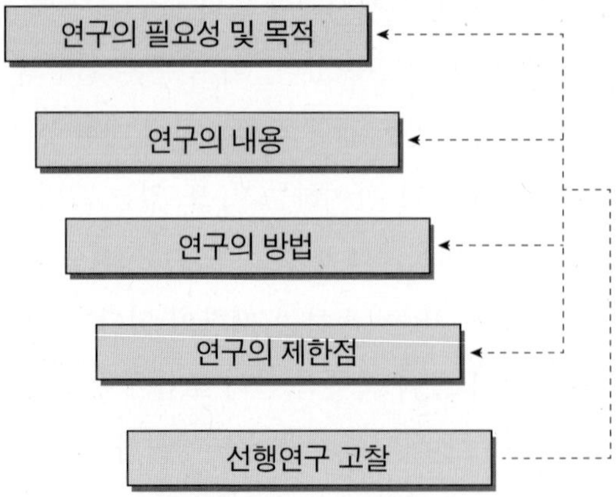

[그림 2-3] 음악교육 연구계획서의 구성도

이러한 흐름은 어디까지나 하나의 예시이므로 실제 서술 순서나 명칭 사용은 연구자가 숙고하여 결정해야 한다. 또한 참고문헌 및 인용 등을 일반적 논문 작성의 범례에 따라 정확하게 밝혀야 한다. 문장 서술 외에 연구계획의 이해를 돕는 다양한 시각 자료를 곁들이는 것도 가능하다. 표나 그림 등을 사용하여도 문장 서술은 명확히 하는 것이 일반적이다. 글로 연구계획을 설명하는 것이 일차적 기준이고, 그 외의 자료는 추가로 더해지는 사항이라고 보는 것이 편리하다.

참고문헌

임인재 (2000). 논문작성법. 서울: 서울대학교출판부.

American Psychological Association.(2016)(Ed.). 강진령 역. APA 논문작성법. 서울: 학지사.

Poenicke, K. (1988). *Wie verfasst man wissenschaftliche Arbeiten?* 2. Aufl. Manheim: DUDEN.

Fux, J. J. (1725). Gradus ad Parnassum, Viennae: Joannis Petri Van Ghelen. Translated into German by Lorenz Christoph Mizler (1742). *Gradus ad Parnassum, oder Anführung zur regelmässigen Composition*. Leipzig: Mizler.

Gibaldi, J. (1999). *MLA Handbook for Writers of Research Papers* (4th ed.). New York: The Modern Language Association of America.

Mattheson, J. (1739). *Der vollkommene Capellmeister*. Hamburg: Christian Herold.

Mozart, L. (1756, 1787). *Versuch einer gründlichen Violinschule*. Augusburg: Johann Jakob Lotter.

Phelps, R. P., Ferrara, L. & Goolsby, T. W. (1993). *A Guide to Research in Music Education* (4th ed.). Metuchen, NJ & London: The Scarecrow Press.

http://www.rilm.org [Guidelines_AbstractStyle.pdf]

정리하기

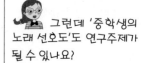

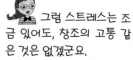

연구계획을 어떻게 세워야 할까? 계획을 세운다고 그대로 되겠어?	하고자 하는 것과 할 수 있는 것을 정리해 보세요. 계획은 바뀔 수 있으나, 없는 것보다 낫지요.	그런데 '중학생의 노래 선호도'도 연구주제가 될 수 있나요? 연구할 수 없는 것은 없답니다. 그것이 필요한지 그리고 일정 기간 안에 결과를 낼 수 있는지가 중요하지요.
음악교육연구는 하상 뒷북만 치는 것 같아요. 스스로 창조하는 일이 아닌, 일종의 정리하는 일이네요.	맞아요. 연구해야 할 사항이 드러나야 연구를 하므로 스스로 무엇을 만들어 내는 예술가와는 다르지요. 상황이나 원리를 밝혀 지식을 창출한답니다.	그럼 스트레스는 조금 있어도, 창조의 고통 같은 것은 없겠군요. 의미 있는 일을 하는 데는 항상 노고가 따르지요. 하는 일이 다를 뿐, 연구나 창작 모두 고도의 정신활동에 속합니다.

내용요약

1. 연구주제는 문제 제기를 포함하여야 하며, 이해하기 쉽고 간결하게 설정되어야 한다.

2. 연구계획을 세울 때는 관련 분야의 현황을 파악하는 일과 연구자의 여건을 고려하는 일이 중요하다.

연구문제

1. [그림 2-1]을 참고하여 음악교육 분야의 관심 있는 연구주제에 대한 마인드맵을 작성해 보시오.

2. 한 편의 논문을 선택하여 [그림 2-3]의 요소들에 따라 간단한 논문계획서의 형태로 바꿔 써 보시오.

3장
음악교육의 문헌연구

민경훈

> **문헌연구**
> 연구와 관련하여 다양하고 유용한 정보를 얻기 위해 문헌을 조사하는 것이다.

문헌은 연구주제를 결정하고 연구의 내용을 전개하는 데 있어서 가장 중요한 자원이다. 연구에 필요한 문헌은 연구와 관련한 저서를 비롯하여 학위논문, 학술 논문, 보고서 등 매우 다양하다. 효과적인 연구를 위해서는 다양한 문헌의 고찰을 통해 체계적으로 정보를 수집할 수 있도록 세심하게 주의를 기울여야 한다. 연구자는 다양한 문헌을 통해서 연구 제목을 선택하고 이론적 배경을 견고하게 할 수 있다. 이 점에서 연구자가 문헌을 검색하여 문헌을 조사하는 것은 연구를 위해서 가장 기본적인 행위이다. 이 장에서는 문헌연구의 중요성과 절차 그리고 문헌연구의 자원과 문헌의 검색 방법을 다룬다.

1. 문헌연구의 중요성

문헌연구의 과정에 있어서 가장 먼저 해야 할 활동 중 하나는 문헌을 고찰하여 연구와 관련된 정보들을 탐색하는 것이다. 다양한 출처를 통해서 유용한 정보들을 얻을 수 있기 때문에 다양한 문헌을 폭넓게 읽어 보는 가운데 논문 주제를 찾기도 하지만, 참신한 아이디어를 제공받을 수도 있다. 문헌을 고찰할 때 연구자가 염두에 두어야 할 것은 자신이 원하는 연구의 방향과 비슷한 주제를 가진 연구가 어떻게 다른지 그리고 자신이 연구하는 문제와 직간접적으로 관련된 정보를 어떻게 수집해야 하는지를 알아보는 것이다. [그림 3-1]은 문헌 고찰 시에 고려해야 할 사항이다(박도순, 2008, pp. 77-78).

정보를 어디서 찾을 것인가?	⇨	• 대부분의 경우, 도서관에서 구체적인 관련 자료를 찾는다. • 컴퓨터를 통해 편리하게 자료를 검색하고 공급받을 수 있다.
정보를 어떻게 활용할 것인가?	⇨	• 정보를 수집 · 요약하는 일로, 어떤 정보가 자신의 연구문제와 관련이 있다면 유용하게 활용할 수 있도록 잘 정리해 둔다.
정보의 내용 구성은 무엇인가?	⇨	• 자신의 연구에 필요한 정보가 무엇인지를 판단하는 일로서, 이를 위해서는 관련 연구를 검토하고 비판적으로 분석할 필요가 있다.

[그림 3-1] 문헌 고찰 시 고려사항

문헌 고찰은 연구문제와 관련된 맥락을 찾는다는 점에서 매우 중요하다. 연구자는 자신이 연구할 주제와 비슷한 논문 혹은 서적 등을 인터넷 검색창에서 주제, 키워드 등을 이용하여 찾아볼 것이다. 그리고 이를 통해서 어느 정도 논문주제를 선정하게 되면 자신이 원하는 주제와 비슷한 선행연구들을 찾아보면서 더 많은 연구 내용들을 살펴보고 더 자세하고 정확한 주제로 수정 · 보완할 것이다. 물론 선행연구에서 연구에 대한 한계점이나 문제점들이 드러날 수도 있기 때문에 이러한 연구의 단점을 알고 보완을 하게 되면 더욱 더 좋은 연구가 나올 수 있다.

선행연구는 레퍼런스, 즉 참고문헌으로 사용할 수 있다. 연구자는 선행연구물에 대한 목록을 만들어 잘 정리해 두어 후에 참고문헌으로 제시함으로써 시간을 단축할 수 있다. 이와 같은 내용들을 고려하여 문헌연구의 중요성에 대하여 정리하면 〈표 3-1〉과 같다.

표 3-1 문헌연구의 중요성

- 연구하기를 원하는 학문 분야의 최근 동향을 통찰할 수 있다.
- 연구가 가능한 주제를 선택하는 데 도움을 준다.
- 주제와 관련하여 연구의 문제를 구체화할 수 있다.
- 기존의 연구와 차이가 있는 새로운 접근 방법을 찾을 수 있다.
- 연구의 전개에 있어서 다양한 연구방법을 모색할 수 있다.
- 학술 정보를 얻음으로써 연구를 위한 이론적 배경을 튼튼하게 할 수 있다.
- 연구의 전개 과정에서 보다 밀접한 학문 분야의 문헌을 통해 깊이 있는 지식을 습득하고 폭넓은 안목을 가질 수 있다.

문헌연구에서 연구자가 가장 먼저 연구하고자 하는 학문 분야의 최근 동향에 대하여 살펴보는 것은 중요하다. 연구자가 원하는 연구의 방향과 관련하여 최근까지 어떤 연구들이 다루어졌는지, 어떤 제목으로 이루어졌는지 그리고 어떤 방법으로 연구가 진행되었는지 등을 파악하는 것은 앞으로 자신이 연구할 주제는 물론, 내용을 전개하는 데 있어서 매우 필요하다.

만약에 연구자가 자신이 좋아하는 주제로 연구를 수행하였는데 이와 비슷한 연구가 이미 이루어졌다면, 이 연구는 별 의미가 없는 불필요한 연구가 되고 만다(김연희, 문승태, 장선철, 2003, p. 61). 따라서 연구자는 다양한 문헌연구를 통해서 자신이 생각하고 있는 논문과 유사한 논문이 있는지를 찾아보고, 논문이 자신의 생각과 비슷한 내용을 담고 있는지를 파악함으로써 새로운 주제로 방향을 전환하여야 할지 아니면 단점을 보완하여 다른 각도에서 접근해야 할지를 빠르게 결정하여 시간 낭비를 줄여야 한다. 자신이 생각하고 있는 연구주제와 비슷한 논문이 이미 발표되었다 할지라도 이 주제와 관련하여 다른 방식으로의 접근 가능성을 모색하거나 또는 단점을 발견하여 보완하는 방향으로 전개한다면 연구자의 연구는 가치가 있다고 본다. 이러한 점에서 연구자가 최근 연구의 동향에 대하여 주의 깊게 살펴보는 것은 연구의 주제 설정과 논문 내용의 전개를 위하여 매우 중요하다. 이와 같은 점들을 고려하여 문헌 고찰의 의미를 [그림 3-2]와 같이 정리할 수 있다.

연구 범위의 한정	기존의 문헌을 살펴봄으로써 이전에 이미 이루어진 연구를 피해 연구 범위를 한정할 수 있다. 연구 범위의 한정은 같은 주제로 반복되는 무의미한 연구의 실패를 미연에 방지한다.
새로운 연구 방향 탐색	문헌연구는 연구의 새로운 방향을 모색하는 데 도움을 준다. 이미 이루어진 연구 분야를 파악하여 거의 수행되지 않은 새로운 주제에 대하여 탐색할 수 있다.

[그림 3-2] 문헌 고찰의 목적

2. 문헌연구의 절차

문헌연구는 체계적인 절차에 따라 수행할 때 효과성을 높일 수 있다. 연구자가 문헌연구의 절차에 따라 고찰을 수행하는 데 있어서 염두에 두어야 할 것은 처음부터 작업을 정확하게 결정하여 수행하여야 한다는 것이다. 문헌연구의 절차는 [그림 3-3]과 같다.

키워드 목록 만들기

⬇

정보 확인하기

⬇

중요한 자료 분류하기

⬇

필요한 내용 정리하기

[그림 3-3] 문헌연구의 절차

1) 키워드 목록 만들기

연구문제와 관련된 정보를 얻기 위해서는 우선 연구문제와 관련된 적절한 키워드 목록을 만들어야 한다. 물론 해당 연구의 키워드를 몇 개로 제한하는 것은 용이하지 않다. 그러나 키워드는 자료를 찾을 때, 특히 인터넷으로 검색할 때 매우 유용하게 사용될 수 있기 때문에 가능한 한 중요한 키워드를 열거한 목록을 만들어 활용할 필요가 있다.

2) 정보 확인하기

키워드 목록이 작성되면 인터넷 검색 혹은 주요 서적이나 논문 등의 뒷부분에 제시된 참고문헌 등을 통하여 정보가 어디 있는지를 확인할 수 있다. 예를 들어, 인터넷 검색을 통하여 각 도서관에 있는 자료를 확인할 수 있고, 전문 학회지나 학술지의 초록도 볼 수 있다. 또한 서적이나 논문 등의 뒷부분에 수록된 참고문헌을 통하여 관련된 지료를 찾을 수 있다.

3) 중요한 자료 분류하기

제목이나 초록을 보고 입수한 자료들은 연구의 문제와 관련이 있을 수도 있고, 관련이 없을 수도 있다. 그러므로 연구에 필요한 자료는 중요성이나 범주에 따라 효율적으로 분류하여 정리해야 하고, 관련이 없는 자료는 삭제해야 한다.

4) 필요한 내용 정리하기

연구를 위해서 필요한 자료를 찾아 분류하여 정리해 놓은 다음, 자료들의 핵심적인 내용을 '논문 요약지'에 간단하게 메모해 두면 연구의 이론적 배경을 작성할 때 그리고 참고문헌을 작성할 때 큰 도움이 된다. '논문 요약지'의 양식은 [그림 3-4]와 같이 만들 수 있다.

〈논문 요약지〉

- 논문 제목:
- 저자:
- 학술지 명:
- 학회지 명:
- Vol._____ No._____ 페이지 (　)~(　)
- 발간일: 　년 　월
- 요약 내용:

[그림 3-4] 논문 요약지 양식

이와 같이 문헌연구절차를 거쳐 필요한 자료들을 찾아 정리해 두면 연구자가 수행하고자 하는 연구의 이론적 배경, 연구방법, 연구의 내용 및 논의, 결론 등을 체계적 · 구체적으로 전개시키는 데 도움이 된다. 따라서 이러한 문헌연구의 절차에 따라 참고할 문헌들을 정리하는 습관을 가지는 것이 좋다.

3. 문헌연구의 자원

음악교육과 관련된 연구를 하는 과정에서 참고 자료가 연구의 내용을 전개하고 결과를 얻어내는 데 중요한 역할을 하기 때문에 자료의 수집은 필

2차 자료	학술적 연구를 목적으로 하는 논문이 아닌 교재 또는 전문 서적과 같은 책이다. 연구자는 교재 혹은 개론서 등을 통하여 연구 분야의 포괄적인 지식을 습득하여 자신이 원하는 연구주제를 보다 구체화할 수 있다.
1차 자료	연구자에 의하여 직접 작성된 연구 논문으로, 학문적 이론과 과학적 방법에 기초하여 연구를 구체적으로 진행하고 결과를 정리한 논문 또는 보고서 형태이다.

[그림 3-5] 문헌연구의 자원

수이다. 문헌연구의 과정에서 수집되는 자료는 크게 2차 자료(secondary source)와 1차 자료(primary source)로 나눌 수 있다(성태제, 시기자, 2007, pp. 77-78).

1) 2차 자료

2차 자료는 학술적 연구를 목적으로 하는 논문이 아닌 교재 또는 전문 서적과 같은 책을 의미한다. 예를 들면, 이홍수(1990)의 『음악교육의 현대적 접근』, 리머(Reimer, 2003)의 『A philosophy of music education (3rd ed.)』 등이 있다.

2차 자료의 특징은 다양한 전문적인 이론들을 소개하고 있다는 것이다. 따라서 2차 자료에 관한 문헌연구는 연구주제의 선택에 있어서 다양한 이론들에 대한 기초적인 지식을 쉽고 광범위하게 접할 수 있다는 장점이 있다. 예를 들어, 음악교육과 관련한 주제를 찾아서 연구하기를 원할 때 2차 자료인 이홍수의 『음악교육의 현대적 접근』을 참고하면 음악교육의 역사적 · 철학적 · 미학적 · 심리학적 배경, 음악과의 지도 방법, 음악과 교육과정과 교과서, 음악과 수업 모형, 음악과 학습 평가 등 음악교육과 관련하여 다양한 정보를 쉽게 얻을 수 있다.

연구자는 2차 자료인 교재 혹은 개론서 등을 통하여 연구 분야의 포괄적인 지식을 획득할 수 있으므로 지신이 원하는 연구주제를 보다 구체화할 수 있다. 그러나 2차 자료인 책의 저자가 내용을 왜곡했거나 잘못 서술하였을 경우 잘못된 정보를 제공할 수 있으므로 연구자가 2차 자료를 선택할 때에는 참고문헌의 출처를 정확하게 기록한 좋은 교재나 전문 서적을 선택할 수 있도록 주의하여야 한다. 2차 자료로, 음악교육과 관련한 국내외 주요 문헌들을 소개하면 다음과 같다.

- *A philosophy of music education* (3rd ed.). (Reimer, 2003)
- *Handbook of Research on Music Teaching and Learning*(Colwell, 1992)
- *Oxford Handbook of Qualitative Research in American Music*

Education(Conway, 2014)

- *Music matters: a philosophy of music education* (2nd ed.). (Elliott & Silverman, 2015)
- *Foundations and principles of music eduction*(Leonhard & House, 1997)
- **음악교육의 기초**(권덕원 외, 2014)
- **음악교육학 총론**(민경훈 외, 2017)
- **음악교육의 현대적 접근**(이홍수, 1990)

특히, 미국음악교육자협회(Music Educators National Conference: MENC)가 자신 있게 추천한 콜웰(Colwell)의 책『Handbook of Research on Music Teaching and Learning』은 음악교육과 관련된 많은 연구물을 다양한 범주로 나누어 정리하여 800쪽이 넘는 분량에서 소개하였는데, 이 책은 연구자들의 연구 결과를 왜곡하지 않고 간단하게 요약하여 기록한 문헌으로 여기에 수록된 각 장의 저자들은 음악교육과 관련된 특정한 분야의 전문가들로 중요한 정보를 제공하고 있다.

이 외에도 다음과 같은 권위 있는 학회 및 협회 그리고 심포지엄은 음악교육과 관련하여 다양한 2차 자료를 제공한다.

- ISME(국제음악교육협회): International Society for Music Education
- NAfME(미국음악교육협회): National Association for Music Education
- APSMER(아시아 태평양음악교육연구심포지엄): Asia-Pacific Symposium for Music Education Research(Regional conference of ISME)

2) 1차 자료

1차 자료는 연구자에 의하여 직접 작성된 연구 논문을 말한다. 1차 자료는 선행연구자들이 학문적 이론과 과학적 방법에 기초하여 연구를 구체적으로 진행하고 결과를 정리한 논문 또는 보고서 형태이기 때문에 많은 연구자들은 자신의 새로운 연구를 구체적으로 진행하기 위하여 1차 자료를 집중적으로 참고하게 된다.

연구자가 2차 자료를 통해 연구주제를 보다 구체화하였다면, 이후에는 자신의 연구주제와 밀접한 관계가 있는 1차 자료인 연구 논문을 찾아야 한다. 이때 중요한 것은 연구자가 1차 자료인 연구 논문의 목록을 수록한 목록 집을 열람하면서 최근에 어떤 연구들이 수행되었는지를 파악하는 것이다. 논문 제목은 연도별로 배열되어 있어서 최근 연도부터 거슬러 내려가면서 논문 제목을 열람하면 연구자의 이름과 연구의 동향을 알 수 있다.

학회 혹은 학술 단체에서 발행하는 학술지 등에 게재된 학술 논문 등이 대표적인 1차 자료에 해당한다. 1차 자료로서 음악교육과 관련한 대표적인 문헌을 소개하면 다음과 같다.

- 음악교육연구(한국음악교육학회)
- 음악교육공학(한국음악교육공학회)
- 예술교육연구(한국예술교육학회)
- *Journal of Research in Music Education*
- *International Journal of Music Education*

한국의 음악교육을 대표하는 학술지 『음악교육연구』 『음악교육공학』 『예술교육연구』는 한국연구재단에 등재된 권위 있는 학술지이다. 여기에 게재된 학술 논문들은 학회의 정기적인 심사에 의해 채택된 논문으로 학술적 가치가 있다고 인정된 자료들이다.

『음악교육연구(Korean Journal of Research in Music Education)』는 1956년에 설립된 '한국음악교육학회(The Korea Music Education Society)'가 1972년부터 발행하는 권위 있는 학술지이다. 한국음악교육학회는 음악교육의 학문적 연구를 대표하는 가장 큰 학술 단체로 학술지 발간은 물론, 여름학술대회, 춘추학술세미나, 콜로키엄 및 워크숍, 교사연수 등을 통해 우리나라의 음악교육계에 큰 기여를 하고 있다. 이러한 학술 행사에서 출판된 연구물들은 연구자들의 1차 혹은 2차 자료로서 크게 이용되고 있다.

『음악교육공학(Journal of Music Education Science)』은 '한국음악교육공학회(The Korean Society of Music Educational Technology)'가 발행하는 한국연구재

단에 등재된 학술지이다. 『예술교육연구(Korean Journal of Arts Education)』는 '한국예술교육학회(Korean Association of Arts Education)'가 발행하며, 한국연구재단에 등재된 학술지이다. 학술지의 특성에 따라서 예술교육연구는 다양한 예술 분야를 포함하지만, 대체로 음악교육과 관련한 논문을 많이 다루고 있다.

미국의 음악교육 학술지 『음악교육연구저널(Journal of Research in Music Education)』은 1953년에 처음 발행되어 1963년에 공식 출판물이 되었다. 이 저널은 처음에는 역사적 연구에 치중하였으나 1960년대 초반에 이르러 실험적 연구로 전환되기 시작하였다. 이 학술지는 현재 전국음악교육협회(NAfME)와 공동으로 세이지출판사(SAGE Publications)에 의해 발행되고 있다. 『국제음악교육저널(International Journal of Music Education: IJME)』은 '국제음악교육학회(International Society for Music Education: ISME)'의 공식 저널로 전 세계를 대표하는 유일한 음악교육 학술지이다. 전 세계의 80여 개국이 ISME에 가입하였다. 또한, 학술지 『국제음악교육저널』은 교수 및 학습에서의 혁신적인 실천에 초점을 두고, 음악교육에 관한 다양한 이론과 방법, 음악교육의 현장과 관련된 다양한 주제들을 다룬다.

이 외에도 석사 · 박사학위 논문, 연구기관의 연구보고서 등도 1차 자료에 속한다. 연구자가 원하는 연구주제와 밀접한 관계를 가진 학위논문이나 연구보고서 등은 연구자의 연구에 큰 도움을 준다.

3) 측정 검사 도구에 관한 문헌

연구에 있어서 변수의 속성을 측정하고자 할 때 또는 적절한 평가를 하고자 할 때에는 정확하게 측정할 수 있는 측정 검사 도구를 사용하여야 한다. 특히, 인간 내면의 잠재적인 특성을 측정하고자 할 때 측정 검사 도구가 많이 활용된다. 음악교육과 관련해서 사용되는 측정 검사 도구를 소개하면 다음과 같다(민경훈 외, 2017, pp. 319-320).

- 시쇼어 음악재능 검사(Seashore Measures of Musical Talents) (C. E. Seashore, 1919, 1939)

- 윙 음악지능 표준화검사(Wing Standardized Tests of Musical Intelling) (H. D. Wing, 1960)
- 음악적 능력검사(The Measure of Musical Abilities) (A. Bentley, 1966)
- 음악적성 프로파일(Musical Aptitude Profile: MAP) (E. Gorden, 1965, 1988)
- 초급 음악오디에이션 검사(Primary Measures of Music Audiation: PMMA) (E. Gorden, 1986)
- 중급 음악오디에이션 검사(Intermediate Measures of Music Audiation: IMMA) (E. Gorden, 1986)
- 고급 음악오디에이션 검사(Advanced Measures of Music Audiation: AMMA) (E. Gorden, 1989)
- 한국 음악적성 검사(Korean Music Aptitude Test: KMAT) (현경실, 2004)

4) 다양한 자료의 형태

연구자는 자신의 연구를 위하여 교재나 개론서 등과 같은 기록된 책을 고찰하기도 하지만, 이 밖에 다양한 자료를 수집하여 사용하기도 한다. 예를 들어, 연구자는 통계 자료, 신문 기사, 인터넷 문서, 그림, 사진 등을 수집하여 참고 자료로 활용하기도 한다. 이러한 자료들은 1차 자료를 직접 수집하기 어려운 경우에 2차 자료로 활용될 수 있으며, 양적 자료와 질적 자료의 수집에 모두 유용하게 사용될 수 있다. 이러한 자료들의 장점은 시간과 비용을 절약하고 주변에서 정보 수집을 비교적 쉽게 얻을 수 있다는 점이다. 반면에 자료의 정확성과 신뢰성을 확보하기 어렵고, 자료의 해석 시 연구자의 편견이 개입될 수 있다는 단점이 있다. 선행연구의 신뢰도가 현행 연구의 신뢰도에 영향을 줄 수 있다는 점을 감안한다면, 신뢰할 수 있는 기관의 믿을 만한 자료들을 활용하여 정확한 정보를 획득하는 것이 중요하다.

4. 문헌 검색

1) 컴퓨터를 통한 자료 검색

현대사회에서 컴퓨터의 발전은 지식의 정보화를 촉진하였으며, 새로운 지식을 쉽게 공유하도록 만들었다. 그러므로 연구자는 컴퓨터를 통해서 최신의 연구 정보를 쉽게 입수할 수 있다. 즉, 연구자는 자신이 원하는 논문들을 주제어 혹은 연구자 이름을 통해서 쉽게 발견할 수 있고, 연구에 필요한 문헌들이 어느 장소에 있는지 그리고 키워드를 통해서 연구하고자 하는 주제와 비슷한 성격의 논문들을 쉽게 찾을 수 있다. 이러한 점에서 연구자는 자신에게 필요한 문헌을 컴퓨터를 통하여 검색하는 방법을 배워야 할 것이다.

컴퓨터를 이용하여 자료를 검색하고자 할 때 도움을 줄 수 있는 주요 사이트와 특징을 소개하면 [그림 3-6]과 같다(성태제, 2016, pp. 109-110).

기관명(웹사이트)		특징
학술연구정보서비스 (http://riss.kr)	⇨	• 국내 1,100개 학회 및 대학부설 연구소 발행 학술지에 수록된 논문 64만 건의 원문 및 해외 학술지에 수록된 논문 1,500만 건 검색 가능 • 국내 100여 개 대학도서관 수여 석사 · 박사학위 논문 20만 건 및 내국인의 해외 취득 박사학위 논문 2만 건의 원문 제공 • 국내 420여 개 대학 · 전문도서관이 소장하고 있는 단행본 및 비도서 자료 620만 건(CD-ROM, 비디오 등) • 국내 학술지 3만 5,000여 종과 해외 학술지 6만 7,000여 종의 검색 및 권호별 소장 정보 확인
국가전자도서관 (http://www.dlibrary.go.kr)	⇨	• 7개 참여 기관 36종의 데이터베이스 검색 및 원문 제공 • 국내외 도서관, 유관 기관, 국제기구들의 웹사이트 링크

국회도서관 (http://www.nanet.go.kr)	• 석사 · 박사 학위, 국내 학술잡지, 세미나 자료, 정기간행물 원문 데이터베이스 구축 • 단행본, 국내 정부간행물, 신문 검색 목록과 외국 학술잡지 색인 제공
누리미디어 DBpia (http://www.dbpia.co.kr)	• 인문/사회/어문/경제, 경영/교육/신학/법학, 행정/의학/예체능/공학/자연과학 11개 분야의 총 285개 학회, 협회 및 출판사에서 발행하는 600여 종의 정기간행물을 창간호부터 최근호까지 데이터베이스화
한국학술정보(주) (http://kiss.kstudy.com)	• 80만 편의 국내 학술지, 대학 간행물, 연구논문집 제공
학지사 뉴논문(http://www.newnonmun.com)	• 어문학, 인문과학 분야, 사회과학 분야, 교육 분야, 기타 분야의 국내 학위, 학술 논문 검색과 원문 제공 • 국내외 기관과 학교 도서관 홈페이지 검색 사이트 링크
한국교육개발원 (http://askkedi.kedi.re.kr)	• 교육 관련 세미나, 토론회 자료 한국교육개발원 연구보고서 • 학술지『한국교육』『교육개발』제공
한국교육과정평가원 (http://www.kice.re.kr)	• 한국교육과정평가원 주요 연구 사업에 대한 연구보고서 초록 및 자료 제공 • 교육 관련 세미나 자료 제공 • 기관지『교육광장』과 학술지『교육과정평가연구』제공
한국교육학술정보원 (http://www.keris.or.kr)	• 교육학술정보 동향에 대한 자료 제공 • 교육정보화 정책 추진 성과 및 현황에 대학 자료 제공 •『교육정보화백서』제공
교육부 (http://www.moe.go.kr)	• 교육정책 자료 및 정책 연구보고서 제공 • 기관 보고서와 간행물 자료 제공 • 해외주재관의 수집 자료와 대학 입학 관련 등의 교육 자료 제공

사이트		내용
한국교원대학교 교육연구정보서비스 (http://eris.knue.ac.kr)	⇨	• 국내외 교육학 관련 사이트의 자료 검색 사이트와 자료실 링크 • 국내외 학위논문 원문 제공
교보문고 스콜라 (http://scholar.dkyobobook.co.kr)	⇨	• 국내 약 220여 개 학회 및 연구소에서 발행하는 학회지 및 연구 간행물들의 원문 데이터베이스 구축
학술교육원 (www.earticle.net)	⇨	• 국내 저작물의 온라인 통합 전자저널/데이터베이스의 구축
Institute of Education Sciences (http://eric.ed.gov/)	⇨	• ERIC에 수록된 자료 중 1993년부터 2004년 7월까지의 원문 무료 제공
EBSOOhost Electronic Journals Service (http://ejournals.ebsco.com)	⇨	• 전 분야 8개 전자저널 컨소시엄 저널에 대한 통합 검색과 원문 제공

[그림 3-6] 교육 분야와 관련된 국내외 주요 자료 검색 사이트

2) 도서관 자료 검색

컴퓨터를 통해서 도서관에 있는 자료를 검색할 수 있다. 최근에는 대학교 도서관 자료 검색에 관한 서비스 지원이 잘되어 있어서 연구자가 자료 검색 서비스를 잘 이용한다면 연구에 필요한 자료들을 쉽게 얻을 수 있다. [그림 3-7]은 한국교원대학교 도서관에서 지원하는 자료 검색 서비스에 관한 내용이다.

소장자료 검색

- 전체 검색
- 단행본
- 교과서
- 연속간행물
- 학위논문
- Collections
- ERIC
- 멀티미디어
- 신착예정도서

전자자료 검색

- 전자정보 AtoZ
- 전자정보통합검색
- 국내학술데이터베이스
- 국외학술데이터베이스
- e-Magazine
- e-Book

My Library

- 대출 조회/연장/예약
- 희망도서 신청/조회
- 우선정리요청조회
- 보존서고 대출신청조회
- 문헌 복사신청/조회
- 도서관이용교육 신청/조회
- 공동학습실이용 신청/조회
- 서가에 없는 도서확인요청
- 서평모음
- 개인정보관리
- 개인공지사항
- My Collection
- My Search

도서관서비스

- 상호대차 · 문헌복사
  - [상호대차 문헌복사 ERIC]
- 이용교육신청
- 공동학습실이용신청
- 컴퓨터/모바일지원
  - [학술정보검색용 PC 이용안내]
  - [국회도서관 원문열람]
  - [자료스캔서비스 무선인터넷]
  - [e-콘텐츠 열람 시스템]
- 도서관 일반회원가입
- 타대학 열람의뢰 발급
- 최신정보 받아보기
  - [SDI서비스/RSS서비스]
- 학위논문작성 및 제출안내
- 모바일도서관

[그림 3-7] 한국교원대학교의 도서관(lib.knue.ac.kr) 자료 검색 서비스

참고문헌

권덕원, 석문주, 최은식, 함희주(2014). 음악교육의 기초. 경기: 교육과학사.

김연희, 문승태, 장선철(2003). 교육연구방법. 서울: 동문사.

민경훈, 김신영, 김용희, 방금주, 승윤희, 양종모, 이연경, 임미경, 장기범, 조순이, 주대창, 현경실(2017). 음악교육학 총론. 서울: 학지사.

박도순(2008). 교육연구방법론. 서울: 문음사.

성태제(2016). 교육연구방법의 이해. 서울: 학지사.

성태제, 시기자(2007). 연구방법론. 서울: 학지사.
이홍수(1990). 음악교육의 현대적 접근. 서울: 세광음악출판사.

Colwell, R. (1992). *Handbook of Research on Music Teaching and Learning*. New York: Schirmer Books.

Conway, C. M. (2014). *Oxford Handbook of Qualitative Research in American Music Education*. New York: Oxford University Press.

Elliott, D. J., & Silverman, M. (2015). *Music matters: a philosophy of music education* (2nd ed.). New York: Oxford University Press.

Reimer, B. (2003). *A philosophy of music education: advancing the vision* (3rd ed.). Upper Saddle River, NJ: Prentice Hall.

정리하기

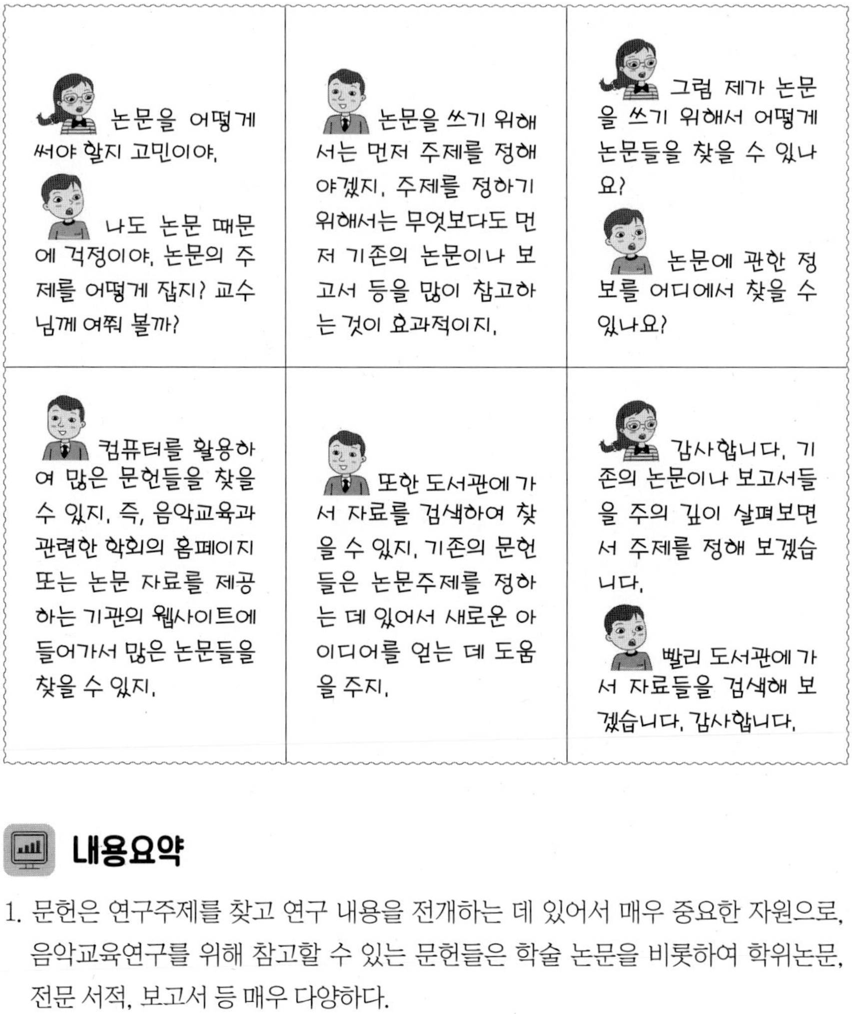
논문을 어떻게 써야 할지 고민이야.
나도 논문 때문에 걱정이야. 논문의 주제를 어떻게 잡지? 교수님께 여쭤 볼까?
논문을 쓰기 위해서는 먼저 주제를 정해야겠지. 주제를 정하기 위해서는 무엇보다도 먼저 기존의 논문이나 보고서 등을 많이 참고하는 것이 효과적이지.
그럼 제가 논문을 쓰기 위해서 어떻게 논문들을 찾을 수 있나요?
논문에 관한 정보를 어디에서 찾을 수 있나요?
컴퓨터를 활용하여 많은 문헌들을 찾을 수 있지. 즉, 음악교육과 관련한 학회의 홈페이지 또는 논문 자료를 제공하는 기관의 웹사이트에 들어가서 많은 논문들을 찾을 수 있지.
또한 도서관에 가서 자료를 검색하여 찾을 수 있지. 기존의 문헌들은 논문주제를 정하는 데 있어서 새로운 아이디어를 얻는 데 도움을 주지.
감사합니다. 기존의 논문이나 보고서들을 주의 깊이 살펴보면서 주제를 정해 보겠습니다.
빨리 도서관에 가서 자료들을 검색해 보겠습니다. 감사합니다.

내용요약

1. 문헌은 연구주제를 찾고 연구 내용을 전개하는 데 있어서 매우 중요한 자원으로, 음악교육연구를 위해 참고할 수 있는 문헌들은 학술 논문을 비롯하여 학위논문, 전문 서적, 보고서 등 매우 다양하다.

2. 효과적인 연구를 위해서는 문헌 수집의 절차와 문헌 검색의 방법 등을 제대로 익혀 연구에 필요한 문헌들을 체계적으로 수집하고 활용할 수 있는 능력이 필요하다.

연구문제

1. 효과적인 연구를 위해서 다양한 문헌을 연구하는 것이 왜 중요한지, 그 이유를 제시하시오.

2. 컴퓨터를 활용하여 음악교육연구에 필요한 다양한 문헌들을 검색하는 방법을 설명하시오.

제 2 부

음악교육연구의 실천–질적 연구

4장
음악교육에서 질적 연구

김용희

1. 질적 연구의 기원과 특징

숫자가 아니라 언어에 의하여 연구 결과를 보고하는 질적 연구는 양적 연구에 대한 대안으로 등장했다. 질적 연구는 특정한 교수-학습, 특정 학교, 특정 프로그램의 상황이나 그 구성원들의 독자적인 관점이나 인식을 깊이 있게 탐구할 때 주로 사용된다. 양적 연구가 '무엇(what)'이라는 질문에 대답하기 위한 연구라면, 질적 연구는 '어떻게(how)'라는 질문에 대답하기 위한 연구로 볼 수 있다.

질적 연구란

질적 연구는 20세기 중반에 양적 연구에 대한 대안으로 등장하였으며, 특정한 현장이나 교수-학습 상황을 깊이 있게 탐구할 때 주로 사용되는 연구이다.

질적 연구에서는 연구자와 연구대상자가 엄격하게 분리되지 않는다. 질적 연구의 연구자는 양적 연구의 연구자처럼 환경을 엄밀하게 통제하지 않는다. 연구자는 연구대상자들이 생활하고 있는 특정한 상황의 자연스러운 맥락을 바라보고 폭넓게 이해하고자 한다. 심지어 질적 연구에서는 연구자의 개인적인 경험마저 연구에서 배제하지 않는다. 브레슬러와 스테이크(Bresler & Stake, 1992)는 "인간의 경험은 맥락과 얽혀 있기 때문에 사회에서 발생한 일을 맥락과 무관한 중립적이고 과학적인 언어로 표현할 수 없다."(p. 77)라고 주장하였다.

1) 질적 연구의 기원

질적 연구의 기원

질적 연구는 외부의 사건과 인간의 경험이 분리되지 않는다는 현상학을 비롯하여 문화기술지, 상징적 상호작용주의, 전기, 사례연구, 역사연구 등 다양한 학문으로부터 영향을 받았다.

링컨과 구바(Lincoln & Guba, 1985)는 '자연스러운 환경'에서 이루어지는 질적 연구의 철학적 근거에 대하여 말했다.

첫째, 현실이란 다원적이고, 인간에 의해 구성되며(construct), 전체로서 인식된다.

둘째, 연구자와 연구대상자는 서로 영향을 주고받으며 상호작용한다.

셋째, 질적 연구의 목적은 전체적 사례를 대표하는 '가설'을 검증하는 것이 아니라 개별적 사례를 묘사하는 '작업가설(working hypothesis)'을 사용하여 특정한 지식을 발전시키는 것이다.

넷째, 모든 실체는 상호적 · 동시적으로 형성되기 때문에 원인과 실체를 구분할 수 없다. 다섯째, 모든 연구는 연구자의 가치로부터 영향을 받는다(Kim, 1997, p. 28에서 재인용).

철학자 칸트(Kant)는 어떤 대상이나 사건이 우리의 경험과 분리되어 존재하지 않는다고 주장했다. 세상은 받아들이는 사람에 의하여 해석된다. 양적 연구는 실험실의 대상처럼 인간을 탐구한다. 연구자는 연구대상자에 대하여 중립적 가치를 취하려고 노력한다. 결과는 철저히 과학적 · 객관적이어야 하며, '주관성'은 배제되어야 한다(Bresler & Stake, 1992).

그러나 인간이 참여하는 연구가 우리의 감성과 가치를 온전히 배제하고 객관적으로 존재할 수 있는가? 과학적 통제를 최대한 사용하여 이루어진 연구가 연구자의 선입견이나 가치를 온전히 배제하는가? 또한 연구자가 가지는 선입견이 항상 그른가? 이러한 질문들에서 알 수 있듯이, 연구자로부터 연구를 분리시키는 것이 불가능하다는 입장을 가지는 질적 연구에서는 인간의 주관성을 제거되어야 하는 대상이 아니라 인정되고 수용되는 대상으로 간주한다(Bresler & Stake, 1992).

질적 연구는 현상학뿐 아니라 문화기술지(ethnography), 상징적 상호작용론, 사회조직론, 전기, 사례연구, 인지연구, 역사연구 등 다양한 전통의 영향을 받았다. 문화기술지적 연구는 확고한 사전 지침이나 절차 없이 현장에서 오랜 시간을 보내며 엄청난 자료를 수집하고 분류한 뒤 증거를 글로써 실증한다. 상징적 상호작용론은 의미가 도출되는 것은 사물 자체가 아니라 인간이 사물에 부여한 의미라고 강조한다. 사회조직론은 인간이 상대방을 어떻게 지각하고, 사회적 관계를 어떻게 조정 · 조직하며, 조직된 집단에서 어떻게 살아가는가를 연구한다. 결론적으로 말하며, 질적 연구는 외부적 실재가 없다는 것이 아니라, 그것의 대부분은 인간에 의하여 개념화되고 정의가 내려지는 것이라고 간주한다(박휴용, 2014; Creswell, 2005; Steinback, 2002).

2) 질적 연구의 특징

질적 연구는 현장의 자연스러운 상황으로부터 자료를 수집하는 연구로서, 귀납적 자료분석을 특징으로 한다.

질적 연구의 특징

질적 연구는 특정한 사례가 중심이 되고, 연구의 대상이 되는 사건이나 사람이 처한 자연스러운 상황 안에서 이루어지며, 숫자가 아니라 언어로 기술되고, 내재자의 관점과 연구자의 해석을 존중하며, 참여 대상과 신뢰관계를 형성하고, 광범위한 자료를 수집하며, 귀납적인 분석과 해석을 하고, 신뢰도보다는 타당도를 중시하는 연구이다.

첫째, 질적 연구는 인물이나 현장이나 교육과정 등 특정한 사례를 중심으로 이루어진다. 질적 연구의 목적은 연구대상자들이 어떤 경험을 하고 그러한 경험을 어떻게 해석하는지 있는 그대로 탐색하고 연구하고 해석하는 것이다. 질적 연구에서는 양적 연구에서 통제집단과 실험집단을 비교하는 것처럼 하나의 사례가 다른 사례와 어떻게 다른지를 비교하는 것에 관심이 없다. 그보다 질적 연구에서는 하나의 사례를 깊이 '이해'하는 것에 초점을 맞춘다(Bresler & Stake, 1992).

둘째, 질적 연구의 자료는 연구대상자가 생활하는 자연스럽고 일반적인 상황 안에서 수집된다. 이것은 양적 연구의 자료들이 연구의 관심 변인 외 다른 것을 최대한 배제하는 통제적 환경 안에서 수집되는 것과 대조된다.

셋째, 질적 연구의 결과는 숫자가 아니라 언어로 기술된다. 질적 연구자는 현장의 독특한 자료를 수집하고 해석하며, 현장의 다각적이고 다양한 모습을 생생하게 기술하는 데에 목적이 있다(Bresler & Stake, 1992).

넷째, 질적 연구에서는 현장속 내부자의 관점을 강조한다. 연구자는 내부자의 경험과 활동에 참여하거나 그것들을 관찰하여 해석하는 역할을 한다.

다섯째, 질적 연구에서는 연구자의 가치와 해석을 존중한다. 질적 연구는 연구문제를 선정하고 연구를 설계 · 분석 · 해석하는 과정에 연구자의 가치관은 필연적으로 포함될 수밖에 없다는 관점을 가진다. 질적 연구에서는 연구자가 평소에 가지는 암묵적 지식(tacit knowledge)을 연구보고서에 포함시키도록 권장한다. 판단은 독자 스스로의 몫이다. 연구자의 암묵적 지식은 연구의 제한점이 되기도 한다.

여섯째, 질적 연구에서는 연구대상자를 포용하고 그들의 사고와 가치에 최대한 공감한다. 질적 연구자는 연구대상자와 신뢰 관계를 구축하고 그들을 존중하며 그들에게 해를 끼치지 않아야 한다.

일곱째, 질적 연구는 하나의 사실에 대하여 총제적(holistic) 관점을 얻고자 노력한다. 이를 위해 광범위한 자료들로부터 근거를 수집한다.

여덟째, 질적 연구는 분석 기준을 사전에 정하지 않고 귀납적으로 자료를 수집한다. 연구자가 연구대상자를 잘 알지 못하는 설계 초기에 미리 수집과 분석의 방향을 정하지 않는다. 질적 연구는 발견 지향적인 유동적 절차를 취하며, 연구가 진척됨에 따라 연구설계를 명료히 하고 이에 따라 수집되는 자료나 분석 관점을 변경하기도 한다. 질적 연구는 양적 연구처럼 사실의 검증에 초점을 맞추는 것이 아니라 발견과 탐색을 중요시하는 연구이기 때문이다.

아홉째, 질적 연구는 연구의 일관성에 관계되는 신뢰성보다 연구의 정확성과 관련되는 타당성을 더 중요시한다. 이를 위하여 질적 연구의 과정은 실제적이고 풍부한 자료의 수집과 체계적 분석을 필요로 한다.

질적 연구의 장점은 다음과 같다.

첫째, 인물이나 현장의 내적 작동 체계와 맥락을 총체적으로 제공한다.

둘째, 연구대상자의 해석을 최대한 이해할 수 있다.

셋째, 현장에 대한 공감을 자아내어 그와 유사한 다른 현장에 적용이 가능하다.

그러나 질적 연구는 다음과 같은 단점을 가진다.

첫째, 연구자의 지나친 주관성이 개입될 수 있다.

둘째, 절차나 결과를 설명하는 용어가 부정확할 가능성이 있다.

셋째, 수집된 자료와 보고서의 분량이 방대하다.

넷째, 일반화되지 않는다.

다섯째, 시간과 비용이 많이 들 수 있다.

여섯째, 개인의 삶에 대하여 비윤리적으로 침해할 가능성이 있다(Bresler & Stake, 1992).

〈표 4-1〉은 학자들이 말하는 질적 연구의 특성이며, 각 학자별로 약간의 차이를 보여 준다.

표 4-1 학자에 따른 질적 연구의 특성 차이

특성	복턴과 바이컨(Bogdan & Biken, 1992)	아이스너 (Eisner, 1991)	메리암 (Merriam, 1988)
자료의 원천으로서 자연스러운 상황	✓	✓	✓
자료수집의 주요 도구로써의 연구자	✓	✓	
말 또는 그림으로 수집되는 자료	✓		✓
산물이라기보다는 과정으로서의 결과물	✓		✓
특별한 상황에 주의를 기울이며 귀납적으로 자료를 분석	✓	✓	✓
참여자들의 관점과 의미에 초점	✓	✓	✓
표현적 언어의 사용		✓	
논리에 의한 설득		✓	

출처: Creswell(2005, p. 33).

2. 질적 연구의 방법

질적 연구는 접근 방법에 따라 내러티브 연구, 현상학적 연구, 사례연구, 근거이론 연구, 문화기술지 등의 모습으로 나타난다. 이와 같이 다양한 접근 방법들은 연구목적과 연구문제, 연구대상, 자료수집, 자료분석, 보고서의 유형 등에서 차이를 가진다.

1) 연구목적

연구목적

연구목적은 연구자의 관심 이슈나 문제, 경험들로부터 도출되며, 이 연구가 왜 필요한지에 대해서 독자에게 안내한다.

연구목적을 진술함으로써 연구자는 이 연구가 왜 필요한지 알려 준다. 연구목적은 연구자가 관심을 가지는 특정한 이슈, 해결을 요하는 문제나 의제 혹은 경험으로부터 비롯되며, 선행연구로부터 도출되기도 한다. 연구자는 또한 자신의 연구를 광범위한 프로젝트 가운데 하나의 연구로 수행할 수도 있다(Creswell, 2005).

연구목적을 진술할 때는 앞으로 사용될 질적 연구의 유형, 자료수집과 분석의 단위, 연구의 주요 초점, 중심 개념 등을 포함해야한다. 연구자는 연구목적을 진술할 때 어떤 사례를 소개할지, 어떤 현상을 설명할지, 연구자의 이론을 정립할지 혹은 기존의 이론을 적용할지 등에 관한 분명한 의도를 보여 주어야 한다. 예를 들어, '이 사례연구의 목적은 ○○대학교의 ○○ 프로그램을 기술하고 분석함으로써 1960년대에 등장한 포괄적 음악성(comprehensive musicianship) 개념이 수십 년의 세월 동안 어떻게 발전하고 변화하였는가를 밝히는 것이다.'와 같은 연구목적 진술이 있을 수 있다. 이 진술은 연구 유형, 수집과 분석의 단위, 주요 초점, 중심 개념 등을 진술한다.

2) 연구문제

연구문제

연구자가 학술적 탐구를 시작하는 이유가 되는 이슈 혹은 의제를 나타내는 질문으로 대부분 의문문의 형태로 진술되며, 연구의 목적을 더 구체적인 용어로 보여 준다.

대부분의 질적 연구자는 첫 부분에 연구문제(research question)를 소개한다. 연구문제는 이미 진술한 연구목적을 구체적인 용어로 재진술하는데, '무엇(what)' '어떻게(how)'라는 단어를 사용하는 의문문인 경우가 많다. 많은 경우 연구문제는 전체를 포괄하는 하나의 중심 문제와 여러 개의 하위 문제로 나누어진다. 예를 들어 '음악교육에 커다란 반향을 불러 일으켰던 포괄적 음악성 개념이 현재 어떻게 발전했는가?'라는 중심 문제가 있다면, 이것에 대한 하위 문제는 '포괄적 음악성의 영향은 현재 어떤 구체적인 모습으로 나타나는가?' '현재의 포괄적 음악성 프로그램은 본래의 모습과 어떤 면에서 같고 어떤 면에서 다른가?' '포괄적 음악성 프로그램이 성공한 대학은 실패한 대학과 어떤 면에서 다른가?' '포괄적 음악성 프로그램의 성공을 설명하는 맥락은 무엇인가?'와 같을 수 있다.

3) 연구대상

연구대상자의 선정에 있어서 질적 연구자는 대부분의 경우에 '의도적 표집(pruposive sampling)'을 사용한다. 양적 연구는 연구대상들의 보편적인 속성을 밝히고자 하지만 질적 연구는 소수의 사례를 깊이 있게 분석하고자 하기 때문이다. 패튼(Patton, 2002)에 따르면 질적 연구에서 사용되는 표본은 가장 극단적이거나 평범하지 않은 표본, 평균적이거나 전형적인 표본, 서로 다른 소수의 사례들로 구성된 표본, 연구자가 관심을 가지는 특징이나 경험을 강하게 보여 주는 표본 등으로 이루어진다(박휴용, 2014).

의도적 표집
연구자가 관심을 가지는 뚜렷한 특성을 가지는 개인이나 집단의 표집을 말한다.

어떤 표본을 선정하든 간에 가장 중요한 것은 연구주제에 대하여 진정한 관심을 가진 사람을 연구대상자로 만나는 것이다. 표본 선정 전에 연구자는 필요한 문서들을 수집하고 관계자들과 사전 면담을 진행할 수 있다(Steinback, 2002). 질적 연구자는 보고서에서 자신의 표본 선정 이유에 대하여 충분하고 객관성 있는 설명을 제공해야 한다. 예를 들면, 앞의 연구에서 특정 대학을 연구대상으로 선정하는 이유를 다음과 같이 설명할 수 있다(Kim, 1997, pp. 33-34).

"첫째, 이 학교는 30여 년 동안 계속적으로 포괄적 음악성 프로그램을 시행하였다. 둘째, 이 학교는 포괄적음악성 프로그램을 시행하는 음악대학 중 가장 폭넓고 광범위한 교육과정을 가진다. 셋째, 프로그램 리더가 포괄적 음악성을 출범시킨 현대음악 프로젝트(The Contemporary Music Project)[1)]에 깊

1) 1959~1973년에 시행된 미국음악교육 사상 가장 대규모의 프로젝트로 포괄적 음악성의 개념이 이 프로젝트에서 탄생했다.

이 연루되어 있었다."

4) 암묵적 이론

암묵적 이론

연구자의 일상생활을 인도하는 관심 및 관점으로 질적 연구의 설계와 과정에 영향을 미칠 수 있는 비공식적 이론을 말한다.

암묵적 이론(tacit theory)이란 연구자가 일상적으로 가지는 비공식적인 이론을 말한다. 질적 연구자는 연구보고서에서 자신이 가지는 암묵적 이론을 설명하여야 한다. 암묵적 이론은 연구자의 관심 및 관점과 밀접히 관련되어 연구의 설계와 과정에 많은 영향을 끼친다. 질적 연구자가 자신의 암묵적 이론을 상세히 서술하는 것은 독자의 객관적 판단을 돕는다. 예를 들어, 다음과 같은 암묵적 이론을 제시할 수 있다. "연구자는 포괄적 음악성이 학생들의 음악적 성장이나 독립심, 창의성, 비평적 사고 등을 키우는 데 도움이 된다고 생각하였다. 그러나 연구자는 또한 음악교육자들이 포괄적 음악성의 적용에 대하여 제기한 비판도 고려하였다(Bland, 1977; Silliman, 1980).

5) 자료수집

질적 연구에서 수집하는 자료

질적 연구에서 수집하는 자료는 관찰, 면접, 기록된 문서 및 시청각 자료이며, 질적 연구의 형태에 따라서 선호되는 자료 유형이 달라질 수 있다.

질적 연구에서 수집하는 자료(data)는 관찰, 면접, 기록된 문서 등으로부터 온다. 그러나 질적 연구의 형태에 따라 선호하는 자료 유형이나 단위, 현장에 침투하는 정도가 다르다. 어떤 자료를 수집하든 연구자는 수집된 정보에 대한 목록을 작성하고 세심하게 저장하도록 유의해야 한다.

관찰은 질적 연구에서 가장 빈번히 사용되는 자료수집 방법이다(Abeles & Conway, 2010). 관찰은 대략적으로 참여 관찰과 비참여 관찰로 분류된다. 참여 관찰은 연구자가 현장에 직접 참여하는 형태로 이루어진다(예, 교사, 학생). 참여 관찰에서 연구자는 자료의 맥락 안에 들어가 내부자로서 다양한 경험을 한다(Steinback, 2002). 비참여 관찰은 연구자가 수업 시간에 학생들과 상호작용하지 않고 수동적으로 관찰에 참여하거나 비디오로 상황을 관찰

한다. 비참여 관찰은 종종 참여 관찰을 하기 위한 준비 단계로서 행해지기도 하며, 연구자에 따라 처음에는 비참여 관찰을 하다가 시간이 흐르면 참여 관찰로 바뀌는 경우도 있다(Abeles & Conway, 2010).

면접도 질적 연구의 주요 자료 중 하나인데, 면접의 유형에는 개인 면접, 집단 면접, 전화 면접 등이 있다. 면접에는 사전에 질문의 내용을 세심하게 작성한 면접지침을 사용하는 구조화된 면접 그리고 정보제공자가 최대한 자유롭게 응답할 수 있도록 하는 비구조화된 면접 그리고 이 둘 사이의 중간이라고 말할 수 있는 반구조화된 면접이 있다. 반구조화된 면접은 피면접자가 개방적으로 응답할 수 있는 질문들을 사전에 개발하지만, 피면접자의 입장과 의견을 자유롭게 표현할 수 있도록 질문의 순서나 속도 등을 조절한다.

기록된 문서도 질적 연구의 자료가 된다. 여기에는 교육과정이나 교과서, 신문기사와 같은 공식적 기록뿐 아니라 학생들의 소감문이나 학습지, 작품 같은 비공식적인 것들이 모두 포함된다(Abeles & Conway, 2010). 메이슨(Mason, 1999)은 문서를 수집하는 연구자는 다음과 같은 사실을 질문해야 한다고 주장한다.

첫째, 문서가 얼마나 자세하고 풍부한가?

둘째, 얼마나 완전한 설명이나 관점을 제공하는가?

셋째, 누구에 의해서, 누구를 위하여, 어떤 조건 하에서, 어떤 법칙과 관례에 따라 만들어졌는가?

넷째, 모조품이 아니라 진짜인가?

수집된 자료들 대부분은 기록되거나 녹취된다. 많은 연구자는 필드노트(field note)를 사용하여, 연구자가 현장에서 보고 들은 사실과 함께 그것에 대한 연구자의 느낌이나 반응 등을 모두 기록한다.

6) 자료분석

질적 연구에서 많이 사용하는 자료분석 방법

질적 연구의 자료분석 방법은 학자들마다 다양하게 제시하고 있으나, 대체로 자료의 전반적 검토-범주화-해석의 과정을 거친다. 이 과정은 순환적인 것으로 여러 번에 걸쳐 반복되고 변경될 수 있다.

광범위하게 수집된 자료를 분석하는 작업은 질적 연구에서 중요하고 또한 어려운 일이다. 학자에 따라 질적 자료의 분석 전략은 또한 다르게 제시되며, 연구자는 학자들이 제시하는 모든 과정을 다 따를 필요도 없다. 〈표 4-2〉는 학자들이 제시한 질적 자료의 분석 전략을 요약하여 정리한 것이다(Creswell, 2005).

표 4-2 학자에 따른 질적 자료의 분석 전략

분석 전략	복던과 바이컨 (Bogdan & Biken, 1992)	후버맨과 마일스 (Huberman & Miles, 1994)	월콧(Wolcott, 1994)
아이디어 스케치	필드노트의 여백에 생각을 메모한다.	필드노트의 여백에 기록한다.	설명에 포함된 특정한 정보를 기록한다.
기록	메모를 적고, 관찰자의 의견을 적는다.	노트에 반성 과정을 넣는다.	
필드노트 정리		필드노트에 개요 초안을 넣는다.	
아이디어에 대한 피드백 얻기	아이디어에 대하여 정보 제공자로부터 피드백을 얻는다.		
단어 작업	은유, 유추, 개념을 가지고 작업한다.	은유를 사용한다.	
자료 개요	도표, 연속선, 표, 매트릭스, 그래프를 만든다.	대조와 비교를 사용한다.	• 표, 차트, 도표 등으로 연구 결과를 제시한다 • 사례들을 비교한다. • 표준과 비교한다.
기호 확인	범주 기호를 개발한다.	기호와 메모를 적는다.	

정보 축소	자료들을 범주별로 분류한다.	패턴과 주제를 적는다.	패턴화된 규칙들을 확인한다.
기호의 빈도 계산		기호의 빈도를 계산한다.	
범주들 연결		요인, 변수 간의 관계, 증거를 논리적으로 연결한다.	
연구 전통의 절차 사용			문화기술지의 현장조사 절차를 따른다.
문헌에서 분석틀 연결			문헌에서 나온 틀 안에 맥락화한다.
연구의 재설계 제안			연구의 재설계를 제안한다.

출처: Creswell(2005, p. 177).

질적 연구를 분석하는 절차는 일반적으로 자료를 전반적으로 고찰하고, 범주화하고, 해석하는 과정을 거친다. 연구자들은 우선 전사된 관찰이나 면담 기록과 같은 원자료를 전반적으로 검토하는 것에서부터 시작한다. 그리고 원자료를 주제별로 범주화하고 이에 부호나 기호를 붙인다. 이때 범주들이 분명히 도출되는 경우도 있지만, 어떤 경우에는 잠정적으로만 도출되어 후에 수정을 필요로 하는 경우도 있다. 검토→범주화→부호화의 과정은 일회성 작업이 아니라 여러 번에 걸쳐 수정되고 변경되는 반복적 작업이다. 만들어진 범주들은 더 큰 범주나 더 작은 범주로 합쳐지고 나눠지기도 한다. 도출된 범주들은 서로 간에 어떤 관계를 가지는지 비교되고 경우에 따라 연구자는 추가 자료를 보충해야할 수도 있다(Abeles & Conway, 2010).

〈표 4-2〉에서 볼 수 있듯이, 필드노트나 사진 등의 여백에 아이디어를 메모하면서 범주를 개발할 수도 있다. 크레스웰(Creswell, 2005)은 연구자가 전체 자료에 대한 통찰력을 얻은 후 5~6 항목 정도의 1차 범주를 구성하라고 제안하였다. 그리고 각 범주에 대한 관점을 지지하는 증거들을 발견한다. 처음의 5~6개의 범주 기호는 재검토 과정에서 늘어나게 된다. 그러나 크레스웰(2005)은 25~30개 이상의 범주는 만들지 말라고 권했다. 그리고 질적 보

고서를 마무리할 즈음에는 다시 범주를 5~6개로 줄여야 한다. 이 과정이 기술-분류-해석의 순환적인 과정을 되풀이한다는 점에서 크레스웰은 '나선형 자료분석'이라고 부른다.

마일스와 후버맨(Miles & Huberman, 1994)도 이와 유사하게 질적 연구가 자료 축소-자료 전시-결론 도출의 과정으로 이루어진다고 하였다. 다음은 질적 연구자료의 분석 과정은 다음과 같다.

첫째, 연구의 개념적 이론이나 틀에 따라 '1차 범주 기호'를 개발한다.

둘째, 1차 범주 기호에 근거하여 자료를 대략적으로 검토한다.

셋째, 자료 검토의 과정에 근거하여 '최종 범주 기호'를 구안한다.

넷째, 최종 범주 기호에 근거하여 자료 정보를 분류하고 범주화하고 분석한다. 분류된 자료들을 별도의 서식에 기록한다.

다섯째, 분류된 자료들을 기록한 별도의 서식을 검토한다.

여섯째, 이와 같은 분석 과정에 근거하여 결론을 도출한다.

7) 보고서의 유형

질적 연구의 보고서의 유형

질적 연구의 보고서는 기사 유형, 묘사나 이야기 유형, 학문적 유형으로 나눌 수 있다. 가장 많이 사용되는 것은 학문적 유형이다.

질적 연구의 보고서는 기사 유형, 묘사나 이야기 유형, 학문적 유형으로 나누어진다. 기사 유형은 흥미로운 결과들을 간결한 형태로 보고한다. 묘사나 이야기 유형은 '말로서 초상화를 그리는 것'으로 상황에 대한 감정적인 이해를 제공한다. 학문적 유형은 질적 연구보고서에서 가장 많은 수를 차지하는 유형이다. 학문적 유형의 보고서는 사용된 연구방법을 분명하고 정확하게 설명하여 독자가 연구자의 진술을 판단할 수 있도록 한다. 학문적 유형의 보고서는 연구대상자나 연구 현장의 위치, 현장의 장면, 연구자의 역할, 연구자에 대한 연구대상자의 반응 등에 대하여 상세하게 기술한다. 또한 수집된 자료의 설명과 분석과 해석에 균형을 유지한다(Steinback, 2002).

3. 질적 연구의 검증

질적 연구의 검증은 "이 연구를 믿을 수 있고, 이 연구가 가치가 있으며, 이 연구에서 주장하는 바가 타당한가?"라는 질문과 관련된다. 양적 연구에서 이러한 질문은 신뢰도와 타당도라는 용어로 검증한다. 그러나 질적 연구에서는 양적 연구에서의 신뢰도와 타당도라는 개념이 정확하게 적용되지 않는다. 많은 학자들은 양적 연구의 신뢰도와 타당도에 대응하는 질적 연구의 검증 기준들을 다양하게 제시한다. 여기에서는 질적 연구에서 일반적으로 받아들여지는 검증 기준에 대하여 설명한다.

1) 신뢰도와 타당도

질적 연구에서의 신뢰도와 타당도 검증

질적 연구에서는 특정한 현상의 재구성과 일반화가 불가능하기 때문에 신뢰도와 타당도라는 용어 대신에 신빙성과 전이가능성이라는 용어를 사용한다. 이것은 질적 연구의 결과가 가치 있고 믿을 수 있는가, 유사한 환경을 가진 다른 현장에 전이될 수 있는가와 관련된다.

신뢰도란 연구가 일관성이 있으며 불변하고 반복 재현될 수 있는가를 질문한다. 질적 연구는 이러한 질문에 대해 응답하는 것이 불가능하다. 아무리 세심하게 설계하더라도 질적 연구의 특성상 특정 현상을 정확하게 재구성하는 것이 불가능하기 때문이다. 그러나 연구자의 입장, 표본 선택, 사회적 상황과 조건, 분석의 구인(construct)과 전제, 자료수집과 분석 방법과 같은 다섯 가지에 관한 정보를 명확히 서술한다면 질적 연구의 외적 신뢰도를 어느 정도 검증할 수 있다(LeCompte & Preissle, 1994). 르콩트와 프레이슬(LeCompte & Preissle, 1994)은 질적 연구의 내적 신뢰도를 보여 주는 다섯 가지 방법을 제시하였다. 그것은 너무 심하게 추리하지 말것, 2인 이상 공동 연구할 것, 참여 연구할 것, 동료 검토를 사용할 것, 기계를 통하여 기록할 것이다. 이에 따라 연구의 결과에 대한 일관성과 안정성을 어느 정도 확보할 수 있다(LeCompte & Preissle, 1994).

링컨과 구바(Lincoln & Guba, 1985)는 질적 연구의 타당도를 신빙성(credibility)과 전이가능성(transferability)이라는 용어로 제시하였다. 신빙성은 내적 타당도라 불릴 수 있는 것으로, 연구의 결과가 믿을 수 있는 것인지와 관련된다(박휴용, 2014). 신빙성은 질적 연구의 증거가 구조적인가, 검증은 합의된 것인가, 참조는 적절했는가에 의하여 검증된다(Eisner, 1991). 다시 말하면, 해석을 위한 자료가 여러 근거로부터 왔는가, 유능한 다른 사람들이 이 해석에 동의하는가, 여러 적절히 비판되었는가를 말한다. 패튼(Patton, 2002)은 '연구자의 기술, 능숙도, 엄밀도'에 따라 질적 연구의 신빙성이 증가한다고 하였다(Abeles & Conway, 2010, p. 297에서 재인용).

전이가능성은 외적 타당도라 볼 수 있으며, 연구 결과가 다른 대상에 전이될 수 있는가와 관련된다(Lincoln & Guba, 1985). 질적 연구의 전이가능성은 양적 연구에서처럼 연구 결과가 모든 상황이나 대상에 일반화될 수 있는가를 보는 것이 아니라 '같은 조건을 가진' 다른 상황이나 대상에 전이될 수 있는가를 본다. 여기서 연구자의 책임은 자연스러운 현장에 들어가 충분한 시간을 보내면서 연구대상자들과 신뢰 관계를 형성하여 자료를 수집한 다음 세심하게 설명하여 독자가 전이 여부를 판단할 수 있도록 하는 것이다. 그는 연구의 과정과 절차를 상세히 공개할 뿐 아니라, 연구와 관련하여 어떤 결정이 내려졌고, 예상치 못한 사례에 어떻게 대응하였으며, 어떤 분석을 사용하였는지 서술하여야 한다(박휴용, 2014).

질적 연구의 내적 타당도를 검증하는 주요 방법은 동료검토와 동료심문, 구술자 검토, 추적검사, 성찰일지, 삼각검증법(triangulation) 등이다. 동료검토는 연구자가 작성한 기록을 경험이 풍부한 동료나 현장을 잘 아는 사람이 검토하여 사실의 정확성을 검증하고, 연구자의 해석이 과장되거나 정확한지의 여부를 동료가 살펴보는 것이다. 동료심문은 연구에 관련 없는 제3자에게 과정과 자료를 공개하고 그가 연구에 대하여 까다롭게 질문하게 한다. 구술자 검토는 연구대상자에게 기록과 해석과 판단을 공개하여 확인받는 것이다. 추적검사는 연구자가 제3자 혹은 독자에게 원자료와 그에 대한 해석과 분석의 과정을 공개하고 그들이 중립적으로 검토하는 것이다(박휴용, 2014). 성찰일지는 연구자 스스로 사고과정, 철학적 입장, 의사결정의 근거 등을 기록하여 자신의 공정성과 민감성을 검토하게 한다. 삼각검증법은 질적 연구의 내적 타당도를 높이기 위하여 가장 일반적으로 사용되는 방법이다(박휴용, 2014). 이것은 하나의 사실을 2개 이상의 관점에서 검증하는 것으로서, 한 명이 아니라 여러 명의 연구대상자들에게서 공통적으로 발견되는 관점을 도출하거나, 서로 다른 자료에서 나타나는 공통적인 발견만을 서술하는 방법이다(Abeles & Conway, 2010).

2) 주의사항

질적 연구자는 다음의 사항들에 주의해야 한다.

첫째, 연구자는 자신의 연구목적을 고려하지 않은 채 질적 연구를 오용할 수 있다. 리스트(Rist, 1980)는 질적 연구가 조잡하고 빈약하게 수행될 수 있다고 지적하였다. 질적 연구의 수행과 보고는 탄탄한 이론적 기초와 현장에 대한 충분한 지식을 필요로 한다. 질적 연구가 융통성인 연구절차와 방법을 가지되, 비체계적이고 두서없는 연구가 되지 않기 위해 연구자는 자료수집에 있어서 체계적이고 일관적인 시각을 유지하고 논리적인 분석을 하도록 심혈을 기울여야 한다.

> **질적 연구 시 주의사항**
>
> 질적 연구자는 연구의 오용, 정형화된 자료수집과 분석, 연구방법과 절차에 대한 독단적 태도, 연구대상자와 과도한 동일시를 경험하는 '원주민화', 성급한 결론이나 지나친 주장, 양적 연구에 대한 배타심 등을 주의해야 한다.

둘째, 질적 연구를 시작하기 이전에 특정한 연구 문제나 연구절차, 표준화된 자료수집이나 분석 절차를 개발하는 것도 많은 잠재적 문제를 가진다. 어떤 학자들은 이런 경향이 계속된다면 질적 연구의 명백한 장점이 사라질 것이라고 우려한다(Steinback, 2002).

셋째, 질적 연구에는 어떤 모범적인 방법이나 절차가 존재하지 않는다. 질적 연구의 방법과 절차는 연구자의 관심과 목적에 맞게 임의적으로 구성된다. 질적 연구에 '최고'의 연구방법과 절차는 있을 수 없으므로 연구자는 독단적 태도를 삼가야 한다(Steinback, 2002).

넷째, 종종 민족지학 연구에서 연구자가 연구대상자와 과도하게 동일시되는 '원주민화'가 일어나 연구자의 관찰이 객관성을 상실하고 지나치게 주관적이 될 수 있다. 이를 방지하기 위하여 연구자는 언제나 비평의 가능성을 열어 놓고 동료와 팀을 이루는 등 객관성과 평형성을 유지하기 위한 노력을 기울여야 한다(박휴용, 2014; Flick, 2007; Gilgun, 2005).

다섯째, 연구자는 다른 설명의 가능성을 열어 두지 않고 성급하게 해석하고 결론을 내릴 때가 있다. 어떤 현상을 규명할 때에는 모든 가능성을 열어 놓고 다양한 설명의 가능성을 고려하여야 한다. 또 연구자가 한 가지 사실을 강조하여 결론을 내릴 때 다른 모든 것을 배제하는 것처럼 보일 경우, 이것은 다른 모든 요인을 배제하는 것이 아니라 특정 요인을 강조하는 것이라는 것을 알릴 필요가 있다(박휴용, 2014). 어떠한 경우에도 연구자는 자신의 연구 결과가 '확실'하다고 주장해서는 안 되며, 단지 결과의 해석을 보고해야 한다. 연구의 신뢰성이나 정확성에 대한 판단은 독자의 몫이다.

여섯째, 질적 연구와 양적 연구는 상호 보완적으로 사용될 수 있다. 두 가지 방식의 연구는 서로 조화됨으로써 전체적인 관점을 산출할 수 있기 때문에 양적 연구를 전적으로 배타시하는 태도는 위험하다.

3) 윤리적 문제

질적 연구자가 지켜야 할 연구윤리

질적 연구자는 연구대상자로부터 연구 참여 동의서를 받음으로써 그들의 권리를 보장해야 하고, 연구대상자를 언제나 존중하며, 연구로 인하여 이들이 정신적 · 물질적 · 신체적 손해를 입지 않도록 유의하여야 한다.

과거의 어떤 경우에는 질적 연구자가 비밀리에 연구를 수행하여 성공적인 결과를 얻기도 하였다. 그러나 이러한 비밀 연구는 현대에는 용납할 수 없다(박휴용, 2014; Steinback, 2002). 오늘날에는 인간을 대상으로 하는 거의 모든 연구에서 연구대상자의 동의를 구하는 것이 필수적인 과정이다. 연구 참여 동의서는 연구목적 및 절차, 연구대상자의 자발성, 비밀의 보장, 연구 참여 시의 위험 혹은 혜택에 대한 설명 등을 포함하여야 한다.

질적 연구자는 연구를 시작하기 전이나 중간 과정 그리고 보고서를 작성할 때나 연구를 끝낸 이후에도 자신의 윤리적 책임을 잘 인식하여야 한다. 질적 연구자는 언제나 연구대상자를 존중하고 신뢰를 유지하며, 연구로 인하여 연구대상자가 정신적 · 물질적으로 불이익을 당하거나 손해를 입지 않도록 주의해야 한다. 아동, 환자, 노약자 등 사회적 약자에 대한 연구 혹은 연구대상자끼리 서로 잘 아는 연구보고서에서는 이들의 신원을 보호하기 위해 특별히 신경을 써야 한다. 그리고 연구대상자의 신원을 나타내는 정보는 보고서는 물론 자료와 관찰일지에도 비밀로 남겨 놓도록 한다(박휴용, 2014; Steinback, 2002).

5장
질적 연구의 유형과 연구방법

박지현, 임은정

앞서 살펴보았듯이, 질적 연구가 갖는 여러 특성으로 인하여 질적 연구의 유형이나 설계를 단순화 · 고정화하는 것은 쉽지 않다. 그래서 질적 연구의 분류와 유형은 관점이나 학자에 따라 매우 다양하다. 물론 이러한 다양성은 질적 연구를 수행하고자 하는 이들에게 다소 혼란을 줄 수도 있지만, 연구자가 자신의 연구주제와 철학적 관점에 가장 잘 부합하는 방법 및 절차를 자유롭게 선택할 수 있다는 다양한 시각들을 인정하는 것이기도 해서 질적 연구 방법론적 특성이 반영된 결과라 하겠다. 〈표 5-1〉은 교육학이나 사회과학 분야 등에서 주로 언급되어 온 질적 연구의 접근 및 유형을 보여 준다.

표 5-1 질적 연구의 접근 및 유형

학자	질적 접근 및 유형
제이콥(Jacob, 1987)	생태학적 심리학, 인지인류학, 상징적 상호작용주의, 총체적 문화기술지, 의사소통 문화기술지
랜시(Lancy, 1993)	인류학, 전기, 개인적 이야기, 역사연구, 사회학, 사례연구, 인지연구

덴진과 링컨(Denzin & Lincoln, 1994)	사례연구, 문화기술지, 현상학, 민속적 방법, 해석학적 실천, 근거이론
마일스와 후버맨(Miles & Huberman, 1994)	해석주의, 사회인류학, 협력적 사회연구
덴진과 링컨(Denzin & Lincoln, 2005)	실행/비판/공공 문화기술지, 해석학적 실천, 사례연구, 근거이론, 생애사, 내러티브, 참여적 실행연구, 임상적 연구
마셜과 로스먼(Marshall & Rossman, 2010)	문화기술지, 현상학, 사회언어학

출처: Creswell(2013).

여기서는 이와 같은 접근들 중에서 공통적으로 많이 언급된 유형이면서 음악교육 분야의 질적 연구로 주로 활용될 수 있는 방법인 '내러티브 연구' '현상학적 연구' '사례연구' '근거이론 연구' '문화기술지 연구'에 보다 초점을 두고 살펴보고자 한다. 이와 더불어 질적 연구로 유형화하기에 다소 적합하지 않을 수도 있으나 여러 문헌이나 자료들을 연구자의 관점과 시각으로 해석 및 분석하는 '기록자료 연구'가 음악 교육 분야에서 활발히 수행되고 있다는 점에서 이 방법론도 함께 제시하고자 한다.

1. 내러티브 연구

1) 내러티브 연구의 이해

> **내러티브 연구**
> 단일 혹은 소수 개인의 상세한 이야기나 살아온 경험을 탐색하고 이해하기 위한 연구방법이다.

내러티브 연구(narrative research)는 문학, 언어학, 역사학, 인류학, 사회학, 교육학 등 여러 인문과학 및 사회과학 분야에서 두루 발전하여 왔기 때문에, 실제적인 방식과 절차들은 다양하다. 먼저 내러티브의 의미를 살펴보면, 문자 그대로 어떤 사건을 설명하거나 '이야기(story)'적인 성격을 띠는 것을 말하는데, 주로 이야기, 이야기체 문학, 설화, 담화, 화술, 묘사, 서사, 서술, 기술 등과 관련지어 사용된다. 또한 내러티브의 동사형(to narrate)은

'관계를 맺는다.'는 의미를 갖고 있어서(최윤경, 2008), 내러티브가 하나의 간단한 이야기나 이야기들의 단순 나열이 아니라 어떤 관련성과 연결성 내에서의 이야기들을 의미한다고 볼 수 있다.

차니와스카(Czarniawska, 2004)에 따르면, 내러티브란 연대기적으로 연결된 하나의 사건이나 행동, 또는 일련의 사건이나 행동들에 관한 이야기들을 제공하는 음성이나 문자 텍스트로 보았다. 또한 크레스웰(2013)은 한두 명의 개인을 연구대상으로 하면서, 그들의 이야기를 수집하고 그들의 개별 경험을 보고하며 그 경험들의 의미를 연대기적이나 생애주기별로 나열하는 것이 내러티브 연구라고 하였다. 클랜딘과 코넬리(Clandinin & Connelly, 2000)는 내러티브 연구란 살아 있는 이야기이면서 동시에 이야기된 이야기(told stories)를 중심으로 하는 것이라고 하였다. 결국 내러티브 연구는 어떤 개인이 살아온 일련의 다양한 사건, 경험, 행동에 대해 진술하거나 기술한 이야기들을 수집 · 정리하여 다양한 관점으로 분석하고 이해하는 방법론이다. 즉, 개인의 살아 있는 상세한 이야기나 경험 혹은 몇몇 개인들의 생활을 포착하여 전하고, 어떠한 연결점을 찾아 분석 · 해석하여 의미를 부여하는 방법이라 할 수 있다.

내러티브 연구의 주요 특징은 다음과 같다.

첫째, 개인, 문서, 집단 대화 등으로부터 개인이 살아온 경험, 이야기된 경험에 관한 '이야기'를 수집하는 것이 가장 중요하다. 이 이야기는 연구 참여자가 연구자에게 말한 이야기일 수도 있고, 연구자와 참여자가 함께 구성한 이야기일 수도 있으며, 어떤 특정 메시지를 전하기 위한 의도된 이야기일 수도 있다(Riessman, 2008). 또한 이 이야기는 개인의 삶과 경험을 알리는 것일 수도 있고, 개인의 정체성이나 삶을 보는 관점을 해명하는 성격일 수도 있다. 이처럼 다양한 성격을 띠는 여러 가지 이야기들을 확보하는 것이 무엇보다 중요하다.

둘째, 이러한 이야기들을 어떻게 수집할 것인지 그 정보의 원천을 확보할 필요가 있다. 이야기는 연구자와 참여자 간 교류와 상호작용을 기반으로 도출되는 것이므로, 연구 참여자와의 긴밀한 협력을 통하여 다양한 이야기 정보원을 수집할 수 있어야 한다. 면담과 더불어 관찰, 사진, 동영상, 다양한 문서, 기타 여러 기록물들을 통해 이야기가 수집될 수 있다.

셋째, 내러티브는 단순한 이야기의 나열이 아닌 연결점을 찾을 수 있어야 하므로 다양한 방식으로 정리·분석하는 관점을 가질 필요가 있다. 수집된 이야기는 과거-현재-미래와 같은 연대순이나 생애주기별로 정리될 수 있고, 특별히 강조하거나 전환점이 되는 부분이 있다면 이에 맞추어 정리될 수도 있다. 수집·정리된 이야기 자료들을 몇몇 주요 주제로 유목화하여 분석할 수도 있고, 이야기를 형성해 가는 스토리텔링적 특성과 구조에 따라 분석할 수도 있으며, 이야기의 대상 자체에 대해 분석할 수도 있다(Riessman, 2008). 이때 이야기는 특정 상황이나 장소에서 발생한 것이므로, 분석 시 맥락적 측면을 중요하게 다룰 필요가 있다.

2) 내러티브 연구의 유형

내러티브 연구는 이야기의 대상이나 주요 관점 등에 따라 다양한 세부 유형으로 분류될 수 있다. 여러 분류들 중 일반적으로 많이 언급되는 유형은 전기 연구, 자서전, 생애사, 구술사, 자문화기술지 연구 등이다. 내러티브 연구 유형의 내용과 예시를 제시하면 〈표 5-2〉와 같다(Creswell, 2013).

표 5-2 내러티브 연구의 유형

유형	내용	예시
전기연구	어떤 인물과 그 인물의 경험에 대해 기록하고 연구하는 유형	조수미의 음악 경험과 업적에 대하여
자서전	어느 개인이 자신의 이야기를 쓰고 기록해 온 인생의 이야기체 기술 유형	나의 음악 인생 이야기
생애사	개인의 일생, 개인의 인생에 대한 광범위한 기록을 보고하고 묘사하는 유형	모차르트의 생애에 대한 연대기
구술사	한 개인 혹은 여러 개인들로부터 특정 사건과 그 원인 및 영향에 대한 개인적 반성을 모으는 유형	페미니스트 해석을 활용한 여성 음악가의 이야기
자문화기술지	연구대상 개인에 의해 기록되는 것으로, 개인의 이야기와 문화적 의미를 담는 유형	나의 교사 경험을 통해 본 한국 고등학생의 음악문화

전기연구(biographical study)는 연구자가 어떤 인물의 인생 경험에 대한 이야기를 수집하여 기록하고 이를 글로 쓰는 유형이다. 자서전(autobiography)은 자신을 대상으로 한 전기적 글쓰기 형식으로, 어느 한 사람이 자신의 이야기를 개인적으로 쓰고 기록해 온 것이다. 생애사(life history) 역시 전기적 글쓰기의 하나로 볼 수 있는데, 자신이 아닌 다른 어떤 개인의 인생에 대한 광범위한 기록을 보고하는 것이다. 구술사(oral history)도 전기적 접근이라고 볼 수 있는데, 한 개인 혹은 여러 개인들로부터 특정 사건에 대한 기억과 그들이 제시하는 사건의 원인과 결과 등을 수집하여 기술하는 것이다. 자문화기술지(autoethnography)는 자서전과 유사하게 연구대상인 자신에 의해 기록되는 것인데, 의식, 자아, 사회적 맥락에서의 자아 비평 등 개인의 이야기뿐만 아니라 더 큰 문화적 의미까지 담는 것에 초점을 두는 것이다.

지금까지 살펴본 내러티브 연구 유형들은 서로 다른 것으로 명확하게 구분된다기보다는 일부 내용이 중첩되거나 포함되는 관계에 있기도 한다. 따라서 연구 수행 시 연구자가 어떤 관점에 보다 초점을 두느냐에 따라 방법론의 명명이 달라질 수 있을 것이다. 앞서 설명한 유형 구분과 또 다른 방식으로 리스먼(Riessman, 2008)은 자료분석 방식에 따라 내러티브 연구의 유형을 다음과 같이 세 가지로 제시 하기도 하였다.

첫째, 연구 참여자가 말하는(telling) 이야기들을 기초로 연구자가 이야기를 연대기적으로 엮어 가거나 문학적으로 분석하는 등 생생한 이야기를 그대로 전하는 식의 스토리텔링 유형이다.

둘째, 참여자가 이미 말한(told) 이야기들을 토대로 연구자가 특정 주제를 뽑아내어 새롭게 재구성하는 주제 분석 유형이다.

셋째, 이야기 자체보다는 연구자와 연구 참여자 간 상호작용을 통해 이야기가 어떻게 만들어지고 실행되는가에 관심을 갖는 대화/행위(performance) 분석 유형이다.

따라서 수집된 이야기들을 어떻게 정리, 구성 · 분석하느냐에 따라 내러티브 연구 유형이 달라질 수 있음을 알 수 있다.

3) 내러티브 연구의 절차

내러티브 연구의 절차는 [그림 5-1]과 같다.

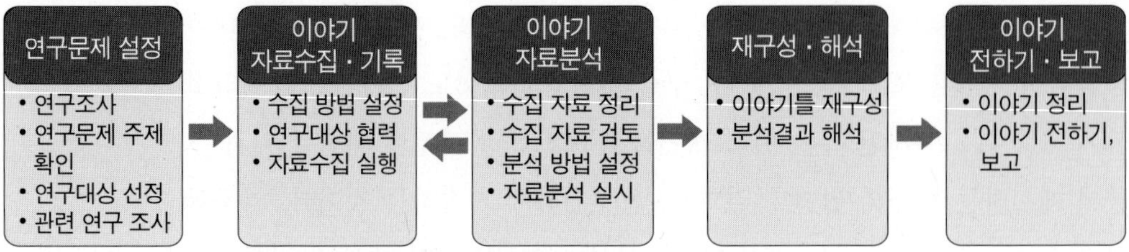

[그림 5-1] 내러티브 연구의 절차 예시

(1) 연구문제 설정

먼저, 연구자가 수행하고자 하는 주제나 질문이 내러티브 연구에 적합한지 확인할 필요가 있다. 다수가 아닌 단일 개인 혹은 몇몇 소수를 대상으로 하면서 그들의 자세한 이야기나 경험에 관심을 둔 연구인지 검토하여야 한다는 것이다. 예컨대, 어떤 유명 연주자의 삶이나 특정 음악 교육과정 개발자의 경험 등은 내러티브 연구주제로 적합할 수 있지만, 'A 중학교 3학년 2반 학생들 전체의 음악 경험'과 같이 다수를 대상으로 하거나 연결된 이야기를 수집할 만한 주제가 아니라면 내러티브 연구로 적합하지 않다.

연구주제의 적합성을 확인하였다면, 특별히 어떤 인물을 대상으로 할 것인지 선정하여야 한다. 연구자가 생각하는 이야기를 할 만한 스토리나 경험을 가지고 있는 전형적이면서 결정적인 인물이어야 한다. 또한 대상 개인으로부터 허락을 받고 장시간 자료수집을 용이하게 할 수 있는 대상이어야 한다. 다양한 이야기들을 수집하기 위해서는 오랜 기간의 자료수집이 요청되는데, 이러한 수집 과정을 따를 수 없는 인물이라면 연구 수행에 어려움이 야기될 수 있기 때문이다.

연구주제 확인 및 대상 선정을 하는 과정에서 관련 선행연구들을 조사 · 분석하여 구체적인 연구문제를 설정하도록 한다. 즉, 어떠한 관점과 영역에서 이야기를 수집할 것인지 미리 고려할 필요가 있다.

(2) 이야기 자료수집 및 기록

본격적인 자료수집을 위하여 면담, 관찰, 일상적 대화, 사진, 편지 · 일기 · 메모 · 노트 등의 문서 등 다양한 수집 방법을 설정 · 활용하도록 한다. 이러한 방법들을 통하여 연구대상의 이야기 자료를 수집하고, 노트, 면접 지침서, 녹음기, 노트북 등을 활용하여 기록한다. 이러한 자료수집에 있어 연구자와 연구대상 간 협력적 상호작용(Clandinin & Connelly, 2000)이 중요한데, 그래서 내러티브 연구에서는 면담이나 대화가 주요하게 활용되기도 한다. 이는 자료수집을 실행하는 현장에서 이슈가 되는 것이 자료에 대한 접근과 이야기 자료의 진실성이기 때문이다. 연구자는 단순히 이야기를 듣고 수집만 하는 존재가 아니라 이야기를 잘 이끌어 내기 위하여 연구대상자와 관계를 협상하기도 하고, 부드러운 전환이나 변화를 유도할 수도 있어야 하며, 상황에 따라 대상자에게 적절한 방식을 제공할 수도 있어야 한다. 이처럼 내러티브 연구는 연구자 및 연구대상자 간 상호 교류를 통해 서로 배우고 변화하는 것이며, 이야기의 의미를 협의하면서 자료의 진정성과 분석의 타당성을 검증해 가는 과정이기도 하다.

연구대상자와의 상호 협력을 바탕으로 연구자가 설정한 자료수집 방법에 의거하여 다음과 같은 유형의 이야기들을 수집할 수 있다.

첫째, 연구대상자들이 다양한 방식으로 전해 주는 이야기 자체이다.

둘째, 그 이야기의 맥락에 대한 자료 및 정보이다. 즉, 일어난 어떤 이야기와 더불어 그러한 이야기가 발생된 맥락과 배경을 함께 수집하는 것인데, 이는 개인의 이야기를 그들의 경험(일/가정), 문화(인종/민족), 역사적 맥락(시간/장소) 등에 놓을 수 있도록 하기 위함이다. 이와 더불어 연구대상자의 이야기 수집 과정 속에서 연구자 자신의 통찰력이나 이야기가 포함될 수도 있다(Creswell, 2013). 예컨대 음악가의 음악적 생애에 대한 이야기와 그 맥락에 대한 자료를 수집하면서 연구자가 경험한 것, 연구자가 연구대상자인 음악가를 이해해 가는 과정 등을 기록할 수 있다.

(3) 이야기 자료분석 · 재구성 · 해석

이야기 자료가 수집되면, 자료들을 분석 및 재구성(restorying)한다(Creswell, 2013). 일단 수집된 다양한 자료들을 정리 · 검토하며 필요시 메모

한다. 이야기나 경험한 것을 주제별 혹은 연대순으로 배열하여 이야기 자료들을 계속 읽고 확인하면서 주된 현상이나 맥락이 무엇인지 파악한다.

이러한 자료 정리 및 검토를 통해 연구자는 연구자의 눈으로 이야기 틀을 만들어야 한다. 일반적으로 연구대상자들은 정확한 시간 순이나 연구자가 원하는 어떤 주제를 고려하여 자신의 이야기를 항상 말하는 것은 아니기 때문에, 그동안 수집한 이야기들을 이해가 되고 의미가 있는 다양한 이야기 틀로 만들어야 하는 것이다. 이야기를 이해할 수 있는 틀이란, 예컨대 이야기를 연대기적 순서로 재배치하거나 시간 · 장소 · 구조 · 장면 등의 주요 요소나 특정 주제로 재구성하는 등, 그들의 이야기나 주요 아이디어들 간의 인과적 연결을 연구자가 만드는 것이다. 이 자료분석 부분에서는 앞서 내러티브 유형에서 언급한 리스먼(2008)의 세 가지 방식을 보다 자세히 고려할 수 있다.

첫째, 스토리텔링적 측면에서의 연대기적 분석은 이야기를 연대기 순서로 다시 쓰는 것인데, 예컨대 과거-현재-미래, 초기-중기-말기, 청소년기-성인기-노년기 등의 시간적 연속성 차원에서 이야기를 재구성하는 것이다. 이러한 연대기적 분석에 있어서 시간의 흐름을 기본으로 하되, 각 시간의 흐름 속에서 발생한 이야기들을 어떤 장소나 장면, 상황 등과 연결 지어 구성할 수도 있다. 예컨대, 갈등, 갈등의 해소, 주요 인물이나 장소 등 소설의 기본 요소를 활용할 수도 있는데, 연주자가 연주자로 성장해 가며 겪은 갈등, 갈등 해소에 영향을 미친 주요 인물이나 사건, 어떠한 갈등 이후 현재 연주자의 상황 등과 연결 지어 이야기를 구성하는 것이다.

둘째, 주요 요소나 주제별 분석을 활용하는 것이다. 연구대상자가 이미 말한 이야기들을 시간 순이 아닌 다양한 관점에서 연구자가 검토하여 특징적인 주요 요소나 주제를 추출하고 이에 따라 이야기를 기술하는 것이다. 즉, 어떤 사건 이후에 어떤 사건이 일어났는가와 같은 시간적 흐름보다는 무엇이 일어났는가를 보고하는 데 보다 관심을 둔다. 연구대상자의 경험과 이야기들은 다양하기 때문에, 추출할 수 있는 주요 주제는 대상에 따라 또한 연구자의 초점에 따라 다양하게 나타날 수 있다. 예컨대, 악기 연주로 유명한 음악가의 음악적 생애를 살펴본다고 할 때, 어떤 음악가는 악기 연습이 그의 음악적 생애에 있어 의미 있는 요소로 드러날 수도 있고, 또 어떤 음악가는 좋은 스승이 그에게 의미 있는 이야기 주제가 될 수도 있다. 따라서 이러한 주제별 분석을 활용할 때에는 다양한 질적 분석 방법을 활용하여 주된 요소를 추출할 수 있어야 한다.

셋째, 대화/행위 분석을 활용할 수도 있다. 앞선 두 가지 방식이 연구대상자가 전달한 이야기 자체에 초점을 두고 이를 어떻게 구성할 것인가에 중점을 두었다면, 대화/행위 분석은 연구자와 연구대상자 간 상호작용에 의해 이야기가 만들어지는 방식이나 특정한 메시지를 전달하기 위해 연구대상자가 행한 방식에 관한 이야기 등에 중점을 둔다는 점에서 차이가 있다. 이러한 분석은 내러티브 연구가 연구자와 연구대상자 간 협력적 상호작용에 기반하며 연구대상자의 이야기를 수집할 때 연구자의 경험과 견해가 뒤섞일 수 있다는 점이 보다 부각된 방식이라 하겠다.

그 밖에 자료를 분석하는 세부 전략으로, 예컨대 이야기의 해체, 이분법에의 노출, 침묵에 대한 검토, 분열과 모순에 주의 기울임 등의 이야기 변형이 활용될 수도 있다. 즉, 수집된 이야기들을 다양한 방식으로 해체하거나 변형하면서 의미를 찾으려는 것이다. 혹은 수집된 이야기들을 미시 언어적으로 접근하여 분석하거나, 반대로 보다 큰 단위의 담론, 구절, 단어들에서 의미를 도출하는 등의 전략을 활용할 수도 있다(Creswell, 2013; Czarniawska, 2004).

이와 같은 자료 분류 및 분석을 기반으로 이야기의 더 큰 의미를 해석하게 된다.

(4) 이야기 전하기 · 보고

자료수집, 분석 및 해석을 통한 내러티브 연구가 완료되면, 연구보고서 작성 방식에 따라 연구 결과를 제시하게 된다. 최종 연구 내용 및 결과에는 그동안의 연구 과정과 독특하거나 일반적인 특성에 초점을 둔 이야기들의 인과적 연결 및 서술이 포함되며, 연구대상자 개인의 인생과 그 맥락에 대한 분명한 이해가 포함되어야 한다. 또한 연구대상자들과 협력하며 그들의 이야기를 재구성한 연구자 자신의 여러 개인적 · 정치적 배경을 반성하는 내용도 포함될 수 있다. 이를 통해 결국 연구대상자 개개인의 생생한 이야기들은 연구를 통하여 '이야기된 이야기'가 되어 세상에 전해지게 된다.

연구문제 설정

1. 연구주제: 교육실습과 초등 음악교육 현장에 대한 실천적 이해
2. 연구의 필요성과 목적:
   1) 교육과정 실행 주체로서 교사의 경험에 대한 이야기가 중요함
   2) 예비 교사의 현장 경험이 중요하며, 어떠한 문제점이 있는지 파악할 필요가 있음
   2) 교생의 음악 수업을 지도한 초등교사 3인의 경험을 분석하고자 함
3. 연구문제와 연구범위 설정:
   1) 예비 교사의 교생 실습 경험
   2) 교생 지도교사의 지도 과정 및 경험
   3) 교육실습 제도 및 초등 음악교육 현장 양상
4. 관련연구조사(이론적 배경):
   1) 교육실습 제도 및 현황
   2) 교사의 중요성 및 실행적 측면

↓

자료수집 · 기록

1. 자료수집 계획과 수집
   1) 교생 지도 유경험 교사 선정
   2) 현장 텍스트 수집 및 기술: 면담을 통해 경험 및 이야기 수집
   3) 연구 텍스트 기술 및 확인: 수집된 이야기를 재구성하여 다시 이야기함

↓

자료분석 · 재구성 · 해석

1. 이야기하기: 교생의 음악 수업 지도 경험에 대한 세 교사의 이야기
   1) A 교사 이야기
   2) B 교사 이야기
   3) C 교사 이야기
2. 다시 이야기하기: 세 초등교사의 교생 음악수업 지도 경험 분석
   1) 엔터테인먼트적인 즐거운 음악 수업만이 강조되는 현장 분위기
   2) 교생들의 음악 수업 실습 기회의 부족
   3) 교생들의 음악 교과교육학적 지식의 부족
   4) 대학과 실습학교 사이의 의사소통 및 협력의 부족

↓

전하기 · 보고

1. 결론: 초등학교에서의 교생실습 및 초등 음악교육 현장 이해
   1) 음악교육의 본질과 초등 음악 수업 현장 간의 차이
   2) 교생실습 현장의 실제적 어려움
   3) 음악교육을 전공한 현장 교사의 실천적 지도 어려움
2. 제언: 초등 음악교사 양성 프로그램의 개선 방향
   1) 대학의 노력 필요: 교실 현장에 대한 이해와 이를 반영한 교사 교육과정 구안
   2) 교생 지도교사를 위한 연수 프로그램 개발 필요
   3) 대학과 실습학교 간의 협력 필요

[그림 5-2] 내러티브 연구 예시

4) 내러티브 연구의 예시

음악교육 분야에서의 내러티브 연구의 실례로「초등학교 음악교생 지도 교사의 경험에 대한 내러티브 탐구」(최윤경, 2009)의 연구 내용을 제시하고자 한다. 이 연구는 교생의 음악 수업을 지도한 초등 교사의 경험 및 이야기를 바탕으로 하여, 교육실습과 초등학교 음악교육에 대한 핵심 주제를 발견하여 분석하였다. 앞서 살펴본 연구절차에 따라 이 연구의 주요 내용을 제시하면 [그림 5-2]와 같다.

2. 현상학적 연구

1) 현상학적 연구의 이해

현상학은 철학적 요소를 기반으로 발전된 것인데, 단일한 개념이나 아이디어로 탐구될 수 있으면서 인간이 보편적으로 경험할 수 있는 어떤 '현상(phenomenon)'에 초점을 두고 있다. 예컨대 불안, 분노, 애도, 슬픔 등의 심리학적 개념, 음악적 성장, 음악가 되기와 같은 교육적 아이디어 등과 같은 것이 현상에 해당하는데, 현상학적 연구(phenomenological research)는 이러한 어떤 현상을 포착하여 그 현상의 '본질(essence)'이 무엇인지 밝히는 데 관심을 둔다. 현상은 개개인이 경험한 것이므로, 현상학적 연구는 어떤 현상에 대한 여러 개인들의 생생한 경험 및 체험(lived experience)에 초점을 둔다. 결국 현상학적 연구란 특정 현상에 대한 여러 개인들의 경험들에서 알 수 있는 보편적이면서 공통적인 본질이나 의미를 찾아 기술하고자 하는 것이다(Creswell, 2013; van Manen, 1990).

현상학적 연구

하나의 개념이나 현상에 대한 여러 개인들의 경험의 공통적·보편적 본질을 이해하기 위한 연구 방법이다.

현상학에서 기술은 그들이 '무엇'을 경험하고 '어떻게' 경험하였는지로 구성된다(Moustakas, 1994). 그래서 현상학은 특정 개인의 경험을 단순 보고하는 것을 넘어 어떤 현상에 대하여 개인들이 무엇을 어떻게 경험하였는지를 체계적으로 분석하고 통합적으로 기술함으로써 개인들의 경험의 본질과 총체적 의미를 밝히는 것에 궁극적인 목표를 둔다. 예컨대 연주 불안이라는 현상의 본질을 밝히기 위하여 이러한 현상을 경험한 음악 연주자들을 대상으로 실제로 무엇을 어떻게 경험하고 체험하였는지에 대한 자료를 수집하고, 수집된 자료로부터 연주 불안에 대한 보편적이면서 공통적인 의미와 본질을 찾아 복합적으로 기술하는 것이 현상학적 연구이다.

이러한 현상학적 연구의 주요 특징은 다음과 같다.

첫째, 앞서 살펴본 내러티브 연구가 하나 혹은 소수 개인의 주관적인 이야기를 전하는 것이라면 현상학적 연구는 어떤 현상을 경험한 일군의 개인들을 대상으로 공통적이면서 보편적 의미를 찾고자 한다는 특징이 있다(Creswell, 2013; Hatch, 2002). 즉, 현상학에서 제시되는 경험들은 개인들의 주관적인 경험이면서 동시에 다른 사람과 공통되는 객관적인 경험을 취한다는 점에서, 주관-객관 혹은 주체-객체 등의 이분법적 관점을 거부한다. 이는 의식의 지향성(intentionality of consciousness)과 관련되는데(Creswell, 2013) '의식은 ~에 관한 의식이며, 이는 항상 어떤 객체나 대상에로 향해 있기에 객체의 실재는 누군가의 의식과 복잡하게 관련되고 얽혀 있다.'는 것이다. 따라서 주체-객체를 구분하는 것은 무의미하며, 주체-객체가 관련되는 공통적 본질에 초점을 둔다.

둘째, 특정 현상에 대한 경험의 공통적 본질을 있는 그대로 기술하는 것에 중점을 두기 때문에, 연구자는 연구 참여자들의 경험을 더 잘 이해하기 위하여 가능한 모든 선경험을 배제하여야 한다. 즉, 현상학은 선입견 없이 연구되어야 하는 것이다. 앞서 살펴보았듯이, 이는 연구자와 연구대상자 간 상호작용이나 연구자의 경험 등도 중요하게 취급하는 내러티브 연구방법과 차별성을 갖는 부분이다. 이를 현상학에서 판단중지 혹은 괄호치기라 부른다(Moustakas, 1994). 판단중지(epoche)는 틀림없는 근거를 바탕으로 완전히 정립될 때까지 무엇이 진실인지에 대해 섣불리 판단하지 않고 모든 판단을 중지하는 것이다. 괄호치기(bracketing)는 현상과 관련된 연구대상자 개인의 경험을 확인하는 것에만 초점을 둘 수 있도록 연구자 자신의 경험은 다른 한쪽으로 치워 두는 것이다. 즉, 연구대상자의 경험을 밝히는 과정에서 연구자의 과거 지식이 관여하지 않도록 하는 것이다(Giorgi, 2009). 이러한 판단중지와 괄호치기를 통하여 특정 현상에 대한 경험들을 객관적으로 이해하고 그 현상의 본질을 보다 명확히 파악할 수 있다고 본다.

2) 현상학적 연구의 유형

현상학적 연구의 유형은 〈표 5-3〉에 제시된 바와 같이 두 가지 관점으로 정리해 볼 수 있다. 먼저 해석학적 현상학(hermeneutical phenomenology)은 구성주의적 접근법을 취하는 것으로, 현상에 대해 언급하는 체험이나 경험과 함께 해석학적 텍스트를 모두 이해하고자 하는 것이다. 개인이 자신의 경험에 부여하는 의미가 연구대상이 되어야 한다는 것으로(Hatch, 2002), 말하자면 체험에 대한 기술뿐만 아니라 그 체험의 의미에 대해 연구자가 어느 정도 해석하는 것도 포함한다는 것이다(van Manen, 1990). 여기서 연구자의 해석이란 상이한 의미들 사이를 조정하는 것이라 할 수 있다.

한편 초월론적 혹은 심리학적 현상학(transcendental phenomenology)은 연구 참여자의 체험에 대한 기술을 보다 강조하여 판단중지나 괄호치기에 초점을 두는 것이다. 그래서 연구되는 현상에 관한 선입견을 최대한 배제하고 경험에 대한 묘사를 위하여 자료분석 절차들에 보다 의존하며, 직관이나 상상, 보편적 구조들에 의존하며 체계적인 분석 방법을 지향한다(Moustakas, 1994).

결국 이 두 유형은 연구자의 해석 혹은 판단중지 중 어느 것에 보다 초점을 두느냐와 관련된다고 볼 수 있다. 그래서 〈표 5-3〉에 제시된 연구 예시는 연구자의 초점에 따라 해석학적 혹은 초월론적 현상학 연구가 모두 될 수 있다.

표 5-3 현상학적 연구의 유형

유형	내용	예시
해석학적 현상학	연구 참여자의 현상에 대한 체험/경험의 기술과 함께, 연구자의 체험에 대한 해석도 포함하는 유형	• 악기 연주자들의 연주 불안에 대한 현상학적 연구 • 음악적 지각 체험에 대한 현상학적 연구
초월론적 현상학(심리학적)	연구 참여자의 현상에 대한 체험/경험의 기술을 보다 강조하며, 판단중지에 초점을 두는 유형	

3) 현상학적 연구의 절차

현상학적 연구의 절차는 [그림 5-3]과 같다. 여기서는 엄격한 현상학적 연구를 지향하는 초월론적 현상학의 단계나 절차에 보다 초점을 두어 제시하고자 한다(Creswell, 2013; Moustakas, 1994; Polkinghorne, 1989). 해석학적 현상학의 절차는, 앞서 언급했듯이 기본적으로 유사한 방향이나 판단중지적인 측면을 감하고 체험에 대한 기술을 넘어 해석을 보다 가하면 된다고 볼 수 있다.

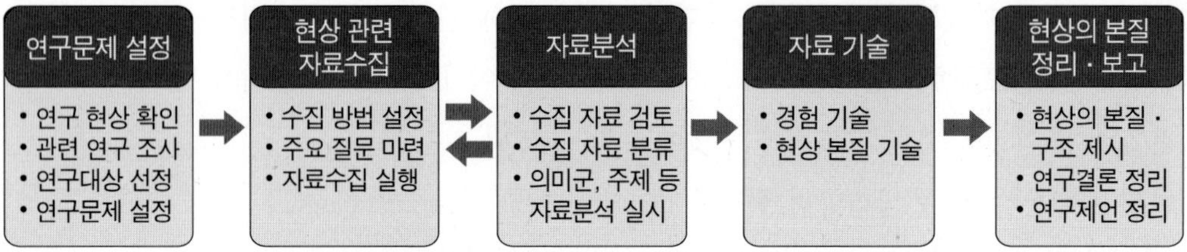

[그림 5-3] 현상학 연구의 절차 예시

(1) 연구문제 설정

내러티브 연구와 마찬가지로 현상학적 연구에 적합한 연구문제 및 주제인지 검토하여야 한다. 즉, 특정 현상에 대한 여러 개인들의 공통된 혹은 공유된 경험을 이해하고자 하는 연구가 맞다면, 연구자가 연구하고자 하는 현상이 무엇인지 확인하도록 한다. 또한 연구자가 연구하고자 하는 현상 자체나 현상학적 연구방법에 대한 선행연구를 조사 · 검토하고, 현상 파악을 위한 자료수집을 위하여 해당 현상을 경험한 다수의 개인들을 5~25명 정도 선정한다. 현상을 경험한 대상자를 찾는 것이 주제에 따라서는 어려울 수도 있으므로 연구대상자 수나 연구 기간 등을 잘 설정하여야 한다. 그리고 상술한 바와 같이 현상학적 연구의 철학적 기반과 특징을 이해하며 연구자의 선경험을 배제하는 괄호치기를 할 수 있도록 준비하여야 한다.

(2) 현상 관련 자료수집

자료는 현상을 경험해 온 개인들로부터 수집되는데, 그 현상과 관련하여 무엇을 어떻게 경험한 것인지를 이끌어 낼 수 있는 면담과 질문들을 다양하게 마련하도록 한다. 현상학적 연구는 주로 연구 참여자들과의 여러 차례의 심층면담으로 구성되는 편이나(Creswell, 2013), 이 외에도 관찰, 녹음자료, 일지, 음악 등 다양한 형태의 자료를 수집할 필요가 있다.

다양한 형태의 자료를 수집함에 있어서 연구 참여자들에게 크게 다음과 같은 두 가지 유형의 일반적인 질문을 포함하면서 그 외 다양한 개방형 질문들을 마련하여야 한다. 첫째, 현상에 관하여 "무엇을 경험하였는가?"이다. 둘째, 현상을 "어떻게 경험하였는가?"인데, 이 두 번째 질문은 현상을 경험하는 데 영향을 미친 상황이나 맥락은 무엇인가와 관련되는 것이다. 즉, 이 두 가지 관점에 대한 자료를 수집할 수 있도록 다양한 세부 질문과 관련 질문들을 마련할 필요가 있다.

(3) 자료분석

수집된 자료를 일차적으로 정리 · 검토하며 분석을 시작하게 된다. 수집된 자료를 분석할 때 먼저 판단중지 혹은 괄호치기를 하여 가능한 한 모든 선경험을 배제하는 것에서부터 출발하여야 한다. 물론 연구자의 가정과 관점이 연구주제에 이미 포함되어 있기 때문에 매순간 개인적인 선경험을 괄호치기 하는 것이 그리 쉬운 일이 아닐 수 있고, 괄호치기나 판단중지를 한 것이 맞는지 애매할 수도 있다. 그러나 연구자가 주제로 한 현상 그 자체의 본질을 보다 객관적으로 파악하기 위하여 항상 주의하고 섣부른 판단을 하지 않도록 환기시킨다는 점에서 실제적 의미가 있을 것이다.

분석 단계는 질적 연구에서 주로 행하는 일반적인 방법과 유사한데, 자료들로부터 현상에 대한 경험의 이해를 제공하는 의미 있는 진술, 문장, 인용문들을 추출하여 강조하는 것이다. 이는 연구자가 연구 내용과 관련된 의미 있는 진술을 모두 나열하여 동일한 가치를 부여하는 것으로, 수평화(horizonalization)라 부른다(Moustakas, 1994). 이렇게 수평화를 통해 도출된 의미 있는 진술들, 즉 의미군들을 보다 상위 개념인 몇몇 주제나 요소로 분류하고 발전시키면 된다.

(4) 자료 기술 및 현상의 본질 정리 · 보고

현상학적 연구에서는 도출된 내용을 잘 '기술'하는 것이 중요하다. 먼저, 자료분석을 통해 도출된 의미 있는 진술들과 주제들을 활용하여 연구 참여자들이 경험한 것에 대하여 기술하도록 한다. 이러한 '경험'에 대한 기술은 크게 두 가지가 있는데, 앞서 자료수집 단계에서 제시하였듯이, 두 유형의 질문에 대한 결과로서 기술하는 것이다. 즉, 현상과 관련하여 무엇을 경험하였는가에 대한 '조직적 기술'과, 현상을 어떻게 경험하였는가에 대한 '구조적 기술'을 한다. 의미 있는 진술들과 주제들을 바탕으로 경험들을 조직적으로 기술하고, 이러한 조직적 기술에 따라 현상 경험에 영향을 미친 맥락이나 상황을 포함하여 현상이 어떻게 경험된 것인지 구조적으로 기술하는 것이다.

조직적 · 구조적 기술을 바탕으로 현상의 '본질', 즉 본질적인 불변의 구조를 제시하는 '복합적 기술'을 작성하면 된다(Creswell, 2013). 연구 참여자들의 공통된 경험에 기반을 두고 이 경험들의 근원적 구조를 밝히는 것이다. 이를 통해 궁극적으로 특정 현상을 깊게 이해할 수 있게 된다.

4) 현상학적 연구의 예시

음악 분야에서의 현상학적 연구의 실례로 「음악치료사의 정체성에 관한 현상학적 연구」(고명한, 2011)의 내용을 제시하고자 한다. 이 연구는 음악치료사 5인의 경험 자료를 심층면담을 통해 수집하여 음악치료사의 정체성이라는 현상의 본질을 파악하고자 하였다. 앞서 살펴본 연구절차에 따라 이 연구의 주요 내용을 제시하면 [그림 5-4]와 같다.

연구문제 설정

1. 연구주제: 음악치료사 정체성의 본질 이해
2. 연구의 필요성과 목적:
   1) 음악치료사에 대한 깊이 있는 이해 필요
   2) 음악치료사의 역할 및 성찰 제안 필요
   3) 음악치료사의 경험 수집 및 분석
3. 연구문제와 연구 범위 설정:
   1) 다양한 영역의 음악치료 임상경험 포괄
   2) 음악치료사들의 경험 탐구
   3) 음악치료사들의 정체성 탐구
4. 관련 연구 조사(이론적 배경):
   1) 학문으로서 음악치료의 의미와 정체성
   2) 직업으로서 음악치료사의 정체성

↓

현상 관련 자료수집

1. 자료수집 계획과 수집
   1) 경험이 풍부한 음악치료사 5인 선정
   2) 심층면담 방법 사용
   3) 면담내용 필사 → 판단중지하에 재검토 → 의미단위 구분 → 변형된 의미단위들을 구조로 통합

↓

자료분석

1. 77개의 의미단위들 → 33개의 의미단위 요약 도출 → 16개의 하위 구성요소 도출 → 최종 8개의 주제 도출
   1) 즐거움과 심미적 자기탐구로서의 과거 음악경험
   2) 변화와 호기심의 내적 욕구와 애타심에 의해 음악치료 선택
   3) 임상을 통해 음악과 인간관계의 치료적 관점으로 인식변화
   4) 음악치료의 개념 혼동과 치료효능성 입증 어려움으로 인한 정체성 혼란 직면
   5) 의욕 저하와 시행착오로 이어지는 정체성 혼란의 부정적 영향 경험
   6) 자기탐구와 임상적 탐구를 통해 혼란 극복 시도
   7) 혼란 극복하여 자기 성장과 직업 정체성의 성숙 이룸
   8) 음악치료사로서의 견고한 정체성 확립

↓

자료 기술 및 현상의 본질 정리 · 보고

1. 결론: 음악치료사의 정체성 확립을 위한 8개의 구성요소 도출
   1) 정체성의 형성에 이르기까지 경험의 공통적 현상: 내적 · 외적 차원의 동시 경험
   2) 정체성의 확립에 있어 공통적 요소: 관계, 음악과 인간에 대한 치료적 관점
   3) 한국, 중국, 일본 교과서 내용 구성 · 편성의 특징
2. 제언
   1) 연구자의 편견 개입 여부, 완전한 판단중지였는지 의문
   2) 음악치료사로 활동하는 대상자 외, 음악치료의 길을 포기한 실례를 살펴본다면 정체성의 본질 탐구에 도움이 될 듯
   3) 음악치료사의 혼란과 극복 노력 모색 필요

[그림 5-4] 현상학적 연구의 예시

3. 사례연구

1) 사례연구의 이해

사례연구

하나 이상의 사례에 대한 상세한 기술과 분석을 통해 심층적으로 이해하기 위한 연구방법이다.

사례연구(case study research)는 어떤 접근이나 학자에 따라 상이한 관점들이 상존하는 연구 유형이다. 즉, 어떤 학자들은 사례연구를 주요 방법론으로 분류하기도 하고 반대로 또 어떤 학자들은 특정한 방법론으로 언급하지 않기도 한다. 예컨대, 의학이나 정치학에서의 사례 보고나 법학에서의 판례 등을 고려하면 친숙한 방법론이면서도, 반대로 연구해야 할 것에 대한 일부 사례나 선택일 뿐이라는 점에서 보면 특정 방법론으로 취급되지 않기도 하는 것이다(Stake, 2005; Yin, 2009). 또한 어떤 하나의 연구가 사례연구인지 여부를 판단하는 것에도 이견이 있곤 하다. 즉, 문화기술지나 참여관찰, 현장연구 등과 구분되는가 하는 것이다. 예컨대, 아프리카 어느 특정 부족의 음악문화에 대한 연구주제는 그 문화의 작동 방식을 파악하려 한다는 점에서 문화기술지라는 연구방법으로 흔히 분류될 수 있지만, 아프리카 음악문화라는 연구주제의 틀로 본다면 어느 특정 부족의 문화를 구체적인 예로서 사례를 들어 연구하였다는 점에서 사례연구라고 볼 수도 있다. 또 다른 예로, 어떤 음악수업 현장의 사례를 분석 단위로 한 연구가 있다고 할 때 이는 현장연구이면서 사례연구로 볼 수도 있는 것이다.

이처럼 사례연구를 둘러싼 관점이 상이하고 구분이 명확하지 않을 수 있다는 특성이 있지만, 사례연구는 여러 학자들에게 어떤 '특정 사례(case)'를 심층적으로 이해하기 위한 연구방법으로 정의 · 분류되고 있다. 사례연구로 분류하는 핵심은 특정한 혹은 제한된 영역, 현상, 범위를 규정하여 그 내에서의 어떤 사례를 대상으로 한다는 점이다. 즉, 경계를 가진 체계(bounded system) 내의 사례, 시간과 공간에 의해 경계를 가진 사례, 혹은 사례들을 대상으로 상세하고 심층적인 자료를 수집하여 어떤 주제나 현상을 일반화하는 것이 아니라 특정 사례를 심도 있게 이해하고자 함이다(Creswell, 2013; Yin, 2009).

이러한 사례연구는 하나의 방법론으로서 다음과 같은 특징을 갖는다(Creswell, 2013).

첫째, 사례연구는 특별하고 특정한 사례를 확인하는 것에서 출발한다. 사례란 특정 시간이나 장소와 같은 일정한 한도 내에 경계를 가진 혹은 기술될 수 있는 것을 의미하는 것이므로, 진행 중인 현재, 실생활 관련 대상이 주로 언급된다. 즉, 특이한 사례, 상세히 기술되거나 알려질 필요가 있는 사례, 그것 자체로 특별한 관심을 받는 사례나 어떤 문제를 심층적으로 이해하기 위하여 선택된 사례 등이 해당된다. 예컨대, 음악적 영재성을 보여 주는 한 개인이나 여러 사람, 특정 음악 교수-학습 프로그램, 특정 학교의 오케스트라 활동 등이 모두 사례가 될 수 있다. 사례연구에서는 이러한 사례가 하나의 단일로 선택될 수도 있고, 사례비교 등을 위하여 여러 개의 복합적 사례로 선택될 수도 있다.

둘째, 사례연구는 사례에 대한 철저하고 상세한 이해를 제시하는 것에 목표를 둔다. 그래서 선택한 특정 사례를 파악하기 위한 다양한 관점의 세부 주제를 마련하여야 한다. 또한 질적 연구방법에서 활용할 수 있는 가능한 모든 자료수집 방법과 정보원을 종합적으로 활용하여 자료를 수집·분석할 수 있어야 한다.

2) 사례연구의 유형

사례연구의 유형은 해당 사례가 한 개인이나 여러 사람들, 집단, 전체 프로그램, 활동 등 어떤 것을 포함하는가와 같은 경계를 가진 체계의 규모에 따라 분류되기도 하지만, 일반적으로는 사례분석의 목적에 따라 〈표 5-4〉와 같이 분류되고 있다(Creswell, 2013; Stake, 2005; Yin, 2009).

크게 어떤 이슈나 문제에 중점을 두고 이를 평가하고 예증하기 위한 어떤 수단이나 도구로서 특정 사례를 선택하는 도구적 사례연구와, 사례 그 자체에 초점을 두는 본질적 사례연구로 구분해 볼 수 있다. 도구적 사례연구는 선택된 사례 수에 따라 단일 혹은 집합적·복합적 사례연구로 다시 나뉜다. 단일 도구적 사례연구는 하나의 이슈에 중점을 두고 이 이슈를 밝히기 위하여 이에 해당하는 하나의 사례를 선택하는 것이며, 집합적/복합적 사례연구

표 5-4 사례연구의 유형

유형		내용	예시
도구적 사례연구	단일 도구적 사례연구	하나의 쟁점에 초점을 두고 이 쟁점을 예증하기 위한 하나의 사례(경계를 가진 체계)를 선택하는 유형	• 자유학기제를 위한 음악 프로그램 적용 사례(1개)
	집합적/복합적 사례연구	하나의 쟁점에 초점을 두고 이 쟁점을 예증하기 위한 여러 개의 복합적 사례(경계를 가진 체계)를 선택하는 유형	• 자유학기제를 위한 음악 프로그램 적용 사례 비교 분석(2~3개)
본질적 사례연구		독특하거나 상세히 알려질 필요가 있는 것과 같이, 사례 그 자체에 초점을 둔 유형	• 노인을 대상으로 한 특정 평생 음악교육 프로그램 소개 • 어떤 청각장애 특수아동의 음악성취 사례

는 하나의 이슈에 중점을 두지만 여러 사례를 선택하는 것이다. 예컨대, 각 학교에서 시행되고 있는 자유학기제를 위한 음악 프로그램을 평가하기 위하여 특정 학교 내 하나의 학급을 사례로 선택한다면 단일 도구적 사례연구이며, 여러 학교나 학급들을 사례로 선택한다면 집합적/복합적 사례연구이다. 혹은 효과적인 초등학교 오케스트라 지도 방법 고안이라는 이슈하에 서로 다른 오케스트라 지도 방법인 A, B, C를 학교 현장에 적용하여 비교하는 것도 집합적/복합적 사례연구가 된다.

한편, 본질적 사례연구는 초점이 사례 그 자체에 있는 것으로, 어떤 사례가 비일상적이거나 독특한 상황을 보여 주어 알려질 필요가 있는 사례들을 대상으로 하는 것이다. 예컨대, 노인을 대상으로 한 평생 음악교육 프로그램 중 특별히 성공한 사례, 청각장애가 있는 어떤 특수아동이 어떻게 음악을 성취하였는지에 관한 사례 등이 여기에 해당한다. 이는 보기에 따라 내러티브 연구와도 닮아 있긴 하지만, 앞서도 설명하였듯이, 평생 음악교육 프로그램이나 장애아동의 음악 성취라는 특정 경계 내의 특별 사례라는 점에 주목한다면 사례연구로 볼 수 있다.

3) 사례연구의 절차

사례연구의 절차는 [그림 5-5]와 같다.

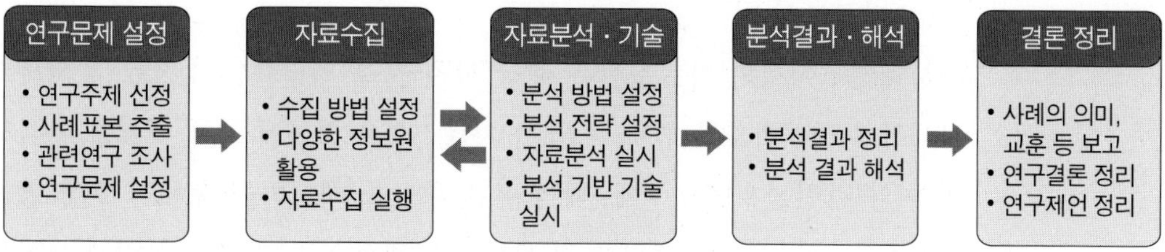

[그림 5-5] 사례연구의 절차 예시

(1) 연구문제 설정

먼저, 사례연구 방법론에 적합한 연구 문제나 주제인지 확인할 필요가 있다. 무엇보다 연구자가 분명히 확인할 수 있는 경계를 가진 사례인지 검토하고, 이 사례에 대한 심층적 이해가 필요한지, 즉 연구할 만한 가치가 있는지 재확인하도록 한다. 이어서 관련 사례(들)을 확인하여 어떠한 사례를 얼마나 선택할 것인지를 결정한다. 이때 여러 사례연구들 중 어떤 유형의 사례연구가 연구자에게 적합하고 유용한지를 고려하는 '의도적 표본 추출'이 많이 활용될 수 있다. 선택한 사례에 대한 다양한 자료를 심층적 · 다각적으로 수집 · 분석해야 하기 때문에 연구 수행의 효율성 및 접근 가능성 등은 사례 추출 시 중요한 고려사항이 되는 것이다. 또한 얼마나 많은 사례를 선택할 것인지가 실제적 고민일 수 있는데, 정해진 사례 수는 없으나 대체로 4~5개 이상의 사례를 선택하지는 않는다(Creswell, 2013).

또한 사례연구나 연구자가 연구하고자 하는 목적과 주제에 관한 선행연구를 조사 · 검토하고 연구문제를 설정하도록 한다.

(2) 자료수집

추출된 사례에 대한 자료수집은 광범위하게 이루어질 수 있다. 특정 사례에 대한 깊은 이해를 위한 연구이므로 관찰, 면담, 문서, 기록물, 시청각 자료, 매체 자료, 과제물, 물리적 인공물 등 질적 연구에서 활용할 수 있는 광범위하고 다양한 자료들을 다방면으로 수집할 필요가 있다(Yin, 2009). 수집된 자료는 면담이나 관찰 지침서 등에 따라 현장 노트나 컴퓨터 등을 통하여 기록하도록 한다.

(3) 자료분석 및 기술

사례연구에서의 자료분석은 해당 사례와 그 맥락을 중심으로 철저하고 상세하게 실시하도록 한다. 이러한 자료분석에 있어서 사례 전체를 분석하여 이와 관련된 기술, 주제, 해석 혹은 주장을 제시하는 총체적 분석 방식(holistic analysis)과, 사례의 특정 부분을 구체적으로 더욱 심도 있게 분석하는 삽입된 분석 방식(embedded analysis)이 있다(Yin, 2009). 연구자는 연구목적 및 방향, 수집된 자료 등에 따라 전반적으로 이 두 가지 방식 중 어떤 것을 취할 수 있다.

수집된 자료는 상세하고 심층적으로 기술되어야 하는데, 일반적으로는 해당 사례 자체의 복잡성이나 개별성을 이해하기 위하여 사례의 역사나 활동, 사례 내에서 발생한 일련의 사건들, 소수의 주요 이슈들 등에 초점을 두어 먼저 기술하게 된다. 그런 다음 사례 내에서 유사한 이슈를 확인하여 사례를 초월하는 공통적인 주제를 찾는 것에 초점을 두어 기술할 수 있다. 즉, 기술한 내용을 토대로 아이디어를 여러 의미군으로 모은 범주 집합인 주제를 추출하여 분석할 수 있다. 이때 사례의 맥락이나 상황을 고려하여 분석 · 기술하면 보다 풍부한 연구가 된다(Creswell, 2013; Stake, 2005). 사례가 여러 개인 경우 각 사례에 대한 기술과 각 사례 내 분석을 통해 주제를 제시하고, 이어서 여러 사례들에 걸쳐 있는 주제를 분석하는 사례 간 분석을 실시할 수 있다.

(4) 분석결과 해석 및 결론

사례를 관점에 따라 기술하고 어떤 공통된 혹은 포괄적인 주제를 분석하였다면, 이를 기초로 사례들의 의미에 대해 주장하거나 사례를 통해 알게 된 교훈을 보고하는 등의 해석 단계를 거치게 된다. 여러 예들을 찾지 않고 의미를 끌어낼 수 있는 단일한 예를 바탕으로 하는 직접적 해석을 사용하거나, 독자가 사례를 통해 자연스럽게 배우거나 다른 사례에 적용하는 등의 자연주의적 일반화를 유도할 수 있는 해석을 사용하기도 한다(Creswell, 2013;

Stake, 2005).

4) 사례연구의 예시 분석

연구문제 설정

1. 연구주제: 하나의 사례를 중심으로 한국 현대음악 현장에서의 음악 활동 고찰
2. 연구의 필요성과 목적:
   1) 현장에서 이루어지는 음악 활동의 중요성
   2) 한국의 음악문화에서의 문제점
   3) 주요 사례 검토를 통해 한국 음악 현장에 주는 의미와 역할 고찰
3. 연구문제와 연구범위 설정:
   1) 한국의 음악회장에서 이루어지는 음악 활동 중심
   2) 현대 음악에 대한 내용
   3) 특정 하나의 사례(서울시향 진은숙) 제시 및 분석
4. 관련연구조사(이론적 배경):
   1) 한국의 서양음악 문화 관련 현장에 대한 이해
   2) 한국의 현대음악 현장에서의 활동

↓

자료조사 · 수집

1. 자료수집 계획과 수집
   1) 진은숙-서울시향-현대음악 활동 역사에 관한 자료
   2) 프로그램, 곡의 구성, 공연 등에 대한 자료
   3) 5~6년에 걸친 해당 사례의 음악 활동 자료수집

↓

자료분석 · 결과

1. 주목할 만한 특징들
   1) 프로그램의 완성도
   2) 차세대 교육 프로그램
   3) 소통의 여러 장치들
   4) 창작, 연주, 비평의 선순환 환경
2. 진은숙의 아르스 노바 시리즈의 의미

↓

결론 · 제언

1. 결론: 진은숙의 아르스 노바 시리즈의 의미 정리
   1) 현대음악에 대한 폭넓은 이해
   2) 현대음악 연주를 음악회 문화의 하나로 정착
   3) 한국 작곡계에 신선한 자극
   4) 사회 속에서 차지하는 음악의 역할과 의미 제고
2. 제언
   1) 음악회를 둘러싼 전반적인 생태 환경에 대한 검토
   2) 한국 음악문화에 대한 사례 소개, 비평적 연구, 현장연구의 활성화 필요

[그림 5-6] 사례연구 예시

음악 분야에서의 사례연구의 실례로 「한국 현대음악의 현장에 관한 사례연구-서울시향 진은숙의 아르스 노바 시리즈를 중심으로」(이희경, 2011)의 연구 내용을 제시하고자 한다. 이 연구는 우리나라의 실제 음악 현장에서 벌어지는 음악 활동에 관심을 갖고 그 경계 내 하나의 사례를 선택하여 심도 있게 분석하였다. 앞서 살펴본 연구절차에 따라 이 연구의 주요 내용을 제시하면 [그림 5-6]과 같다.

4. 근거이론 연구

1) 근거이론 연구의 이해

근거이론

근거이론은 개방적인 연속적 사례연구과정에서 이론의 정립을 목적으로 하는 연구방법이다.

질적 연구는 1900년대 인문사회 분야에서 왕성하게 발달하기 시작하였다. 그러나 1957년 옛 소련의 스푸트니크 발사에 충격을 받은 미국은 수학과 과학을 중심으로 하는 객관적이고 체계적인 연구방법을 발전에 관심을 쏟게 되었다. 지식의 객관성을 기반으로 하는 실증주의적 과학 연구는 가설 설정, 가설 증명, 결과의 일반화 절차를 적용한 많은 연구들을 실시하였다. 그러나 이러한 가설 설정과 검증 중심의 연구는 사회 여러현상을 이해하고 새로운 이론 발견하는데 부족하다는 단점이 지적되었다. 이에 점차 다양하고 복잡한 사회현상과 인간 행동을 이해하기 위하여 사회과학자들은 객관적 증명으로 밝힐 수 없는 미시적(microscopic) 사회 현상에 대한 연구방법을 찾기 시작하였다(조영달, 2015; Charmaz, 2016; Glaser & Strauss, 2015).

1967년 글레이저(Glaser)와 스트라우스(Strauss)는 연구의 과정적 경험(empirie)과 이론의 발견(theory)을 절충하여 새로운 이론을 도출해 낼 수 있는 근거이론이라는 연구방법을 고안하였고, 그들의 대표적 저서 『근거이론의 발견(The Discovery of Grounded Theory)』을 출간하였다(박성희, 2004, p. 122). 이후 근거이론(grounded theory)은 이 두 학자를 중심으로 하는 글레이저파와 스트라우파로 분리되어 근거이론을 발전시켜 왔다.

근거이론은 상황성과 맥락성을 강조하는 사례연구의 과정에서 발견되는 내용을 계속적 · 집중적 · 지속적 연구를 실행하여 새로운 이론을 도출해 내는 방법이다. 근거이론은 사례에 대한 계속적 경험 연구의 단계적 나선형 연구로서 수집 자료의 근거에 따라 이론을 구성하기 위해 계속적으로 자료를 수집 · 분석하는 체계적이며 융통성 있는 방법으로 표현되기도 한다(Charmaz, 2016).

근거이론은 구성주의적 관점에 기반을 두고 개인과 사회현상을 탐구하며 해석학적 입장에서 맥락적 이해를 적용하는 방법으로서, 사례연구 과정과 결과에 '포화(saturation)'라는 도구를 설정하여 이론 도출의 합리성을 보강한 질적 연구 형태이다. 근거이론의 연구 과정은 연구자가 연구하고자 하는 연구주제 범위에 있는 관련 사례들을 살펴보는 과정에서 연구문제를 구체화하고, 연구문제 해결을 위한 사례들의 수집 · 조사 · 분석 · 해석을 계속적으로 반복하면서, 연구자료의 코딩 분석결과를 체계화하게 된다. 사례들로부터 더 이상 새로운 결과나 사실이 발견되지 않는 포화 상태에 도달하였을 때, 사례의 수집과 조사를 멈추고 연구의 결과 즉 이론을 도출하게 된다. 근거이론 연구는 연구자의 자질이 연구과정과 결과에 주요한 요소로 작용한다. 연구자의 연구주제 관련 이론과 현상 인식 정도, 사례 선택의 판단력, 사례조사 능력, 사례에서 새로운 결과를 발견하는 통찰력, 사례의 포화 상태를 판단 할 수 있는 직관력, 사례로부터 이론을 도출할 수 있는 비판적 사고력 등이 주요한 요소로 작용한다.

근거이론 연구방법은 연구의 계획 · 실행 · 분석 · 결론에 이르는 전 과정에서 연구자의 주관성을 완전히 배재할 수 없으며, 근거이론 연구방법에 적용할 수 있는 체계적이고 객관적인 연구방법이 존재하지 않는다는 문제점이 존재한다. 따라서 근거이론 연구방법은 연구자료의 수집과 분석을 동시에 실시하여 그에 따른 새로운 자료의 수집을 계획하고 실행하며, 질적 연구의 타당성과 신뢰성 측정법을 적용하여 보완하게 된다.

2) 근거이론 연구의 유형

근거이론 연구는 관련 사례 조사, 자료수집, 자료분석 과정이 동시에 이루어지는 이론적 표본 추출(theoretical sampling)과 이론적 코딩(theoretical coding) 방법을 사용한다. 이론적 표집은 우선 선택된 사례의 자료수집과 분석 과정에서 연구분석의 범주(범위)를 구성하고, 그 범주를 보충 및 보강하기 위해 또 다른 사례 표집을 계속적으로 반복하는 표집 방법이다. 이론적 표본 추출은 초기 연구계획에 의해 표본 대상과 표본 추출이 확정되는 것이 아니라, 이론 도출을 위한 범주를 보강 · 강화하기 위해 계속적 표본 수집과 조사를 반복하여 계획 · 진행하는 방법이다.

이론적 코딩은 근거이론 연구의 자료분석 방법으로서 연구자는 첫 번째 사례를 분석하는 과정에서 발견한 내용을 바탕으로 초기 코드(code)와 코드 구조(code frame)를 구성하게 된다. 초기 코딩(coding)에 따라 연구자는 두 번째 사례의 자료분석을 실시하게 되고, 이때 새롭게 등장하는 코드와 코드 구조를 초기 코드에 적용하여 코드 구조를 보강하게 된다. 이러한 자료의 코딩 과정을 반복적으로 실시하면서 사례로부터 새로운 코드와 코드 내용이 더 이상 나타나지 않을 때까지 사례 분석을 진행하는 것이 이론적 코딩 방법이다.

근거이론 연구에서는 질적 연구의 사례연구, 문화기술지, 면접, 기록자료 연구, 메모 등에 다양한 연구방법을 모두 사용할 수 있으며, 연구의 진행 과정 중 추가 자료의 수집 · 해석 · 분석을 함께 진행하면서 보충 자료의 필요성이 나타날 경우 추가 자료를 수집하는 것이 가능하다. 연구대상에서 발생한 현상의 원인, 과정, 요인, 변화에 대한 현상학적인 접근을 중심으로 하며, 발행 현상과 관련된 개인이나 집단의 행위, 사건의 맥락과 과정, 사건 관련 상황, 구성 인물, 사건의 원인, 행동의 이유, 사건 시간, 사건과 행동의 의도, 사건의 의미 등 현상의 모든 과정과 결과가 연구대상이 된다. 근거이론 연구는 사례 선정, 자료수집, 분석과 해석 과정에서 체계적인 경험 연구와 관련 기록자료 연구를 통하여, 연구과정에 도출되는 가설과 이론의 신뢰도와 타당성을 높이게 된다.

근거이론 연구에서 가장 많이 사용되는 면접법(interviews)은 연구대상자의 답변을 중심으로 진행하는 개방적 질문법(open-ended questionnaire)을 사용하여 연구대상자로부터 현상에 대한 사실 자료와 연구대상자의 현상에 대한 주관적 이해 자료를 수집하게 된다. 면접 내용은 연구자의 면접 내용 기록이나 음성 녹음을 연구 자료로 남기게 되며, 면접 기록 자료의 특징과 내용 이해가 부족한 부분은 연구자가 면접 과정에 작성한 메모로부터 정보를 얻게 된다. 메모는 연구자가 연구대상을 면접 또는 관찰을 실시하는 과정에서 면접 환경, 면접 분위기, 연구대상자의 특징, 자료분석 아이디어 등을 기록하게 된다. 이 외에도 근거이론은 연구 현상 관련 사진, 영상 기록물, 문헌자료 등이 연구자료로 사용될 수 있으며, 자료들의 분류 · 체계화 · 연계 구조화를 통해 수집 자료들 간의 입체적 관계 이해를 통한 분석으로 체계적인 이론을 도출하게 된다.

표 5-5 근거이론 연구에서 현상 관찰을 위한 주요 관점들

- 어떤 상황에서 행위가 일어나는가?
- 언제, 어떻게 행위가 일어나고 있는가?
- 무슨 일이 일어나고 있는가? 연구하고자 하는 전반적인 활동은 무엇인가?
- 이러한 활동을 구성하는 구체적인 행위는 무엇인가?
- 시 · 공간에 따라 참여자는 어떻게 분포하고 있는가?
- 연구대상자(참여자)는 어떻게 조직화되어 있는가?
- 어떠한 조건이 활동에 영향을 미치고, 관장 · 규제 · 촉진하고 있는가?
- 집단의 구성원은 어떻게 분류되고 있는가?
- 책임자와 구성원들의 분류는 어떻게 달라지는가?
- 구성원의 관심사, 중요하게 여기는 것, 몰입하는 관심사는 무엇인가?
- 구성원이 사용하는 언어, 상징, 행위 방법, 기술, 계획, 과정은 무엇인가?

출처: Charmaz(2016, pp. 68-70)에서 재구성

3) 근거이론 연구의 절차

근거이론 연구의 시작은 연구하고자 하는 현상 선정에서 시작한다. 연구하고자 하는 현상으로부터 연구주제를 선정하고 연구 현상 관련 문헌을 조사하여 현상에 관련된 사실들을 이해하게 된다. 사례 수집에 앞서 연구자는 사례 조사에 적절한 자료수집 방법과 조사 계획을 세우고 첫 번째 연구 사례

를 선정한다. 연구자는 사례 조사에 앞서 연구대상자로부터 연구 과정, 연구방법, 연구목적, 개인정보 보호 등에 대한 동의를 얻어야 한다.

근거이론 연구의 절차는 [그림 5-7]과 같다.

[그림 5-7] 근거이론 연구의 절차 예시

근거이론 연구에서 연구자가 면접법을 사용하는 경우 연구자와 연구대상자의 관계 형성이 중요하다. 근거이론은 지극히 개인적인 상황이나 현상까지 다루는 연구대상자의 개인적인 사실과 주관적 이해 자료를 수집하기 위해 연구자와 연구대상자의 신뢰적 관계 형성이 필수적 요건이라 하겠다. 또한 연구대상자가 또 다른 연구 사례의 정보를 연구자에게 제공하는 연속적 자료수집 과정이 이루어지기 위해서 연구자와 사례자의 관계 형성은 중요한 역할을 하게 된다.

근거이론은 자료의 수집 · 분류 · 분석이 동시에 실시되는데, 사례 자료의 코딩 분석 과정에서 사용되는 코딩은 개방코딩, 선택코딩, 이론적 코딩 등 세 가지의 종류가 있다. 개방코딩은 자료수집과 분석 초기 과정에서 자료 전체의 내용을 살피고, 자료의 특징, 자료의 범위, 자료의 주요 부분, 자료의 부족한 부분을 파악하는 방법이다. 선택코딩은 개방코딩 과정에서 생성된 코드들이 같은 현상 사례에서도 나타나는지 검토하는 과정적 방법이다. 이론적 코딩은 선택코딩에서 검증된 코드들을 더욱 세부적인 코드로 발전시키기 위해 코드와 관련된 자료를 찾는 과정에서 각 코드의 세부 코드들을 체계화하는 과정이다(Birks & Mills, 2015).

근거이론 연구에서 분석결과에 대한 해석은 6하 원칙에 준하여 실시하게 되는데 '누가, 언제, 어디서, 무엇을, 왜, 어떻게'를 중심으로 코딩 분류에 따른 독립해석, 다른 상황 및 사건과 연계해석, 모든 것을 통합하는 종합해석을 거치게 된다(Strauss & Corbin, 1990). 종합해석을 거쳐 도출한 이론은 이론의 범위와 내용을 더욱 분명하게 나타내기 위해 유사 연구자료 분석결과나 대조적 연구 결과와 비교하며 이론을 보강한다.

근거이론 연구의 문제는 사례 선정, 자료수집, 자료분석, 이론 도출 과정까지 연구자의 창의성, 통찰력, 지식, 이해력, 결정 능력, 연구 도구 사용 능력 등 연구자의 경험과 능력이 연구 결과에 많은 영향을 미치는 연구로서 질적 연구 분야 중 가장 어려운 방법이라 하겠다. 또한 연구문제에 대한 정확한 문제와 가설이 설정되어 있지 않은 상태에서 시작하여 연구자가 사례의 선택, 자료의 수집, 사례의 포화 상태 결정까지 연구자 스스로 결정해야 한다. 또한 근거이론은 근거이론의 코딩 발전 과정과 이론 생성 과정에 객관성이 부족하다는 문제, 연구를 통해 발견한 결과들이 이론화에 도달하지 못하고 현상에 대한 일반적 설명으로 그친다는 문제, 현상에 대한 요약과 해석에 머물거나 사례 현상의 특징과 경향을 나타내는데 그칠 수 있다는 문제 등이 있다.

이러한 문제점을 극복하기 위해서 근거이론은 코딩을 구성하는 코드와 코드 구조의 신뢰성과 타당성을 검증하기 위하여 삼각측정법과 타인 및 동료 검증법을 사용하며, 사례 자료수집 과정에서 여러 관련 자료의 수집, 대조적 현상 연구 활용, 유사한 현상 연구 비교 등을 통하여 발견한 이론을 확인하게 된다. 근거이론은 연구 기간 예측이 불분명한 연구로서 연구 기간, 연구경비, 연구인력, 연구 장비 등의 정확한 사전 계획에 어려움이 따르므로, 개인연구보다 현상에 대한 공동 연구 또는 그룹 연구로 주로 진행(실행)하게 된다.

4) 근거이론 연구의 예시

근거이론 연구방법은 사회학과 치료학 분야 연구에 주로 사용되어 왔다. 특정 상황에 처한 개인과 집단에서 나타나는 현상을 이해하기 위하여 근거이론은 발생된 현상의 진행 과정, 현상에서 개인과 구성원의 역할, 현상에 대한 인식과 이해를 위해 사용되었다. 예를 들어, '병원에서 죽음을 앞둔 환자들에 대한 연구' '만성 환자의 임종 과정에 관한 연구' '병원 의사와 환자가 죽음에 대하여 알게 되는 방식과 받아들이는 방식에 대한 연구' 등 시간의 흐름에 따라 순서적으로 자료수집과 분석을 하는 연구들이다(박상울, 김사훈, 2011). 음악 분야에서의 근거이론 연구의 실례로 「고등학교 합창 단원들의

연구문제 설정

1. 연구현상: 고등학교 학생들의 사회적 정체성 개발 과정
2. 연구사례: 미국 중서부 3개 고등학교의 합창 단원
3. 관련 연구 조사: 근거이론, 고등학생들의 합창단 활동 효과
4. 연구방법 설정: 면접법, 메모, 관찰

↓

사례 자료수집

1. 자료수집 계획: 미국 중서부 3개의 고등학교 합창 단원 합창 지도교사 3명
2. 참여자 보호: 수집 자료 표기에 가명 사용
3. 자료수집 과정:
   1) 1차 자료수집: 3개 학교에서 각 5명씩 총 15명 개인면접, 각 45분씩
   2) 2차 자료수집: 3개 학교에서 총 21명 개인면접
   3) 3차 자료수집: 1차, 2차 인터뷰 학생 중 13명 학생 개인 집중면접
   4) 3명의 합창단 지도교사 개인면접
   5) 16회 합창단 활동 관찰

↓

자료분석

1. 코딩 분석: MAXQDA 코딩 프로그램 사용
   1) 1차 자료수집: 개방코딩, 초기 코드 작성
   2) 2차 자료수집: 초기 코드 수정, 선택코딩, 이론적 코딩
   3) 3차 자료수집: 이론적 코딩
   4) 교사 개인면접, 관찰지
2. 코딩 분석 내용 확인: 동료 확인

↓

분석결과해석

1. 합창단 활동의 영향:
   1) 지속적으로 반복되는 합창단 활동은 단체 경험에 영향을 미침
   2) 합창단에서 사회적 정체성을 형성하는 경우, 합창단이 주요 사회 영역에 위치함
   3) 합창단 소모임에서 사회적 정체성을 형성의 경우, 합창단이 사회적 소속, 단체에 위치함
2. 합창단 사회적 상호 활동 강화 요소: 리허설, 학교 외 연주 활동, 소규모 집단 활동
3. 합창 활동은 미래의 음악 활동 열망과 사회적 기대에 영향을 미침

↓

이론 도출

1. 이론의 도출: 합창은 고등학생들의 사회적 정체성 발달에 명확한 도움을 주며, 8단계 과정을 거쳐 발달한다.
   1) 고등학교 합창단원의 사회적 정체성 발달에 소모임과 맥락적 조건들(시간, 만족감, 그룹의 크기, 경험 강화)이 중요하다.
   2) 사회적 정체성 발달 과정에 사회적 소모임의 파벌은 장애로 작용한다.
   3) 고등학교 합창 단원의 사회적 정체성 발달은 동료, 부모, 학교와 공동체 구성원, 합창단 교사로부터 영향을 받는다.

[그림 5-8] 근거이론 연구 예시

사회적 정체성 개발과정」(Parker, 2014)의 연구 내용을 제시하고자 한다. 앞서 살펴본 연구절차에 따라 이 연구의 주요 내용을 정리하여 제시하면 [그림 5-8]과 같다.

5. 문화기술지 연구

1) 문화기술지 연구의 이해

문화기술지의 이해

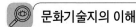

문화기술지는 집단·사회 현상을 있는 그대로 기록하는 묘사적 연구로서 현상을 이해하고 수용하는 것을 목적으로 하는 연구방법이다.

문화기술지(ethnography) 연구는 인류학과 사회학에서 발생한 연구방법으로서 특정 개인, 인종, 민족, 집단, 사회 문화, 사회 현상, 사건 등을 이해하기 위한 연구방법이다. 문화기술지 'ethnography'의 ethno는 그리스 어원으로 사람의 집단(folk, people, nation)을 나타내고 graphy는 기록하다(write)라는 의미로서, 사람이 살아가는 과정에서 형성된 사회와 문화 현상을 연구자의 관점에서 기록하는 묘사적 연구(descriptive researches)이다(김영천, 2013).

문화기술지는 1700년대 인류학(ethnology)과 문화민속학(cultural anthropology)에서 유래하였으며, 유럽의 식민지 개척 시대에 아프리카, 남동부 아시아, 북미 인디언, 에스키모, 소수민족 등 다른 인종과 민족의 특징을 비교·분석하는 과정에서 발달한 연구방법이다. 문화기술지는 새로운 개척지의 역사·기원·언어·습관·사회구조를 연구하기 위해 관찰법, 면접법 및 설문지 등을 사용하여 예술·정치·문화·습관 등의 특징을 조사하였다. 문화기술지는 1870~1950년 사회학의 발달과 함께 미국과 영국의 산업도시 발달로 불거진 근대 도시문제를 해결하기 위해 적용되었는데, 도시의 발달 속에 가난한 도시 노동자 자본가 간 도시 빈부 차의 문제, 도시에 거주하는 인종 간 문제, 이민자들의 갈등에 대한 해결방안 모색을 위한 연구로 실시되었다(박성희, 2004).

문화기술지는 연구자가 연구대상을 관찰하여 있는 그대로의 사실을 기록하는 것이 연구 과정의 구성과 결과 도출에 가장 중요한 요소이다. 연구자는 연구대상을 단순히 관찰하는 것이 아니라, 연구 집단 내부자들과 동일하게 집단 내부에서 일어나는 공동체 문화, 규칙, 양식, 변화 등을 체험하거나, 내부자의 관점으로 현상을 이해하는 것이 연구의 주요 활동이 된다. 문화기술지 연구자는 집단 내 구성원들과 동일한 사회적 위치에서 연구대상에 영향을 미치는 여러 변인 요소들을 발견하고, 요소들 간 상호작용의 과정과 결과를 탐색한다. 따라서 연구자가 관찰 기간 동안 연구대상 집단 내에서 역할과 위치는 관찰 자료수집의 범위와 연구 결과 해석 관점을 설정하는데 중요한 영향을 미치게 된다. 연구자는 연구자의 경험, 지식, 문화적 선입견을 배제하고 편견 없는 관찰자 상태를 유지하여 연구 대상을 있는 그대로 현상과 사건을 이해하는 객관적인 관찰이 연구 결과의 주요한 논점이 된다.

2) 문화기술지 연구의 유형

문화기술지 연구는 질적 연구의 다양한 자료수집 방법의 적용이 가능한 개방적 연구방법으로 관찰일지, 면접, 집단 면접, 대화, 기록물, 생활일기, 메모, 비디오 녹화, 오디오 녹음, 사진 등을 사용하여 연구자료 수집을 한다. 연구자는 자료수집에 앞서 연구대상 집단 구성원들의 동의 여부, 집단의 특징, 연구 여건 등에 따라 연구대상을 선택하게 되며, 적절한 자료수집 방법을 선택하게 된다.

문화기술지 연구는 연구 집단의 관찰 내용을 시간의 흐름에 따른 일차원적 순차기술이 아니라, 관찰된 사실과 여러 사회적 요소들의 상호 관계와 상호 영향을 중심으로 상황적 묘사를 하게 된다. 이것은 구성주의적 접근 방법으로 현상에 영향을 미치는 사건, 인물, 환경 등의 요소를 각각 중요한 가치와 역할이 있는 변수로 간주하고, 이러한 변수의 상호작용으로 현상이 일어난다고 보는 것이다. 문화기술지는 이러한 변수의 작용으로 발생한 현상들을 기록으로 남기고 변수의 관계와 역할을 연구함으로써, 직접 관찰이 불가능한 변수 간의 상호작용 과정과 결과를 연구를 통해 밝히게 된다. 따라서 문화기술지 연구에서는 연구자의 변수 관찰과 그 변수들 사이의 보이지 않는 작용을 이해 · 해석하는 능력이 연구 결과에 중요한 영향을 미친다. 문화기술지 연구는 이러한 연구자의 연구 과정과 결과 해석의 불확실성을 완화하고 신뢰도를 높이기 위해 장기간관찰법과 집중관찰법 등을 사용하게 된다.

문화기술지 연구에 주로 사용되는 참여관찰법(participants observation)은 연구하고자 하는 대상을 집단내 구성원의 입장에서 관찰하여 집단의 현상과 특성을 관찰한다. 참여관찰법은 연구자가 집단의 내부자로 동화되어 집단 사회의 특징과 현상을 반영하는 문화, 생활양식, 사회구조, 지식형태 등을 직접 경험하고 관찰하는 방법으로서, 연구 집단 구성원들의 행동, 대화, 상황, 사건, 변화 등을 그대로 기록하여 정보를 수집하게 된다. 관찰과 연구 도구는 관찰일지, 개인 면접, 집단 면접, 메모, 영상 녹음, 사진 등으로 연구자의 관찰 기록, 집단 구성원 특징, 생각과 의견을 수집하게 된다. 연구자가 집단의 내부자로 동기화되는 데 소요되는 기간, 연구자와 구성원들의 관계, 관찰 기간, 관찰 도구와 방법 등에 따라 연구 계획과 연구 진행 과정이 다르게 된다. 따라서 이러한 가변적인 연구 과정을 반영하기 위해서 연구 과정의 수정이 수시로 이루어질 수 있는 탄력적 연구 계획의 구성이 필요하다.

문화기술지의 연구자는 관찰 내용 수집 방법과 기록 방법을 결정해야 한다. 관찰 기록 매체인 오디오, 비디오, 사진을 사용하게 될 경우, 사용 가능 여부, 설치 장소, 설치 기간, 작동 시간, 자료 저장 방법, 자료 사용 방법, 자료 처리 방법 등을 결정하고 이에 대한 승인을 연구대상으로부터 받도록 한다. 오디오 녹음은 녹음된 내용을 전사(transcription) 과정을 거쳐 분석자료로 사용되며, 비디오 녹화는 각 장면의 재생 시간과 간격을 기록하고 장면 설명을 함께 기록하게 되며 사진 자료는 사진 촬영 장소, 환경, 인물, 촬영 의도, 장면 설명을 기록하여 관찰 자료로 사용하게 된다.

관찰 일지를 작성할 때는 연구대상 집단의 전체관찰, 특정 사건이나 인물에 대한 집중관찰, 주변 상황과 환경 조건관찰, 집단 내부와 외부의 관계 관찰 등으로 관찰 일지를 작성하게 된다. 관찰 일지 작성은 관찰 시기, 관찰 대상, 관찰 장소, 관찰 환경, 관찰 상황 등을 함께 기록하여 관찰 결과의 분석과 해석을 위한 정확한 정보를 전달할 수 있도록 해야 한다. 관찰 일지는 관찰 내용을 구체적이고 명료한 단어와 문장으로 기록하도록 해야 하며, 관찰한 내용을 문자 언어뿐만 아니라 상황을 묘사하는 간단한 그림, 삽화, 기호, 표시등을 사용하여 관찰 내용을 더욱 정확히 기록하도록 한다. 기호나 표시를 사용할 경우 각 기호와 표시의 의미를 설정하여 사용함으로써, 관찰 이후에도 기록을 내용을 정확히 이해하는 데 도움이 될 수 있도록 한다. 또한 관찰 일지의 관찰 기록은 연구자가 직접 관찰한 장면이나 사실, 전해들은 이야기, 연구자가 직접 보고, 듣고, 느낀 체험을 구분할 수 있는 기호나 표시를 사용하는 것이 필요하다.

문화기술지 연구에서 메모는 관찰 내용의 이해 · 정리 · 분석에 중요한 자료로 사용된다. 메모는 연구자가 관찰 내용을 기록하는 과정에서 떠오르는 관찰 내용에 대한 연구자 개인 의견과 판단, 관찰 과정에 연구자가 느끼는 개인적인 감정, 연구 과정에 발생하는 특이 상황, 관찰 자료의 분석 방법과 연구 결과 해석을 위한 아이디어 등을 기록하여 자료의 분석과 해석에 도움을 줄 수 있도록 한다. 메모에는 연구자 이름, 메모 작성 장소와 기간을 기록하고, 단어, 문장, 단락 등으로 자유롭게 기록하도록 한다.

문화기술지 연구는 연구대상자의 일기나 짧은 글쓰기로 연구 집단의 현상과 상황에 대한 구성원의 반응, 감정, 판단 등에 대해 알 수 있다. 연구 집단 구성원이 현상의 원인 · 과정 · 결과에 대한 주관적인 생각을 기술함으로써 연구자가 관찰한 내용과 집단 내부 구성원이 이해하는 현상의 차이를 알 수 있다. 연구자와 집단 구성원의 대화, 집단 구성원 간의 대화는 관찰 내용과 실재 현상의 차이를 발견하여 연구 내용의 오류를 줄일 수 있다. 관찰 기록 외에 연구문제와 관련된 역사 자료, 지도, 사진, 영상, 통계자료, 설문 조사 결과 등의 문헌 자료 등을 통해 관찰 내용의 사실 여부를 확인하고 추가적인 연구대상에 대한 사실을 조사할 수 있다.

3) 문화기술지 연구의 절차

문화기술지 연구는 연구 가능한 대상을 선정하여 연구문제를 설정하고 연구자가 꾸준하고 면밀한 관찰을 실행하는 것이 중요하다. 문화기술지 연구는 연구하고자 하는 현상이나 특징이 나타나는 개인, 공동체, 사회를 선정한 후 그 안에서 발생하는 여러 현상들을 관찰 할 수 있다. 연구자는 연구대상을 선정한 후에 연구주제와 관련된 연구 문헌들을 조사하여 연구의 목적, 연구의 필요성, 연구문제 등을 설정하도록 한다.

문화기술지 연구의 세부적인 계획은 많은 수정 과정을 거치게 된다. 우선

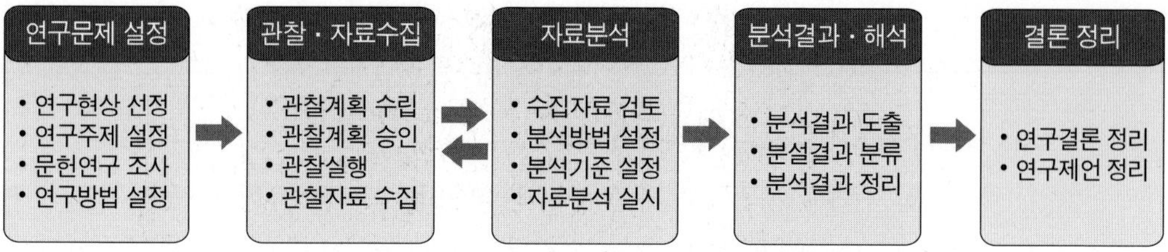

[그림 5-9] 문화기술지 연구의 절차

연구자는 관찰을 시작하기 전에 연구대상자로부터 연구목적, 연구 일정, 관찰 방법, 관찰 기록, 개인 정보 노출 범위 등에 대한 사전 동의를 얻어야 한다. 그러나 동의를 받지 못할 경우 연구대상을 다시 선정하거나 연구 조건을 변경하여 다시 동의를 받아야 한다. 만약 불특정 다수를 대상으로 하는 대규모 사회 관찰연구일 경우 모든 관찰 대상으로부터 동의를 받지 않고 관찰이 실시되는 장소나 지역, 기관, 단체로부터 동의를 얻을 수 있다.

연구대상 선정 후에 연구자는 관찰 방법, 관찰 대상, 관찰 도구, 관찰 시기, 관찰 기록, 관찰 장소 등에 대한 세부 계획을 세우게 되는데, 관찰 계획은 연구의 다양한 내부 · 외부의 변수로 인한 수정 · 변경이 가능하도록 개연성 있는 계획이 되어야 한다. 관찰 기록 및 수집 자료의 종류를 선정할 경우 수집된 자료의 활용 계획을 함께 세우도록 한다. 연구자료 수집에 앞서 연구자는 연구 집단 내 연구자의 위치를 설정하여야 하는데, 집단에 완전히 동기화된 내부자 관찰과 객관적 외부자 관찰 중 입장을 결정해야 한다. 관찰 기간 동안 연구자는 관찰 일지, 메모, 영상 녹화, 음성 녹음, 대화, 면접 등의 자료수집 방법을 선택 · 실행하도록 한다. 관찰 과정에서 자료가 더 필요한 부분은 집중 관찰이나 추가 자료수집을 실시하도록 한다.

자료분석은 수집 자료들의 검토 과정에서 시작된다. 연구자는 수집된 자료들을 살펴보면서 사건이나 현상의 내용을 이해하고 그와 관련 수집 자료들을 분류하도록 한다. 자료들의 초기 검토와 분류 과정을 거치면서 연구자는 자료분석을 위한 초기 코드를 설정한다. 초기 분석 단계 전후로 연구자는 자료의 분석 계획을 세우고 자료들의 반복적 검토와 분류 과정에서 코드와 코드 체계를 완성하고 수집 자료 전체를 대상으로 코딩 작업을 실시하여 분석결과를 도출한다. 연구자는 수집 자료의 전체 분석결과를 정리하고 각 연구주제와 연구문제에 대한 결과를 정리하게 된다. 이에 따라 연구자는 분석 결과를 종합하여 연구 결과로 제시하며, 앞으로 더 연구가 필요한 부분과 발전 방향을 제언으로 나타내게 된다.

문화기술지 연구자는 다음과 같은 사항을 고려해야 한다. 문화기술지 연구에서 연구자는 연구의 주요 변수로 작용될 수 있다. 연구자는 개인적인 선입관을 배제하고 편견 없이 관찰자의 상태를 유지하여 연구하는 것이 가장 중요하다. 그러나 문화기술지는 연구자마다 상황을 바라보고 이해하는 관점과 사전 지식에 따라 연구과정 구성과 자료 해석이 다르게 나타나게 되어, 같은 집단을 관찰하더라도 연구 결과의 차이가 나타난다는 문제점이 있다. 또한, 이미 형성된 집단에 연구자가 집단의 내부자로 동화되는 과정에서 외부자의 개입이 집단이 가지고 있던 특성의 변화 요소로 작용할 수 있다는 문제점이 있다. 문화기술지는 직접 관찰이 가능한 실증적 사실에 우선 근거하기 때문에 관찰이 불가능한 집단의 잠재적 특징이 연구 결과로 드러나기 어렵다는 제한점을 갖는다. 또한 개방적인 연구방법으로 다양한 자료수집 방법의 적용이 가능하여 수집 자료의 분석 방법과 결과 정리가 전적으로 연구자의 연구 능력에 의존하기 때문에 연구의 객관성이 보장이 어렵다는 문제점이 있다.

4) 문화기술지 연구의 예시

음악교육에서 문화기술지는 음악학, 문화인류학, 민속음악학, 음악사회학 분야에 그치고 있어 앞으로 더욱 다양한 음악교육론에 대한 문화기술지 연구가 요구되고 있다. 음악교육연구에서의 문화기술지 연구의 실례로 「원격 음악교습을 위한 새로운 매체」(Puffy & Healey, 2017)의 연구 내용을 제시하고자 한다.

연구문제설정

1. 문제제기와 연구문제 설정:
   1) 일반적인 악기 교습 방법의 문제제기
   2) 문제의 해결을 위한 방안 모색의 필요성
2. 연구주제 설정: 원격 음악교습을 위한 매체 연구
3. 관련 연구 조사

관찰 · 자료수집

1. 연구대상 설정:
   1) 악기 설정: 과정에서 원격 교습에 적합한 목관악기 선택
   2) 학생설정: 영국 런던과 동부에 위치한 두 개 음악 고등학교의 학생
2. 관찰 장면 설정: 5개의 일반 클라리넷 교습, 5개의 원격 오보에 교습
3. 연구 기간: 6개월 간 원격 음악교습과 일반 교습 중 30~60분 토요일 수업
4. 관찰 도구: 관찰, 비디오 문화기술지(video-ethnography), 장면 묘사 그림
   1) 양방향 원격 오보에 교습 장면의 비디오 녹화
   2) 학생과 교사가 함께 하는 일반 클라리넷 교습 장면 비디오 녹화
   3) 학생과 교사의 대화 기록
   4) 학생과 교사의 상호작용 기록
5. 관찰 장소: 영국 음악전속 기관에 위치한 분리된 방
6. 연구 조건: 익숙한 악보를 선정, 영상원격회의(videoconference)를 사용

자료분석

1. 수집 자료 검토: 영상 녹음 자료, 교사-학생 대화 녹음, 장면 묘사
2. 분석 방법 설정: 녹음 내용, 대화 내용, 행동 패턴의 코딩 분석
3. 분석 기준 설정:
   1) 학생과 교사자의 교습 활동 참여 · 기여 유형
   2) 음악적 언어 및 음악에 대한 교환
   3) 교습 공간의 이용과 도구의 이용
   4) 교사와 학생의 상호작용
4. 연수 자료분석의 제한점:
   1) 원격교습 매체 선택 차이
   2) 비용, 공간, 기술, 인터넷 상태 차이
   3) 연구대상 학생들의 음악적 능력 수준 차이

분석결과 해석

1. 교습 활동에 영향을 미치는 요소 파악
   1) 악보
   2) 교습 시간, 교습 계획, 교습 공간
   2) 응시와 공간성 활용
   3) 상호작용 요소와 발전적 교습 기록
2. 분석결과 도출
   1) 언어 작용과 비언어 작용의 역할과 효과
   2) 원격 악기 교습의 고려 요소

결론 정리

1. 결론 정리:
   1) 현재와 미래의 기술, 컴퓨터 발달에 따른 원격음악 교습의 중요성
   2) 디지털 악보 사용의 필요성
   3) 부분적 모니터링의 중요성
   4) 원격 수업 장비와 사용 여건 개선
2. 제언 정리:
   1) 원격 장치와 기술에 적합한 교습 방법 연구 필요
   2) 다양한 온라인, 첨단 매체를 활용하여 교습하는 방안의 고안
   3) 물리적 기술의 지식과 실습이 필요한 다른 분야의 동일한 연구 적용 가능성

[그림 5-10] 문화기술지 연구 예시

6. 기록자료 연구

1) 기록자료 연구의 이해

> **기록자료 연구**
> 연구 관련 문헌조사가 아닌 기록물에 대한 연구를 의미한다

기록자료 연구(documentary research, historical and documentary research)는 과거로부터 현재까지 남겨진 문헌들에 대한 이론적 분석(theoretical analysis) 방법을 통해 기록자료의 특징, 개별성, 관계성, 일반성에 대해 연구하는 방법이다(Cohen, Manion, & Morrison, 2013; Mcculloch, 2004). 기록자료 연구는 역사, 내용, 방법 등과 관련된 다양한 기록물을 수집 · 조사하여 분석을 통한 자료의 실증, 이해, 비판적 분석, 해석, 제안 등을 목적으로 실시되는 연구하는 방법이다. 기록자료 연구의 대상은 음악교육에 관련된 모든 자료들을 포함하여, 음악교육의 실행과 확대를 지원하기 위한 사회현상과 제도에 관련된 자료들을 포함한다.

구체적 기록물을 연구대상으로 하는 기록자료 연구는 조건 설정에 따른 통제적 실험연구가 불가능하며, 연구 주제와 목적에 따라 연구 범위를 설정하여 자료의 수집과 분석이 이루어지는 연구이다. 기록자료 연구는 자료의 실증, 기록의 발생, 기록의 변화 과정 이해, 기록의 상황적 맥락 파악, 자료내용 이해, 표현 형식 분석, 사실 관계 분석, 비교적 · 비판적 해석, 개념적 분

석, 문제해결 대안 제시 등을 연구한다. 연구자의 철학, 이해, 관점, 경험은 기록자료 연구를 위한 자료 종류 선택, 자료 범위 설정, 자료 내용 이해, 분석 기준 설정, 자료분석, 결과 해석 등에 많은 영향을 미치게 된다.

기록자료 연구에서 연구자들은 자료가 만들어진 시대, 사회, 환경이라는 전제 조건의 범위 안에서 자료를 이해하고 내용을 분석하면서, 시대와 상황에 따른 비판의식과 앞으로의 발전 방향을 바라보는 안목을 넓히게 된다. 연구자는 연구 과정에서 음악교육 발생과 발전의 의의, 음악교육의 당위성, 음악교육 역사의 교훈, 음악교육 공동체 의식, 음악교육의 반성, 음악교육가로서의 역할, 음악교육의 문제 인식 등을 하게 된다. 또한 음악교육 내용의 이해력, 판단력, 분석력, 사고력을 바탕으로 자료 내용의 맥락적 해석과 결과 도출의 과정을 경험함으로써 현재 음악교육이 당면하고 있는 문제의 타당한 해결 방안을 모색할 수 있게 된다.

연구자료의 선택은 연구자의 자료 내용 이해 능력, 자료의 접근 가능성, 정보의 객관성, 활용 가능성, 분석 가능성, 정보 공개의 가능성을 고려해야 한다. 기록자료 연구는 자료에 나타나 있는 여러 가지 사실과 정보의 객관성과 신뢰성을 뒷받침할 수 있는 근거 자료, 연계 자료, 결과 자료가 함께 제시되어야 하며, 문헌에서 다루고 있는 내용을 연구한 다른 연구물이나 기록물에 나타나 있는 관점의 해석들을 비교하며 연구가 이루어져야 한다. 이러한 음악교육의 기록자료 연구는 자료의 단어, 문장, 내용, 구조, 맥락 등의 정확하고 정밀한 검토를 실시함으로써 다른 연구방법을 통해 도출할 수 없는 구성 요소들의 의미, 연계성, 영향, 시사점 등에 대한 포괄적인 통찰력과 해석을 제공할 수 있다.

2) 기록자료 연구 유형

기록자료 연구는 자료의 내용과 분류에 따라 다양한 연구 유형이 나타나게 된다. 자료의 분류는 1차 자료와 2차 자료로 구분될 수 있다(정선영, 김한종, 양호환, 이영호, 2017). 1차 자료는 연구하고자 하는 사실, 사건, 현상 등을 반영하고 있는 자료로서 연구의 직접 대상이 되는 자료를 의미한다. 1차 자료는 자료가 담고 있는 내용의 사실성 · 신뢰성 · 타당성에 대한 검증이 우선 실시되며, 자료가 반영하고 있는 내용에 대한 이해와 분석이 적극적으로 실행되는 자료이다. 2차 자료는 1차 자료에 대한 이해 · 설명 · 분석 · 평가를 담고 있는 자료로서 1차 자료의 내용을 간접적으로 반영하고 있는 자료이다. 2차 자료는 1차 자료의 상황적 · 맥락적 이해를 돕기 위한 자료로서 1차 자료 내용 이해와 분석을 위한 간접적 자료로 수집되어 분석되는 자료이다.

또한 자료는 음악교육의 종류와 특성에 따라 언어 자료와 비언어 자료로 분류될 수 있다. 언어 자료는 연구의 대상이 되는 사실, 사건, 현상 등을 문자로 기록한 문서 자료들을 의미하며, 비언어 자료는 문자가 아닌 다른 기록 수단을 사용하여 연구대상을 기록한 자료들을 의미한다. 언어 자료와 비언어 자료는 연구주제에 따라 각각 1차 자료와 2차 자료로 수집될 수 있으며, 자료의 유형에 따른 분류는 〈표 5-6〉과 같다.

표 5-6 음악교육 기록자료 연구 자료 유형 분류

자료유형		음악교육 기록자료 연구 자료의 예
1차 자료	언어자료	• 교육법, 시행령, 교육정책, 교육예산, 공문서 • 음악교육과정, 음악 교과서 • 교육계획서, 교수-학습 지도안, 평가계획, 평가지, 평가결과 • 시대별 연표, 역사서, 자서전, 일기, 편지
	비언어자료	• 교수-학습 자료 • 연주, 악보, 음반, 작품집 • 문화재, 사진, 지도, 음성 녹음, 동영상 • 통계자료, 데이터
2차 자료	언어자료	• 연구논문 • 비평, 해석, 논평 • 신문보도, 위인전, 문학, 기타 서적
	비언어자료	• 영화, 만화, 그림, 조각, 음반, 사진, 동영상

기록자료 연구의 자료는 연구의 주제와 자료의 내용에 따라 1차 자료와 2차 자료로 중복되어 사용 가능한 유형들이 있다. 예를 들어, 음반과 사진

은 연구하고자 하는 연주 현황의 기록과 악기를 고증하기 위한 1차적 자료로서의 중요성을 갖는다. 그러나 연구의 주제에 따라 연구대상의 이해를 돕기 위한 시대적 · 사회적 · 상황적 정보를 반영하고 있는 보조 자료로 음반과 사진이 사용기도 한다. 따라서 연구주제를 설정하고 그에 따른 자료의 범위, 기준, 유형을 분류 · 선택할 수 있는 연구자의 명확한 판단 능력이 요구된다.

음악교육 기록자료 연구의 유형은 연구주제, 연구문제, 연구 자료, 연구 내용의 선택에 따라 다양하게 실행된다. 같은 자료를 선택하더라도 연구자의 연구문제, 기초지식, 사전 연구 관점, 경험에 따라 연구의 내용과 유형이 다르게 나타나게 된다. 음악교육 기록자료 연구에서 다루어질 수 있는 기록자료 연구 내용 분류는 〈표 5-7〉과 같다.

표 5-7 음악교육 기록자료 연구 내용 분류의 예

분류	음악교육 기록자료 연구 내용의 예
시기 변화	• 시기별 · 시대별 내용 • 시기별 변천 · 발전과정 내용
위치 변화	• 국가 · 민족 · 지리적 위치에 따른 내용
생활 양식	• 언어 · 문화 · 사회 · 표현 양식에 따른 내용
상황 변화	• 정치 · 경제 · 사건에 따른 내용 • 사회변화 · 사회운동 · 문화예술운동과 관련된 내용
참여 인물	• 연주가, 작곡가, 감상자, 예술가, 음악 관련 전문가 • 교사, 학생, 학부모 • 유아, 아동 · 청소년, 성인, 노인, 장애인, 다문화 • 행정가 · 관리자, 공동체, 후원가
기관 형태	• 학교, 교육기관, 교육행정처, 음악단체, 음악 관련 기관
음악 활동	• 가창, 기악, 창작, 감상, 이해, 생활화 • 통합 · 융합 활동
음악 장르	• 전통음악, 퓨전음악, 전자음악, 대중음악, 창작음악 • 가창곡, 기악곡, 창작곡, 편곡
음악 교육	• 음악교육학, 음악교육 관련 학문 • 음악교육연구논문 • 교수-학습교재

내용제시	• 문장 구성, 지면 활용 • 디자인, 색상, 삽화, 글씨 • 악보, 내용 예시 선택

기록자료 연구는 추상적이고 이상적인 음악교육의 형식과 내용을 구체화한 객관적 연구이다. 음악교육에서 실시되는 기록자료 연구 가운데 가장 많이 실행되고 있는 음악교육과정 연구, 음악 교과서 연구, 음악교재 연구 등의 연구 유형을 살펴보면 다음과 같다.

음악교육과정 연구는 학교 음악교과 교육과정과 음악 전문 교습 활동을 위한 교육과정 연구로 나누어진다. 우리나라 음악교육과정의 발전 과정, 음악교육과정의 내용 분석, 음악교육과정 내용의 연계성 분석, 활동 영역별 음악교육과정 내용 분석, 학교급별 음악교육과정의 연계성 분석, 음악교육과정의 문제점 분석, 음악 활동 교습-학습, 교육과정 연구, 음악교육과정의 개선 방안 제시, 시대적 주요 교육 흐름과 음악교육과정, 다른 나라의 음악교육과정 등에 대한 연구가 이루어지고 있다.

음악 교과서 연구는 우리나라 학교 교육에서 사용되고 있는 교과서에 대한 분석 등을 의미한다. 음악교육과정과 음악 교과서 연계성 연구, 음악 교과서의 발전 과정, 음악 교과서의 구조와 구성 분석, 활동 영역별 음악 교과서 내용 분석, 음악 교과서의 음악 내용 분석, 학교급별 음악 교과서의 연계성 분석, 음악 교과서의 문제점 분석, 음악 교과서의 개선 방안 제시, 다른 나라의 음악 교과서 비교 분석, 음악 교과서의 발전 방향 연구 등이 이루어지고 있다.

음악교재 연구는 학교에서 사용하는 음악 교과서 외의 교재 또는 음악 교수-학습 활동에서 사용하고 있는 음악교본 연구를 말한다. 음악교재의 종류와 내용 분석, 음악교재의 형태 분류, 음악교재의 활용 방법 연구, 악기 교습교본 내용 개발 등이 있다.

3) 기록자료 연구 연구절차

기록자료 연구는 음악교육과 관련된 음악, 교육, 행정 등의 기록 자료들을 수집하여 음악교육의 역사적 · 실증적 · 진행적 사실들을 검증과 분석을 통하

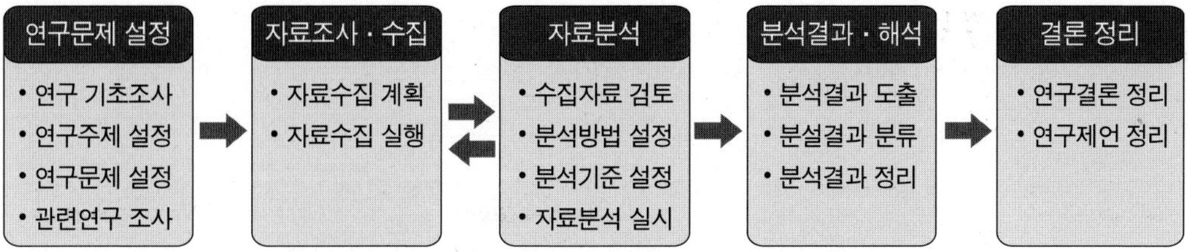

[그림 5-11] 음악교육 기록자료 연구의 절차 예시

여 음악교육의 과거, 현재, 미래에 대한 이해와 발전 방향을 제시하는 연구이다. 이러한 기록자료 연구의 연구자는 자료를 객관적으로 조사, 수집, 이해, 분석할 수 있는 연구 계획 및 수행 능력과 자료의 조사와 분석결과를 객관적으로 해석할 수 있는 음악교육 철학, 이해, 경험을 소유하고 있어야 한다.

기록자료 연구의 시작은 연구자의 음악교육 관심 분야에 대한 기초조사

표 5-8 중학교 음악 교과서 가창 활동 분석을 위한 자료 분류표 예시

분류 1			분류 2	분류 3	분류 4	분류 5
자료 유형			학교급	출판사	저자명	발행일
1차 자료	언어 자료	음악 교과서	중학교	교**	***	2017. *. *.
				동***	***	
	비언어 자료	교과서 제재곡 음원	분류 2	분류 3	분류 4	분류 5
			제재곡	음원 형태	가창자	음원 길이
			겨울 나그네	CD	***	*분
분류 1			분류 2	분류 3	분류 4	분류 5
자료 유형			저자명	발행년도	제목	발행지
2차 자료	언어 자료	연구 논문	김**	2017	중학교 가창 활동의 ****	음악교육**
			박**	2015	교과서 가창 내용의 ***	예술교육**
	비언어 자료	동영상	분류 2	분류 3	분류 4	분류 5
			주제	출처	영상 특징	영상 길이
			가창자세	yout*	남학생 독창	*분

(pilot study)에서 시작한다. 연구자는 기초조사 과정에서 관심 분야와 관련된 연구, 관련 자료, 전문가의 의견을 살펴보면서 연구대상, 연구주제, 연구 범위에 따른 연구 가능성 여부를 결정하게 된다. 연구의 가능성 여부가 불확실한 경우, 연구자는 기초조사 과정에서 연구대상과 연구 범위를 수정하여 연구 가능한 연구주제를 설정하게 된다. 연구 실시 여부가 결정되면 연구자는 기초조사 결과를 바탕으로 연구 제목, 연구대상, 연구문제를 구체적으로 설정하게 된다. 연구문제는 연구대상이 되는 문헌의 유형과 내용 분석을 통해 자료의 발견이 가능한 범위 내에서 설정하도록 한다.

자료의 수집은 기초조사를 기반으로 연구문제를 해결하기 위한 자료의 유형과 내용을 설정하도록 한다. 1차 자료와 2차 자료, 언어 자료와 비언어 자료의 유형과 종류를 선정하여 자료수집을 하면서 각 자료에서 중점적으로 조사해야 할 내용들을 설정하도록 한다. 수집된 자료들은 종류, 목적, 제작자, 제작년도, 제작기관, 출판사, 사용 언어, 내용 범위, 내용 구조, 기술 형태를 고려하여 수집과 동시에 초기 자료 분류 목록을 만들도록 한다. 수집하는 과정에서 연구자는 자료 정보의 공개 가능성, 자료 정보의 저작권, 자료의 활용 가능성, 자료 정보의 신뢰성, 자료 정보의 정확성, 자료 정보의 연계 분야 등을 고려하여 수집하도록 한다.

자료분석은 자료수집 과정에 작성한 초기 자료 분류 목록을 참고하여 수집 자료들의 내용을 면밀히 살펴본 후, 자료의 형태에 따른 정식 자료 분류 목록을 완성하도록 한다. 자료의 분석은 연구문제에서 추출한 자료분석의 기준을 중심으로 하는 분석 기준에 따라 실시하게 되는데, 각 분석 기준의 분류와 내용을 함께 설정하여 자료 분석과정의 신뢰성과 타당성을 높이도록 한다. 설정된 분석 기준에 따라 연구자는 자료의 단어, 문장, 문단, 구조, 구성, 전체 내용 등을 반복적으로 집중하여 읽고, 자료의 구성 · 구조 · 내용을 요약하여, 연구와 관련된 내용 부분을 유출하거나 분류하여 정리하도록 한다.

자료분석 결과의 해석은 자료분석 기준에 따라 자료를 이해 · 분류 · 분석하는 과정에서 작성된 분석결과를 이용하여 실행하게 된다. 분석 과정에서 작성된 결과의 분류를 면밀히 살펴 각 연구문제의 내용에 해당하는 결과를 재분류하고, 이를 통해 연구자가 발견한 사실, 현황, 내용들을 정리하여 서술하도록 한다.

표 5-9 문헌자료분석 기준 설정과 분석 정리 예시

생활화 활동 내용 분류			음악 교과서 생활화 영역 활동 내용
대분류	중분류	소분류	
음악의 쓰임과 이용	음악의 쓰임 알기	생활에서 음악의 쓰임과 중요성 탐구하기	일상생활에서 음악의 다양한 쓰임을 찾아보고 음악의 이용과 중요성 이해하기: 춤곡, 축제음악, 만화음악, 광고음악, 영화음악, 놀이음악, 음악회, 음악극, 운동경기음악, 행사음악 등
	음악 이용하기	음악을 표현하는 바른 태도 갖기	다른 사람들 앞에서 노래, 악기 연주의 바른 자세를 알고 표현하기
		음악을 감상하는 바른 태도 갖기	다른 사람의 노래, 악기 연주를 감상하는 바른 자세를 알고 표현하기: 공연장 예절
		생활에서 다양하게 음악을 이용하기	음악을 생활 및 학습 활동에 다양하게 이용해 보기
		음악을 이용하기 위한 매체 알고 사용하기	음악의 표현과 감상을 위한 다양한 미디어 매체의 종류를 알고 사용하기: 인터넷, 매스미디어, 녹음기, 텔레비전 등
		음악과 음악 매체 이용의 바른 태도 갖기	음악의 표현과 감상을 위한 다양한 미디어 매체의 바른 이용법과 자세를 알고 사용하기: 저작권, 음원 이용 등
		음악과 관련된 다양한 직업 알기	음악과 관련된 다양한 직업과 하는 일 알아보기: 작곡가, 연주가, 공연 기획자, 프로듀서 등

출처: 임은정(2015, p. 173)에서 재구성.

분석결과에 대한 해석을 바탕으로 연구자는 연구문제에 대한 결론을 정리하도록 한다. 결론의 정리는 연구문제, 연구과정, 자료분석, 분석결과, 결과해석의 과정에서 실시된 연구내용을 포함할 수 있도록 작성하게 된다. 연구자는 연구와 관련하여 앞으로 더 연구되어야 할 부분, 연구의 더 나은 발전을 위해 고려해야 할 부분, 다른 분야 및 영역에서 연구하고자 하는 부분, 연구의 결과가 앞으로의 음악교육연구에 미치는 영향에 대해서 서술하도록 한다.

기록자료 연구를 계획하고 실행하기 위한 연구자의 고려 사항은 다음과 같다. 기록자료 연구의 연구자는 연구에 사용되는 자료의 신뢰성과 내용의 정확성에 대한 확인을 하여야 한다. 그러나 신뢰성과 정확성을 확보한 자료라 하더라도 자료는 그 시대의 정치, 사회, 문화, 연구자, 편집자, 기록자의 관점에 따른 내용과 기록에 반영된 편견을 절대적으로 배제할 수 없다는 문제점이 있다. 또한 자료를 해석하는 연구자의 경험, 철학, 이해, 관점이 자료를 수집-조사-편집-분석-해석하는 모든 단계에 영향을 미치기 때문에 이미 완성된 연구 결과라 하더라도 절대적 객관성이 보장될 수 없다는 사실을 인지해야 한다. 따라서 음악교육 기록자료 연구는 시대적 · 사회적 · 정치적 · 상황적 맥락에서 자료의 논리적이고 타당한 해석을 위한 연구자의 객관적 태도와 계속적인 연구 노력이 뒷받침되어야 할 것이다.

4) 기록자료 연구 예시

음악교육 분야에서의 기록자료 연구의 실례로 「한국, 중국, 일본의 중학교 음악 교과서 비교 연구」(현경실, 2017)의 연구 내용을 제시하고자 한다. 앞서 살펴본 연구절차에 따라 이 연구의 주요 내용을 제시하면 [그림 5-12]와 같다.

연구문제 설정

1. 연구주제: 한국, 중국, 일본의 중학교 음악교과서 비교
2. 연구의 필요성과 목적:
   1) 다문화 사회에서 각국 문화 이해 필요
   2) 각국의 음악문화, 음악교육문화 이해 필요
   2) 각국의 음악문화 이해를 통한 배려와 소통 필요
3. 연구문제와 연구 범위 설정:
   1) 중국, 일본 중학교 교과서의 외형 및 구성의 특징
   2) 중국, 일본 중학교 교과서의 가창, 창작 영역 내용의 특징
   3) 한국, 중국, 일본 중학교 교과서의 특징 비교
4. 관련 연구조사(이론적 배경):
   1) 한국, 중국, 일본의 음악 교육과정
   2) 한국, 중국, 일본의 음악 교과서 제도

↓

자료조사 · 수집

1. 자료수집 계획과 수집
   1) 중국과 일본 중학교 음악 교과서 수집
   2) 중국과 일본 중학교 음악 교과서 전체를 한국어로 번역

↓

자료분석 · 결과해석

1. 중국, 일본 중학교 음악 교과서의 외형적 특징
2. 중국, 일본 중학교 음악 교과서의 목차, 단원 구성 특징
3. 중국, 일본 중학교 음악 교과서의 지면 구성의 특징
4. 중국, 일본 중학교 음악 교과서의 활동 영역별 구성 비율
5. 중국, 일본 중학교 교과서의 가창 영역의 제재곡, 활동 내용 구성 비율
6. 중국, 일본 중학교 교과서의 창작 영역의 활동 내용 구성
7. 한국, 중국, 일본 중학교 교과서의 활동 영역별 구성 비율 비교
8. 한국, 중국, 일본 중학교 교과서의 가창, 창작 영역 내용의 비교

↓

결론 · 제언

1. 결론: 한국, 중국, 일본 교과서 비교
   1) 한국, 중국, 일본의 중학교 음악과 수업 선택의 차이
   2) 한국, 중국, 일본 교과서 외관 · 권수 구성 · 사용 방법의 차이
   3) 한국, 중국, 일본 교과서 내용 구성 · 편성의 특징
2. 제언: 우리나라 중학교 음악 교과서의 발전 방향
   1) 음악 교과서의 구성 쪽수의 증가 필요
   2) 음악 교과서의 분권 형태의 구성 필요
   3) 음악 이론의 구성의 감소 필요, 감상과 기악 영역의 구성 증가 필요
   4) 가창 영역의 자국 작곡가들의 곡, 전통 곡 편성의 증가 필요
   5) 다양한 나라의 음악 교과서 비교 연구의 필요

[그림 5-12] 기록자료 연구 예시

참고문헌

고명한(2011). 음악치료사의 정체성에 관한 현상학적 연구. 한국음악치료학회지, 13(1), 17-44.

김미숙, 현경실, 민경훈, 장근주, 김영미, 조성기, 김지현, 조대현, 송주현, 박지현, 최윤경, 김지현(2015). 음악과 교재 연구. 서울: 학지사.

김영천(2013). 질적 연구방법론 II. 경기: 아카데미프레스.

박상울, 김사훈(2011). 근거이론의 발견. 서울: 학지사.

박성희(2004). 질적 연구방법의 이해. 서울: 원미사.

박휴용(2014). 질적 연구방법론. 전북대학교 출판문화원.

배장오(2011). 교육학 교과 교재연구 및 지도법. 경기: 서현사.

성태제(2016). 교육연구방법의 이해(제4판). 서울: 학지사.

이희경(2011). 한국 현대음악의 현장에 관한 사례연구 - 서울시향 "인은숙의 아르스노바" 시리즈를 중심으로. 음악학, 제21권, 73-104.

임은정(2015). 초등학교 음악 교과서의 생활화 영역 분석 연구. 음악교수법연구, 16, 159-182.

정선영, 김한종, 양호환, 이영호(2017). 역사교육의 이해. 서울: 삼지원.

조영달(2015). 질적 연구방법론: 학교와 수업연구의 새 지평. 서울: 드림피그(주).

최윤경(2008). 내러티브에 기반한 음악과 교육과정 개발. 경북대학교 대학원 박사학위논문.

최윤경(2009). 초등학교 음악교생 지도교사의 경험에 대한 내러티브 탐구- 초등 음악교사 양성 프로그램의 개선에 주는 시사. 교육과학연구, 40(1), 35-65.

최은식, 권덕원, 문경숙, 석문주, 승윤희, 정재은, 정진원, 오지향, 최미영(2014). 음악교육연구방법. 서울: 교육과학사.

현경실(2017). 한국, 중국, 일본의 중학교 음악 교과서 비교 연구. 예술교육연구, 15(1). 79-97.

Abeles, H. A. & Conway, C. (2010). *The inquiring music teacher*. In H. A.

Abeles, H. A. & L. A. Custadero. (2010). *Critical Issues in Music Education*. New York: Oxford University Press.

Birks, M., & Mills, J. (2015). 근거이론의 실천. 공은숙, 이정덕 공역. 서울: 정담미디어.

Bland, L. D. (1977). The College Music Theory Curriculum. *College Music Symposium, 17*(2), 167-174.

Bloom, K. (1975). Introduction. In R. Stake(Ed.), *Evaluating the Arts in Education: A Responsive Approach. Columbus,* OH: Charles E. Merrill

Publishing Co. 3-12.

Bresler, L., & Stake, R. (1992). Qualitative research methodology in Music Education. In R. Colwell (Ed.), *Handbook of Research in Music Education*(pp. 75-90), NY: Schirmer Books.

Campbell, M. (1999). Learning to Teach Music: A Collaborative Ethnography. *Bulletin of the Council for Research in Music Education*, 139, 12-36.

Charmaz, K. (2016). 근거이론의 구성. 박현선, 이상균, 이채원 역. 서울: 학지사.

Clandinin, D. J., & Connelly, F. M. (2000). *Narrative inquiry: Experience and story in qualitative research*. San Francisco: Jossey-Bass.

Cohen, L., Manion, L., & Morrison, K. (2013). *Research Methods in Education* (7th ed.). New York: Routledge.

Creswell, J. W. (2005). 질적 연구방법론. 조흥식, 정선욱, 김진숙, 권지성 공역. 서울: 학지사.

Creswell, J. W. (2013). *Qualitative inquiry and research design: Choosing among five approaches* (3rd ed.). SAGE Publications, Inc.

Czarniawska, B. (2004). *Narratives in social science research*. London: Sage.

Duffy, S., & Healey, P. (2017). A new medium for remote music tuition. *Journal of Music, Technology & Education, 10*(1), 5-29.

Eisner, E., & Peshkin, A. (1990). *Qualitative Inquiry in Education*. New York: Teachers College Press.

Eisner, E. (1991). *The Enlightened Eye: Qualitative Inquiry and the Enhancement of Educational Practice*. New York: Macmillan.

Ely, M. et al. (1991). *Doing Qualitative Research: Circles within Circles*. New York: Falmer.

Flick, U. (2007). *Designing Qualitative Research*. London: Sage.

Gilgun, J. F. (2005). The four cornerstones of evidence-based practice in social work. *Research on Social Work Practice, 15*(1), 52-61.

Giorgi, A. (2009). *A descriptive phenomenological method in psychology: A modified Husserlian approach*. Pittsburge, PA: Duquesne Univ. Press.

Glaser, B. G., & Strauss, A. L. (1967). *The discovery of grounded theory*. Chicago: Aldine.

Glaser, B. G., & Strauss, A. L. (2015). 근거 이론의 발견: 질적 연구 전략. 이병식, 박상욱, 김사훈 공역. 서울: 학지사.

Goetz, J., & LeCompte, M. (1984). *Ethnography and Qualitative Design in Educational Research*. Orlando, FL: Academic Press.

Hatch, J. A. (2002). *Doing qualitative research in education settings*. New York:

The State Univ. of New York Press.

Holliday, A. (2002). *Doing and writing qualitative research*. London: Sage.

Hood, J. C. (1983). *Becoming a two-job family*. Praeger Publishers.

Kim, Y. H. (1997). Comprehensive Musicianship Today: A Case Study of San Diego State University. Unpublished doctoral dissertation. Teachers College, Columbia University.

LeCompte, M., & Goetz, J. (1982). Problems of reliability and validity in ethnographic research. *Review of Educational Research,* 51, 31-60.

LeCompte, M. & Preissle, (1994). *Ethnography and Qualitative Design in Educational Research* (2nd ed.). San Diego, CA: Academic Press.

Lincoln, Y. S., & Guba E. G. (1985). *Naturalistic Inquiry.* Beverly Hills, CA: Sage Publications.

Mason, J. (1999). 질적 연구방법론. 김두섭 역. 서울: 나남출판.

Mcculloch, G. (2004). *Documentary Research: In Education, History and the Social Sciences*. New York: Routledge.

Miles, M. B., & Huberman, A. M. (1994). *Qualitative Data Analysis* (2nd ed.). London: Sage.

Moustakas, C. (1994). *Phenomenological research methods*. Thousand Oaks, CA: Sage.

Parker, E. (2014). The process of social identity development in adolescent high school choral singers: a grounded theory. *Journal of research in music education*, 62(1), 18-32.

Patton, M. Q. (2002). *Qualitative Research and Evaluation Methods* (3rd ed.). Thousand Oaks, CA: Sage Publications.

Phelps, R. P. et al. (2005). *A Guide to Research in Music Education* (5th ed.). Lanham, ML: The Rowman and Littlefied Publishing Co.

Polkinghorne, D. E. (1989). Phenomenological research methods. In R. S. Valle & S. Halling (Eds.), *Existential-phenomenological perspectives in psychology* (pp. 41-60). New York: Plenum.

Riessman, C. K. (2008). *Narrative methods for the human science*. Los Angeles, CA: Sage.

Rist, R. (1980). Blizkrieg ethnography: On the transformation of a method into a movement. *Educational Researcher*, *9*(2), 8-10.

Silliman, A. C. (1980). Comprehensive musicianship: some cautionary words. *College Music Symposium, 20*(2), 125-129.

Silverman, M. (2013). A critical ethnography of democratic music listening. *British*

Journal of Music Education, 30(1), 7-25.

Stake, R. (1975). *Evaluating the Arts in Education: A Responsive Approach.* Columbus, OH: Charles E. Merrill Publishing Co.

Stake, R. (2005). *The art of case study research.* Thousand Oaks, CA: Sage.

Steinback, S. (2002). 질적 연구의 이해와 실천. 김병하 역. 경기: 한국학술정보.

Strauss, A., & Corbin, J. (1990). *Basics of qualitative research: grounded theory procedures and techniques.* Newbury Park, CA: Sage.

van Manen, M. (1990). *Researching lived experience: Human science for an action sensitive pedagogy.* Albany, NY: State University of New York Press.

Walcott, H. F. On seeking-or rejecting-validity in qualitative research. In E.

Willoughby, D. P. (1970). Institutes for Music in Contemporary Education: Their Implications for the Improvement of Undergraduate Music Curricula. Unpublished doctoral dissertation. Eastman School of Music of the University of Rochester.

Yin, R. K. (2009). *Case study research: Design and method* (4th ed.). Thousand Oaks, CA: Sage.

정리하기

음악 현장의 풍부함이 통계나 수치에 의해서 충분히 나타날 수 있을까요? 제가 학교 현장에서 1년간 경험한 모습을 생생하게 보고하고 싶어요.	그렇다면 질적 연구방법을 선택하세요. 질적 연구가 무엇인가요?	질적 연구는 특정한 인물이나 현장이나 교육과정을 경험하는 연구자와 참여자의 경험을 풍부하게 담을 수 있는 연구죠.
질적 연구는 어떻게 시작하지요? 일단 자신이 관심을 가지는 인물이나 현장, 교육과정을 선정하는 것에서부터 시작하세요. 관찰과 면담, 설문 조사를 하고 기록물을 수집하여 분석하세요.	질적 연구는 양적 연구와는 달리 분석의 관점을 미리 정하지 않는답니다. 질적 연구의 결과는 원 자료를 훑어보고 분류하는 과정에서 귀납적으로 도출되지요. 또한 자료수집과 분석과정이 엄밀히 분리되지 않는 것도 특징이지요.	개인의 주관성이 반영되는 연구가 타당한 연구인지 어떻게 알 수 있지요? 우선 연구자의 양심과 기술이 가장 중요하겠지요. 그 밖에 표본 선정, 연구자의 입장 등 여러 상황에 대한 충분한 서술과 삼각검증법, 동료검토, 동료심문 등의 여러 방법에 의해 연구의 신빙성이 보장될 수 있답니다.

내용요약

1. 내러티브 연구(narrative research)는 이야기적 성격을 띠는 것으로, 단일 혹은 소수 개인의 상세한 이야기나 살아온 경험을 탐색하여 의미를 부여하고 이해하기 위한 연구방법이다.

2. 현상학적 연구(phenomenological research)는 어떤 현상에 초점을 두고 이 현상에 대한 여러 개인들의 생생한 경험 및 체험을 탐색하여 그 현상의 공통적 및 보편적 본질을 이해하기 위한 연구방법이다.

3. 사례연구(case study research)는 경계를 가진 체계 내에 있는 하나 이상의 특정 사례를 선택하여 상세히 기술 및 분석함으로써 심층적으로 이해하기 위한 연구방법이다.

4. 근거이론 연구(grounded theory)는 동일한 현상을 반영하는 사례들의 지속적 연구를 통해 이론을 발전시키는 연구방법이다.

5. 문화기술지 연구(ethnography)는 집단의 현상을 관찰하여 현상의 상황적 인과관계를 이해하기 위한 입체적 연구방법이다.

6. 기록자료 연구(documentary research)는 기록자료의 수집 · 조사 · 분석 · 해석을 통해 음악교육의 과거 · 현재에 대한 이해와 미래의 발전 방향을 모색하는 연구방법이다.

연구문제

1. 내러티브 연구방법을 적용할 수 있는 음악교육연구주제를 내러티브 연구 유형별로 각각 제시해 보시오.

2. 현상학적 연구를 수행할 때 특별히 주의하거나 고려하여야 할 사항이 무엇인지 설명해 보시오.

3. 사례연구 방법에 해당하는 연구물을 찾고, 그 연구물 사례연구의 어떤 유형이나 자료수집 및 분석 방법을 적용한 것인지, 부족한 부분은 무엇인지 등에 대하여 설명해 보시오.

4. 근거이론 연구방법을 음악교육연구에 적용하였을 때 예상되는 장점을 설명해 보시오.

5. 문화기술지 연구방법을 적용할 수 있는 음악교육연구주제 세네 가지를 나열해 보시오.

6. 기록자료 연구의 연구주제를 정하고, 그에 따른 1차 자료와 2차 자료를 설정해 보시오.

제 3 부

음악교육연구의 실천-양적 연구

6장
음악교육에서 양적 연구

조대현, 양종모

1. 양적 연구의 특징

『청소년을 위한 사회학 에세이』(2011)의 저자 구정화 교수는 자신의 저서를 통해 연구의 과정과 방법에 대해 다음과 같이 설명하고 있다. 다음에서 밑줄 친 부분은 이 장에서 다루고자 하는 주요 내용이다.

양적 연구

경험적 자료를 수집하고 계량화하여 사회 · 문화 현상을 통계적으로 분석하는 연구방법으로 사회 · 문화 현상의 일반적인 법칙을 발견하거나 설명하는 데 사용된다.

TV가 바보상자라고 불리는 이유는 그것을 보는 사람들을 생각 없는 바보처럼 만들기 때문이다. 사람들이 TV가 만들어 내는 언어나 생각 그리고 행동을 따라하면서 유행어도 생기고, TV 맛집에 나오게 되면 그 다음날 줄을 서서 먹으려는 사람들이 많아진다. 그런데 TV에서 다루는 내용, TV를 보는 사람들의 행동에 대해 그냥 지나치지 않고 질문을 던지는 학자들도 있다. "TV의 폭력물은 아이들에게 폭력성을 키워 주지 않을까?"라는 질문을 하거나 "TV로 만나는 아이돌은 학생들의 삶에 어떤 의미를 던질까?"라는 질문을 하는 학자들도 있다.

이러한 생각은 TV를 시청하는 현상에 매몰되지 않고 그 현상에 대하여 한 번 더 되짚어 보는 성찰적인 태도에서 나오는 질문이다. 연구자는 이렇게 자신이 살아가는 사회현상에 대하여 그대로 수용하지 않고 성찰하여 연구를 시작한다. 그리고 자신이 가진 질문에 대한 답을 찾기 위하여 움직이기 시작한다. 연구를 시작하게 되면 연구자는 사회현상에 대하여 가지고 있던 느슨한 질문을 연구를 위한 매우 구체적인 질문으로 바꾸게 된다. 예를 들어, "TV의 폭력물은 아이들에게 폭력성을 키워 주지 않을까?"라는 질문은 "TV에서 폭력물을 많이 보는 아이들이 그렇지 않은 아이들에 비해 폭력성이 더 많이 나타나지 않을까?"라는 질문으로 구체화된다. 이런 구체화된 질문은 연구자 스스로 만들기도 하지만 기존의 연구자들이 이미 행한 연구 결과물인 문헌 등을 살펴보면서도 이루어진다.

연구자가 구체적인 질문을 갖게 되면 그것에 대한 답을 찾기 위해 연구를 실시한다. 이때 연구자는 자신이 가진 연구 질문의 특성에 따라 양적 연구를 하기도 하고, 질적 연구를 하기도 한다. 연구 질문에 답을 찾기 위해 자료를 수집하고 자료를 분석하기 위해 연구설계를 하고, 연구설계에 따라 자료를 수집한 후 자료를 분석하여 연구 결과를 얻게 된다. 그리고 연구를 통해서 얻은 연구자의 해답인 연구 결과는 다시 다른 연구자의 연구에 자극을 주거나 연구 질문을 구체화하거나 연구설계를 하는 데 도움을 주면서 순환된다.

이러한 과정을 통해 전개된 다양한 연구 가운데, '사건 또는 현상 간의 인과적인 법칙'을 찾고자 목표하는 연구를 '양적 연구(quantitative research)'라고 하며, 이는 '현상에 담긴 의미를 파악하려는 질적 연구'와는 대비되는 내용적 차이를 갖고 있다.

프랑스의 실증주의 철학자이자 사회학의 창시자라 불리는 콩트(Auguste Comte, 1798~1857)는 산업혁명 이후 직면한 다양한 사회 문제, 즉 기술문명의 발전에도 불구하고 오히려 인간 삶의 복지가 후퇴하는 모습을 보며, 사회현상도 자연현상처럼 특정한 법칙을 발견할 수 있다면 미래에 발생할 수 있는 사회 문제의 예측과 함께 그 해결 또한 가능하리라는 생각을 하게 된다. 이러한 생각은 기본적으로 사회적 현상을 연구하는 과정이 자연 현상을 연구하는 과정과 동일하다는 전제를 갖고 있다. 학자들은 이러한 생각을 '방법론적 일원론'이라고 말하는데, 이는 가설을 세우고 수집한 자료를 통해 가설을 검증하는 자연과학의 연구방법인 실증주의적 방법을 차용한 것이며, 또한 실증주의 연구과정에서 자료를 분석할 때 계량화된 수를 사용하기 때문에 '양적 연구방법'이라고 일컫는다.

양적 연구방법론자들은 특정 현상이 경험적으로 증명될 때야 비로소 실재가 된다고 주장한다. 여기서 말하는 경험적 증명은 실제로 관찰이나 실험을 통해서 얻은 자료를 계량화하여 특정 현상이 갖고 있는 일반성을 밝혀내는 것을 의미한다. 이를 위해 양적 연구방법에서는 먼저, ① 연구자가 정한 구체적인 질문에 대한 잠정적인 답, 즉 '가설(假說)'을 설정하고, ② 설정한 가설을 증명하기 위해 연구의 대상이 되는 현상을 관찰이나 실험 가능한 것으로 전환하는 '조작적 정의'가 필요하다.

예를 들어, 구정화 교수의 저서에서 인용한 "TV의 폭력물을 많이 보는 아이들은 폭력 성향이 더 많이 나타날 것이다."라는 가설을 경험적으로 증명하기 위해서는 '폭력물을 많이 보는 것'과 '폭력 성향이 더 많다는 것'이 구체적으로 무엇인지를 관찰이나 실험 가능한 것, 즉 계량화할 수 있는 것으로 만드는 조작적 정의가 필요하다(〈표 6-1〉 참조).

표 6-1 조작적 정의의 예

연구문제		가설		조작적 정의		
TV의 폭력물은 아이들에게 폭력성을 키워 주지 않을까?	⇨	TV의 폭력물을 많이 보는 아이들에게서 폭력성향이 더 많이 나타날 것이다	⇨	① 폭력물을 많이 보는 경우	⇨	지난 한 달 동안 폭력 행위가 나오는 드라마를 시청한 횟수
				② 폭력 성향이 많은 경우		폭력 성향 검사지의 조사 결과에서 점수가 평균보다 높게 나타나는 것

다음으로, ③ 실제에서 수집할 수 있는 경험적 자료를 구하기 위한 연구설계를 한다. 이 과정에서 자료의 수집 대상, 방법, 기간 및 내용 등이 결정된다. 그리고 실제로 연구설계에 따라 자료를 수집하고, 수집된 자료를 통계적으로 분석한 후, ④ 분석결과가 가설과 일치하는지를 살펴본다. 연구 결과가 가설과 일치하면 가설은 채택되고, 일치하지 않는 경우의 가설은 기각된다.

질적 연구방법과 비교하였을 때 양적 연구방법이 보이는 가장 큰 차이점은 연구대상에 대한 수집된 연구자료의 '계량화'라고 할 수 있다. 즉, 연구대상이 물리적이지 않다고 해도 그 내용을 앞서 언급한 과정을 통해 계량화하고, 이를 통해 특정한 법칙을 밝히거나 찾을 수 있다면, 이는 양적 연구방법에 따른 연구가 된다. 이러한 양적 연구방법은 가설에 의한 연역적 추론과정이 주를 이루고, 따라서 구체적인 이론적 배경이 제시되며, 연구설계 및 변수가 실제 연구를 수행하기 전에 확정됨으로써, 가변성, 융통성이 적고, 또한 규모가 큰 표본에서 데이터가 도출되기 때문에 그 결과를 일반화하는 데 유리하다는 특징이 있다. 오늘날 이러한 연구과정에 의한 양적 연구는 그 결과가 논리적 · 과학적인 통계의 틀 안에서 도출되기에 학계뿐만 아니라 사회적으로도 인정받고 있다.

반면, 양적 연구방법의 결과는 이미 잘 짜인 통계적 틀 안에서 도출된 것이기 때문에 이 틀에서 벗어난 내용에 대해서는 분석이나 평가가 불가능하다. 따라서 이와 같은 상황에서는 실증주의적 차원의 양적 연구만이 아닌 해석학적 연구인 질적 연구가 병행되어야 한다. 즉, 양적 연구가 일정 틀 내에서 연구 내용의 계량화를 통한 대상의 일반성을 발견하고 도출하는 데 큰 장점과 의미가 있는 반면, 현상에 대한 세부적인 의미, 즉 연구대상 전체에 대한 일반성이 아닌 세부 요소에 대한 개별적 의미를 발견하는 데는 도구적 한계를 보이는 것이다. 〈표 6-2〉는 이러한 양적 연구방법의 특징과 내용을 질적 연구와의 비교를 통해 잘 보여 주고 있다.

표 6-2 양적 연구와 질적 연구의 비교

구분	양적 연구	질적 연구
연구목적	• 설명, 예측	• 이해, 설명
패러다임 토대	• 실증주의 • 경험주의	• 해석주의 • 자연주의 • 구성주의
존재론적 기반	• 객관적 현실주의 • 연구자와 분리된 단일의 객관적인 현실	• 간주관적 현실주의 • 주관적 이상주의 • 참여자의 국지적이며 당면하는 경험으로부터 인식되는 다양한 현실
인식론적 기반	• 객관적 관점의 연구자	• 참여자와 상호작용하는 연구자
가치 기반	• 가치 중립적, 편견 배제	• 가치 함축적
수사학적 유형	• 현재형 시제	• 과거형 시제
인과관계	• 법칙 정립적 접근	• 개별 기술적, 전개적
조사 설계	• 정적 설계, 연구 전 범주 결정	• 생성적, 즉흥적, 연구과정 중 범주 확인
분석 과정	• 연역적, 가설의 검증	• 귀납적, 수집된 자료의 해석을 통한 이론화
표본 추출 목적	• 일반화, 표본의 대표성 추구	• 설명력, 변이와 다양성 추구
자료와 표본	• 양적 의미 부여, 계량화 • 조작화된 변수들 • 통계적, 충분한 양의 표본 • 통제집단 존재 • 외생변수 통제	• 개인적, 기술적 기록 • 현장, 노트, 사진, 녹음기, 진술 • 비대표성을 띤 작은 표본
연구방법	• 설문연구	• 심층면담 • 행동연구 • 토대이론법

출처: 백상용(2006), 심준섭(2008).

2. 양적 연구의 설계

> **양적 연구 설계**
> 양적 연구의 설계는 연구대상, 연구절차, 측정도구, 연구가설, 연구일정 등을 결정하여 정리하는 과정이다.

양적 연구의 설계는 연구의 목적과 내용을 결정하고 이론적 배경이나 선행연구가 어느 정도 진행된 이후, 연구방법을 결정해서 연구결론을 얻기 위해 상세하고 구체적인 연구과정에 대한 계획을 세우는 것을 의미한다. 연구방법은 이론적 배경과 선행연구가 어느 정도 진행된 다음에 결정할 수 있기 때문에, 연구의 설계는 이론적 연구 이후에 이루어지는 것이 일반적이다. 어떤 일이든 전체를 구상하고 과업의 단계를 현명하고 상세하게 예측하여 준비하는 것이 좋은 결과를 얻는 것처럼, 연구도 좋은 설계가 좋은 결과를 얻게 한다. 이러한 연구설계에는 연구대상, 연구절차, 측정도구, 연구가설, 연구일정 등의 결정이 포함된다.

(1) 연구대상

연구대상은 조사, 실험, 관찰 등을 진행할 때에 대상이 되는 사람, 동물, 문헌 등과 관련이 있다. 예를 들어, 악기에 대한 교사의 선호도를 조사한다면 연구대상은 교사가 될 것이고, 음악 교과서 간의 국제 비교를 한다면 연구대상은 여러 나라의 음악 교과서가 될 것이다. 그리고 음악의 종류별 감상에 따른 동물들의 성장 속도 조사 연구에서의 연구대상은 동물들이 될 수 있다. 연구의 주제에 따라 연구대상이 달라지지만 연구대상을 선정하는 데 가장 주의를 기울여야 하는 것은 표집이다. 양적 연구는 연구 결과를 일반화하기 때문에 연구대상은 모집단을 대표할 수 있어야 한다. 따라서 연구대상을 선정할 때는 모집단을 규명하고 그 모집단을 대표하는 연구대상을 어떠한 방법으로 표집할 것인지를 합리적으로 계획한다.

초등학생들의 오케스트라 활동에 대한 선호도를 조사한다면, 초등학생들을 대표할 수 있는 표본을 선정하는 방법을 계획해야 한다. 초등학생을 대표할 수 있는 표본은 초등학생 1~6학년을 고르게 포함해야 하고, 남녀 학생이나 지역별로도 고르게 분포해야 한다. 그리고 오케스트라 경험 유무에 따라서 다른 응답을 할 수 있기 때문에 학생들의 경험에 대해서도 관심을 가져야 한다. 연구대상의 표집에는 전문적인 판단이 필요하기 때문에 관련 선행연구를 참조해야 한다.

조순이(2016)의 「초등학교 음악전담교사의 가창지도에 대한 인식 연구」에서는 모집단이 전체 초등학교 음악전담 교사인데, 표집은 강원도 지역의 67명을 연구대상으로 정하고 연구를 진행했다. 연구대상이 남녀, 연령, 교직 경력, 학위 등을 고려하여 선택되었다는 것을 조순이가 정리한 다음 〈표 6-3〉을 통해 알 수 있다.

표 6-3 연구대상의 특성

구분	내용	빈도(명)	백분위(%)
성별	여자	47	70
	남자	20	30
연령	20대	2	3
	30대	12	18
	40대	31	46
	50대	20	30
	60대	2	3
교직 경력	5년 이하	3	4
	5년 초과 10년 이하	6	9
	10년 초과 20년 이하	21	31
	20년 초과 30년 이하	24	36
	30년 초과	10	15
학위	학사	37	55
	음악교육 관련 석사	9	31
	음악교육 비관련 석사	21	37

출처: 조순이(2016, p. 256).

연구대상이 사람이 아니라 교과서가 되는 경우도 있다. 음악교육연구에서는 교과서를 분석하는 연구가 진행되는데, 이때 연구대상은 교과서 혹은 교과서의 제재곡이 된다. 양종모(2016)는 「일본 소학교의 음악 교과서에 나타나는 지역세계성 연구」에서 연구대상으로 일본 소학교의 음악 교과서를 삼고 있는데, 일본 소학교 교과서 3종 중에 교육출판사에서 발행한 한 종류를 선택했고, 1학년부터 6학년까지 6권을 분석했다는 점을 '연구대상'에서 선정과정까지 비교적 상세하게 기술하고 있다.

> 이 연구는 일본의 소학교의 음악 교과서 중 한 종을 선택하여 그 교과서에 실린 모든 가창곡을 분석한다. 일본 소학교 음악 교과서는 2015년 현재 3종의 교과서가 출판되고 있다. 이 연구에서는 이 3종의 음악 교과서 중 한 종만 선정하여 분석한다. 한 종은 일본 후쿠오카 교육대학교 음악교육과 기무라 추기히로(木村次宏) 교수의 추천을 받아 비교적 내용이 충실하고 많은 학교에서 채택하고 있는 교과서를 선정하였다. 한국은 초등학교에서 음악을 3학년부터 6학년까지 4년간 가르치고 있지만, 일본의 소학교에서는 1학년부터 6학년까지 6년간 음악을 가르치고 있다. 이 연구에서는 소학교 1학년부터 6학년까지 6권의 교과서를 분석한다. 연구대상은 2008년에 고시된 학습지도요령에 따라 2010년에 검정을 통과하여 教育出版(교육출판)에서 발행한 음악 교과서이며 제목은 『音樂のおくりもの(음악의 선물)』이다(양종모, 2016, p. 24).

그리고 연구대상은 악곡이었기 때문에 교과서에 제시된 악곡 중 어떤 악곡을 선정했는지 선정 기준과 최종적으로 연구대상이 된 악곡 153곡에 대해서도 설명하고 있다.

> 『음악의 선물』은 가창곡, 감상곡, 기악곡 등 여러 가지 악곡이 제시되고 있는데, 본 연구에서는 가창곡에 한정하고, 가창곡의 기보법과 교과서 전체에 나와 있는 악곡에 대한 부분에 한정하여 분석한다. 가창곡은 가사가 있는 악곡을 의미하며, 기악 활동이 표시되어 있더라도 가사가 있으면 모두 연구대상에 포함시켰다. 다음은 교과서에서 연구대상 악곡인 가창곡을 선정하는 기준을 정리한 것이다.
>
> • 가사가 있는 악보로 제시하고 있는 악곡을 대상으로 한다. 악보 없이

가사만 있는 가창곡은 연구대상에서 제외한다.

- 악곡에 학습 활동이 있는 가창곡과 교과서 뒤 쪽에 보충곡 형태로 학습 활동 없이 제시한 가창곡들도 연구대상으로 한다.
- 단 1학년부터 6학년까지 동일한 악곡이 매 학년에 제시되는 3곡 '音樂のおくりもの(음악의 선물)', 'さんぽ(산보)', 'きみがよ(기미가요)' 등은 한 학년에만 포함하며 다른 학년에는 계산하지 않는다.
- 간단한 의성어 가사만으로 된 가창곡은 제외한다. 리코더 연습곡으로 제시되는 이런 악곡은 가사의 의미가 없어서 가창곡으로 분류하지 않는다.
- 전체가 한 음으로 된 노래도 연구대상에서 제외한다. 음계를 분석할 가치가 없다고 보았다.

이런 기준으로 선정한 전체 연구대상 가창곡은 학년당 22~28곡 정도이며, 전체는 153곡이다(양종모, 2016, p. 25).

연구대상은 연구 결과의 신뢰도와 타당도를 높이기 위한 가장 기초적인 의미를 가지기 때문에 그 내용을 명료하게 정리하여 나타내야 하며, 연구의 목적과 일치하는지, 연구의 결과를 얻는 데 모자람이 없는지 진중하게 살피면서 단계를 계획해야 한다.

(2) 연구절차

연구절차는 연구대상을 선정하는 단계부터 연구 결과를 얻기 전까지 일어나는 전체 연구 과정을 계획하는 것이다. 연구를 진행하는 전체 과정을 순서대로 계획하는 것이 필요하다. 연구대상에 대하여 어떤 특별한 수업을 한다면 수업 내용(수업지도안), 방법, 수업 도구, 기간 등의 과정을 상세하게 계획한다.

설문 조사를 한다면 설문 조사 내용을 먼저 결정하고, 연구대상에게 배포하는 방식, 조사지 회수 방식, 그 외 연구대상이 설문 조사에 적극적으로 임하고, 설문 조사가 공정하게 이루어질 수 있도록 하게 하기 위한 과정을 계획한다.

관찰연구의 경우에는 연구대상의 행위에 대한 관찰 방법, 시간, 도구, 기록 방법, 대상 수 등을 사전에 준비한다. 그리고 관찰 결과의 불일치가 있을 때는 어떻게 할 것인지 등을 기술한다(성태제, 2006, p. 69). 면접으로 한다면 언제, 어디서, 어떻게, 무엇을 물을 것인지 등을 계획한다. 실제 연구에서 실행되고 있는 연구절차는 다양한 형식으로 제시되는데, 설장미와 송화진(2016)은 「현장 유아음악수업 참여관찰을 통한 예비유아교사의 유아음악교육에 대한 인식 변화」에서 적용하는 수업 단계를 〈표 6-4〉와 같이 제시하고 있다.

표 6-4 현장중심의 유아음악교육 교수계획안

일정	강의 주제	강의 내용(이론)	음악 실제 활동 & 현장관찰	비교
1	오리엔테이션	• 강좌소개 • 유아음악교육에 대한 사전 인식		사전검사: 이미지 표상
2	유아음악 교육의 중요성 및 목표	• 유아음악교육의 중요성 및 개념 • 유아음악교육의 목표 • 유아음악능력의 발달	• 현장관찰: 음률영역의 구성/ 유아와 유아 간 상호작용/ 유아와 교사 간 상호작용 • 현장관찰 내용 토의하기	저널쓰기 1
3	음악교육 내용 탐구	• 누리과정, 준보육과정에서의 유아음악교육 내용 분석	• 현장관찰: 음률영역의 구성/ 유아와 유아 간 상호작용/ 유아와 교사 간 상호작용 • 현장관찰 내용 토의하기	
4	음악 이론가	• 음악이론가의 배경 및 철학 • 현장에서 이론을 적용하여 활용할 수 있는 실제	• 현장관찰: 음률영역의 구성/ 유아와 유아 간 상호작용/ 유아와 교사 간 상호작용 • 현장관찰 내용 토의하기	
5	음악의 기본개념	• 소리, 음색, 박과 박자, 리듬, 화음, 빠르기, 셈여림, 음높이, 멜로디	• 현장관찰: 음악적 요소 • 현장관찰 내용 토의하기	
6	유아음악교육의 내용 및 방법	• 듣기, 감상하기를 위한 교수방법 • 감상 곡에 표함된 음악적 개념 분석	• 현장관찰: 듣기 및 음악 감상 • 현장관찰 내용 토의하기	저널 쓰기 2

출처: 설장미, 송화진(2016, p. 257).

(3) 측정도구

연구대상의 속성을 이해하기 위해서는 측정도구가 필요하다. 측정할 내용이 몸무게, 체력, 사격 능력 등이라면 측정도구는 저울, 초시계, 표적 등이 될 수 있겠지만 선호도나 효과 등을 측정한다면 설문지나 통계 분석기 등이 필요할 것이다. 교육 연구는 학생들의 선호도, 잠재력과 같이 객관적인 도구로 측정하기 어려운 것이 많기 때문에 그것을 측정하는 도구의 선택에 유의해야 하고, 그에 대한 상세한 설명도 필요하다. 따라서 검사를 한다면 그 도구에 대한 검사의 이름, 목적, 특성, 문항 수, 타당도, 신뢰도 등에 대해 미리 정리하고 조사한다.

측정도구로 활용되는 설문 조사는 설문지의 목적, 구성, 문항, 특징 등을 계획한다. 표준화된 설문지의 경우는 설문지 안내서에 제시된 내용들을 기술한다. 그리고 설문지의 구성 요소인 하위 조사 영역을 결정한다. 〈표 6-5〉는 설문지의 구성 요소를 정하는 기본적인 틀의 예를 보여 준다.

관찰연구 중 질적 연구인 경우 일화기록법으로 기술할 때에는 관찰 결과 측정 방법에 대한 자세한 설명이 필요하지 않으나, 양적 연구인 경우 관찰표에 의하여 연구 결과를 기록하거나 연구 결과를 양적으로 분석할 때는 관찰

표 6-5 설문 조사의 내용과 대상의 예

조사 영역	하위 조사 영역	설문대상별 문항번호				
		특수교사	일반교사	일반부모	참여부모	일반학생
I. 일반사항	학교 소재지별 분포	○	○	○	○	○
	학교규모별 분포	○	○			
	성별 분포	○	○			
	연령별 분포	○	○			
	경력별 분포	○	○			
	장애유형 및 분포	○	○			
II. 일반적 평가실태	평가 참여도	○	○	○	○	
	평가방법	○	○			
	평가 시 어려움	○	○	○	○	
	평가 별도	○	○			

출처: 박성우 외(2004, p. 133).

표의 형식, 관찰 내용, 관찰 결과에 의한 연구 결과의 분류 방법 등을 구체적으로 계획한다.

(4) 연구가설 및 자료분석 방법

연구가설은 연구목적을 달성하기 위한 연구자의 잠정적 진술이다. 연구가설을 통해 연구자가 주장하고자 하는 내용을 명료화한다. 예를 들어, 코다이 교수법과 오르프 교수법이 음악 읽고 쓰기 능력 향상에 미치는 효과를 연구한다면, 가설은 "코다이 교수법은 오르프 교수법보다 음악 읽고 쓰기 능력 향상에 효과가 크다." 혹은 "코다이 교수법은 오르프 교수법보다 음악 읽고 쓰기 능력 향상에 효과가 적다." 등의 가설이 가능하다.

연구목적에 따라 연구가설을 서술할 때에는 연구가설의 수에 대한 고려가 필요하다. 연구가설의 수가 너무 많으면 연구 초점이 흐려지기 때문에 7개 이하로 두는 것이 바람직하다(성태재, 2016, p. 71). 연구가설이 결정되면 연구가설에 대한 해답을 얻기 위해 어떤 분석 방법을 사용할 것인지 결정한다. 자료분석 방법은 빈도 분석, t검정, x^2검정, F검정, 중다회귀분석, 경로분석 등 다양하다.

(5) 연구일정

연구계획을 실천하기 위한 전체 일정을 미리 계획하는 것은 연구를 차질 없이 진행하는 데 도움을 준다. 연구일정에 대한 표준 양식은 없지만, 〈표 6-6〉과 같은 형태가 일반적으로 많이 사용된다. 여기에서 연구 내용 부분에 대해 상세히 예상하고 계획하는 것이 중요하다.

표 6-6 연구일정표의 예

월 / 연구 내용	1	2	3	4	5	6	7	8	9	10	11	12
문헌연구												
설문지 제작												
연구대상 표집												

설문지 발송												
자료수집												
자료분석												
결과해석												
논문작성												
인쇄 및 제출												

7장

양적 연구의 유형과 연구방법

조대현, 최진호, 양종모

1. 조사연구

조사연구(survey research)는 "통제되지 않은 자연적 상황에서 질문을 통하여 현상을 파악하는 연구로서 현재의 사실에 대해 연구하는 방법"(성태제, 2016)이다. 고대 이집트에서 인구조사와 세금 부여 등의 목적 아래 사용된 조사연구 방법은 오늘날 여러 학자들, 예컨대, Lazarsfeld, Hyman, Stouffer 등의 사회학자들에 의해 통계적으로 발전하였으며, 사회적 · 교육적 · 경제적 현상과 같은 학문적 관점뿐만 아니라 일반적인 여론조사와 의식조사 등에 흔히 사용되고 있다.

조사연구

특정 현상이나 사실을 알기 위해 사용하는 연구방법 중 하나로써, 원인과 결과의 분석보다는 현재의 실체 파악에 목적이 있다.

1) 조사연구의 방법

조사연구는 방법적으로 크게 질문지법과 면접법으로 구분된다.

(1) 질문지법

질문지법(questionnaire method)은 사전 제작한 질문지를 통해 그 결과를 분석하는 것으로 구두질문(oral question)의 형태에서 발전한 방법이다. 1880년 갈턴(Galton)이 처음 질문지를 사용한 이후, 미국의 교육심리학자인 홀(Hall)이 오늘날의 연구 및 평가도구로 발전시켰다. 질문지의 용도는 크게 다음의 두 가지로 구분된다.

첫째, 사실발견에 관한 질문으로, 예컨대 연령, 가족의 수, 직업, 출생지 등을 살펴보는 것이다.

둘째, 특정 내용에 대한 감정이나 느낌, 견해나 판단, 태도 등 자아관여(自我關與)에 대한 질문, 예컨대 특정 음악에 대한 태도, 공공장소에서의 음악사용에 대한 의견 등을 묻는 것이다.

〈표 7-1〉은 질문지법의 유형에 따른 세부 내용을 보여 준다.

표 7-1 질문지법의 유형

구분	유형	내용
응답 형식	구조적 질문지	선택지(選擇肢)를 제공함으로써 연구대상이 선택지 중에서 응답하게 하는 방법으로 선택형, 체크 리스트형, 순위형, 평정척도형, 상호비교형 등이 있다.
	비구조적 질문지	질문에 대한 응답자의 자유로운 반응을 유도하는 방법으로 자유기술형이라고도 한다.
질문지 전달 방식	직접 전달 질문지법	연구대상에게 직접 질문지를 전달하고 응답지를 회수하는 방법으로 가장 정확하나 시간이 많이 소요된다.
	간접 전달 질문지법	제삼자나 기관을 통해 간접적으로 전달하고 회수하는 방법으로 간단하나 회수율과 응답의 수준이 낮아질 가능성이 크다.
	우편에 의한 질문지법	직접 전달 질문지법 시행의 어려움과 단점을 보완할 수 있는 방법으로 우편에 의해 질문지를 전달하고 응답지를 회수하는 방법이다. 최근에는 우편 대신 전자 우편 질문지나 모바일 질문지를 사용하기도 한다.

질문지법의 장점은 다음과 같다.

- 집단적으로 실시하기 때문에 비교적 짧은 시간과 적은 비용으로 자료수집이 가능하다.
- 문제에 대한 집단의 경향을 쉽게 파악할 수 있다.
- 면접법 등과 비교할 때 면접자, 즉 연구자에 의한 편파적 자극을 줄일 수 있다.
- 다른 관찰실험 방법과의 병용을 통해 종합적인 조사가 가능하다.

질문지법의 단점은 다음과 같다.

- 언어적 표현 결과물에 대한 의존도가 높기 때문에 결과 또한 응답자의 언어표현 능력정도에 영향을 받기 쉽다.
- 질문한 내용에 대한 정보, 즉 불완전할 수 있는 부분 정보만이 수집될 수 있다.
- 응답지 내용의 성실성과 진실성 여부에 대한 파악이 어렵다.

(2) 면접법

면접법(interview methode)은 직접적인 언어적 자극, 즉 면접자의 질문과 피면접자의 답변을 통해 피면접자(연구대상)의 언어적 · 행동적 반응을 분석하는 연구방법으로 프로이트(Freud) 등의 정신분석학이 주요 배경으로 작용하였다. 일반적으로 질문지법에 비해 심층적인 조사가 가능하고 질적으로 우수한 자료를 수집할 수 있다. 〈표 7-2〉는 면접법의 유형에 따른 세부 내용을 보여 준다.

면접법을 이용한 조사연구에 있어서 연구자는 피면접자와의 면접이나 수집된 정보에 대한 판단, 그리고 결과를 기술하는데 있어 나타날 수 있는 주관적 관점과 경향을 경계해야 한다. 구조화 된 형식적 면접은 면접의 분위기가 피면접자의 정상적인 반응을 저해할 수 있으므로 면접자는 상대와의 원활한 정신적 교류를 위한 노력이 요구된다. 비구조화 된 면접은 면접자가 상대와 다른 판단을 함으로써 상대의 반응을 오해할 수 있으므로 특히 정보 수집 차원의 면접에 있어서 주의가 필요하다.

표 7-2 면접법의 유형

구분	유형	내용
목적	조사면접	자료나 정보 수집을 목적으로 하는 면접 방법. 피면접자가 알고 있는 사실, 의견, 감정 등을 살피는 데 목표를 둔다.
	상담면접	진단이나 치료를 목적으로 하는 면접 방법. 주로 원인 발견에 목표를 둔다.
응답 형식	구조화된 면접	피면접자 모두에게 동일한 형식과 내용을 질문하는 방법. 그 형식과 내용이 사전에 결정된다. 이는 수집된 정보의 계량화를 전제하기도 한다.
	비구조화된 면접	사전에 결정된 형식이나 내용 없이 피면접자의 반응에 따라 자유롭게 질문을 조절하는 방법
면접 방법	개인면접	면접자와 피면접자가 1:1로 대면한 상태에서 이루어지는 면접 방법
	집단면접	면접자와 피면접자 다수가 대면한 상태에서 이루어지는 면접 방법
	전화면접	전화를 이용하여 질문과 자료수집이 진행되는 면접방법. 개인 전화면접과 집단 전화면접으로 구분된다.

2) 조사연구의 유형

조사연구는 유형에 있어 크게 횡단적 연구와 종단적 연구로 구분된다.

(1) 횡단적 연구

횡단적 연구(cross-sectional research)는 동일한 시점에서 서로 다른 집단들의 특성을 비교하는 연구방법으로 시간에 따른 변화를 추적하는 종단적 연구와 대비된다. 예를 들어, 아동의 음악적 발달과정에 관하여 횡단적 연구를 하면 다음과 같은 과정을 거친다.

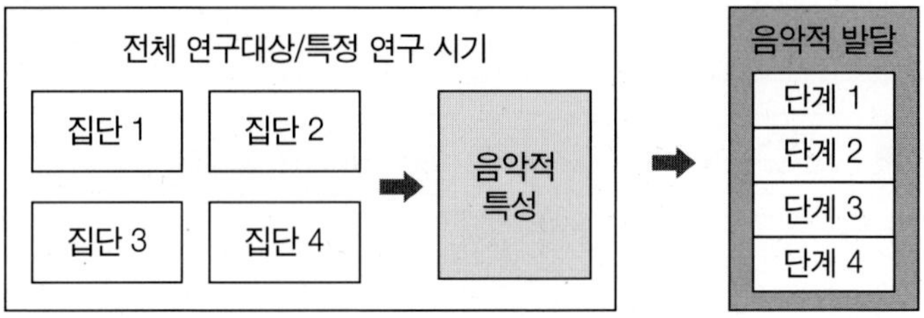

[그림 7-1] 횡단적 연구의 과정

- 모집단(전집, population)에서 각 연령별 연구대상을 표집(sampling)한다.
- 표집한 연구대상으로부터 목표하는 음악적 특성을 측정한다.
- 연령별 대푯값의 차이를 통해 음악적 발달의 경향을 추정한다.

이때 모든 연령별 대상의 표집과 음악적 특성에 대한 측정 등의 과정은 동일한 연구 기간 내에 이루어져야 하며, 특히 표집 집단이 모집단을 대표할 수 있도록 편포(偏布)에 유의하고, 각 집단의 배경이 비교적 동일해야 한다.

횡단적 연구의 장점은 모집단을 대표하는 표본(sample)의 결과를 도출함으로써 연구 기간이 짧고, 지리적으로 넓게 분포한 연구대상을 조사하는 데 유리하다는 장점이 있으나, 한 시점의 현상만을 조사함으로써 종단적 연구에 비해 연구 결과의 질적인 면에서 큰 차이를 갖는다는 단점이 있다.

주요 연구 유형으로는 특정 사건이나 현상과 관련한 상태나 상황을 파악하는 것을 목적으로 하는 현황조사와 서로 다른 대상에 대한 관련성을 파악하고자 하는 상관적 연구가 있다.

(2) 종단적 연구

종단적 연구(longitudinal research)는 연구대상인 특정 집단을 시기적 차이를 두고 수차례 관찰한 결과를 분석함으로써 그 집단의 성향과 그 변화를 파악하는 연구방법으로, 동일 시점에서 이루어지는 횡단적 연구와는 큰 차이를 갖고 있다. 예를 들어, 횡단적 연구에서 언급한 아동의 음악적 발달과정을 살펴본다면, 종단적 연구에서는 동일 대상에 대한, 시기적으로 다른 복수의 관찰 결과를 분석함으로써 대상에 대한 음악적 발달 과정뿐만 아니라 성장 과정에서의 개인차, 초기 음악적 경험과 후기에 나타나는 음악적 행동 간

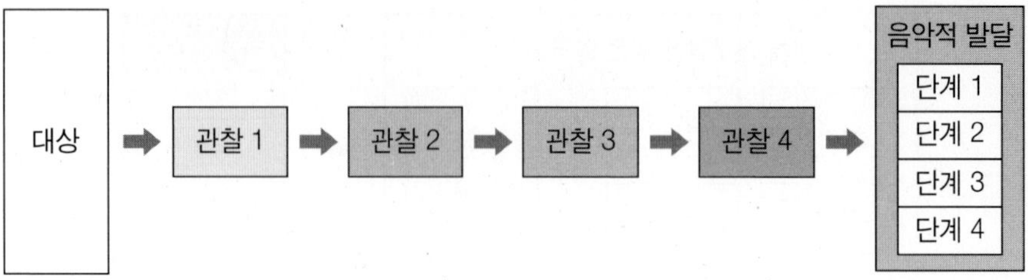

[그림 7-2] 종단적 연구의 과정

의 인과관계, 음악적 발달에 영향을 주는 결정 요소 등 다양한 관점과 내용에 대한 고찰이 가능하다.

종단적 연구는 개인이나 집단의 특성과 그것의 변화를 구체적으로 파악할 수 있고, 변인 간의 상관관계를 규명할 수 있는 장점이 있는 반면, 장기간 연구해야 하고, 이 기간 동안 연구대상을 관리해야 하며, 다양한 변인이 발생하는 등 비교적 많은 시간과 경비 그리고 연구자의 수고가 요구된다.

주요 연구 유형으로는 경향성 연구(trend study), 동류집단 연구(cohort study), 패널연구(panel study) 등이 있다.

〈표 7-3〉은 종단적 연구의 유형에 따른 세부 내용을 보여 준다.

표 7-3 종단적 연구의 유형

연구 유형	내용
경향성 연구	연구대상이 되는 모집단에서 표본을 추출하여 연구목적이 같은 조사를 시차를 두고 실시함으로써 모집단의 경향성을 조사하는 연구이다. 예를 들어, 학교 음악시간의 대중음악 사용에 대한 음악교사들의 인식을 살펴보고자 할 때, 전체 음악교사의 모집단과 표본으로 추출된 음악교사는 매번 달라진다. 이러한 연구방법은 대중음악 사용에 대한 음악교사들의 인식 변화에 대한 경향을 발견하게 한다.
동류집단 연구	모집단은 고정되어 있으나 매번 다른 표본을 추출, 모집단의 변화 경향성을 분석하는 연구이다. 예를 들어, 학교 음악교사의 교직 만족도를 측정하고자 할 때, 모집단은 특정 연도에 임용된 음악교사 전체가 되고, 그 교사들의 연명부가 표집 틀이 되며 매년 다른 음악교사들이 무선 추출되어 매년 다른 표본으로 연구가 진행된다.

패널연구	가장 많이 하는 종단적 연구방법의 하나로, 동일한 대상에 대한 지속적 연구가 이루어지며, 이를 통한 변화의 원인을 발견하는 데 목적이 있다. 예를 들어, 동일 대상의 음악에 대한 가치관의 변화를 살펴보고 그 원인을 발견하는 또는 연령에 따른 음악성의 변화를 분석하는 등의 연구가 이에 해당한다.

3) 연구의 절차

가설을 설정하고 이를 구체적이고 경험적인 사실을 통해 검증하는 양적 연구의 절차를 성태제(2016)의 주장에 근거하여 제시하면 [그림 7-3]과 같다.

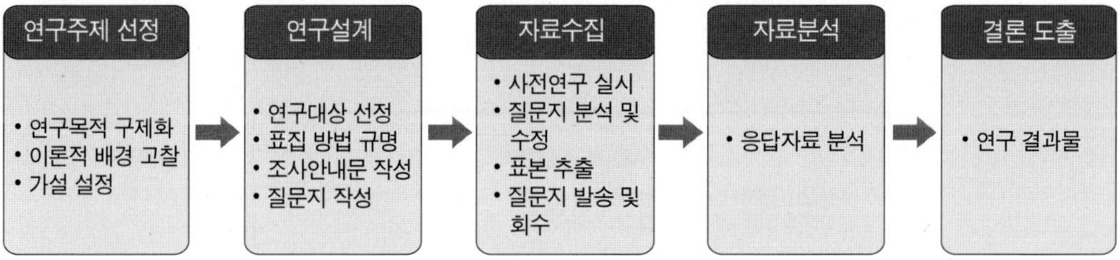

[그림 7-3] 양적 연구의 절차

(1) 연구주제 선정

연구의 목적과 내용을 분명히 함으로써 연구가설을 설정하는 단계이다. 일반적으로 연구목적은 논문의 서론에서 개괄적으로 제시되는데, 구체적인 연구목적과 내용 아래 연구가설이 설정될 수 있다. 그리고 이때 선행연구와 이론적 배경에 대한 고찰이 반드시 전제되어야 한다. 구체화된 연구목적은 연구가설의 설정뿐만 아니라 설정된 연구가설이 담고 있는 연구에 영향을 주는 주요 변인들에 대한 특성을 분명하게 하고 향후 질문지 작성에 큰 역할을 하게 된다.

(2) 연구설계

연구설계 단계에서는 먼저 연구목적과 이론적 배경에 부합하는 연구대상이 결정되어야 한다. 이를 모집단이라고 하는데, 실제 연구에서는 모집단을 대표할 수 있는 표본을 추출하여 그 대상으로 삼는다. 따라서 이때 표본 추출을 위한 표집방법과 표본의 수가 결정되어야 한다. 표집방법에는 단순무선표집(simple random sampling), 체계적 표집(systematic sampling), 유층표집(stratified sampling), 군집표집(cluster sampling), 임의표집(incidental sampling) 등이 있다.

질문지 작성에 있어서는 먼저 응답자의 연구에 대한 이해와 성실한 응답 자세를 유도하기 위한 안내문 작성이 필수적이다. 안내문에는 연구의 목적 제시와 함께 응답의 중요성에 대한 설명이 추가되어야 하며, 익명성의 보장, 응답에 소요되는 예상 시간, 회수 기일에 대한 정보와 함께 감사의 표현이 포함되어야 한다. 이와 더불어 연구자에 대한 간단한 소개가 들어간다면 신뢰도를 높이게 되어 더 성실한 응답지를 기대할 수 있다. 안내문은 [그림 7-4]와 같이 작성한다.

사회조사 설문지 ⇨ 설문지 제목

세계보건기구(WHO) 발표(2005년도)
2010년 '암' 다음으로 가장 큰 원인은 '우울증' 전망

통계청이 발표한 사망원인별 사망자수를 보면, 2002년 전체 사망자 246,515명 중 자살로 사망한 사람의 수는 8,631로 전체 사망의 3.5% 2003년 전체 사망자 245,817명 중 자살로 인해 사망한 사람의 수는 10,932명으로 전체 사망의 4.4%, 2004년의 경우 전체 사망자 245,770명 중 자살로 사망한 사람의 수는 11,523명으로 전체 사망의 4.7%를 차지했습니다. 이를 통해 점점 사망에서 자살이 차지하는 비중이 늘어나고 있음을 알 수 있습니다. ⇨ 연구의 배경

자살의 80%는 초기 우울증, 미약한 스트레스 정도로 약하게 시작이 되지만, 이를 통한 정신건강의 악화는 자살로까지 진행된다고 합니다. 이에 따라 국제상담협의기구의 한국대표 본부인 사랑의전화는 영국본부에서 범국민적으로 실시한 스트레스에 관한 의식조사를 한국에서도 실시하고자 합니다. 금번 사회조사를 통해 현대 사회에 악영향을 미치는 스트레스의 악영향과 이에 대한 개인 및 사회적 대처방안을 모색함으로써 건강한 전신건강을 유지하고, 개인과 사회의 발전을 도모하고자 합니다. ⇨ 연구의 목적 및 내용

본 조사는 전지역, 전연령, 전성별을 대상으로 폭넓게 실시되며, 설문문항에 맞고 틀리는 답은 없습니다. 또한 귀하의 이런 의견을 갖고 있는 사람이 몇 %라는 식으로 통계를 내는 데만 사용되고 그 외의 목적에는 절대로 사용되는 일이 없으니 느끼시는 대로 말씀해 주시면 되겠습니다. 여러분의 성의 있는 답변 부탁드립니다.

-○○○사회조사연구소- ⇨ 연구자 소개

아래 질문을 읽고 해당하는 ____에 ✓표시를 해 주십시오. ⇨ 설문 내용

1. 하루하루를 살아가면서 얼마나 많은 스트레스를 받고 있다고 생각하십니까?
   _______ ① 전혀 스트레스를 받지 않는다.
   _______ ② 한 달에 한 번 이하로 스트레스를 받는다.
   _______ ③ 일주일에 한 번에서 한 달에 한 번 사이로 스트레스를 받는다.
   _______ ④ 하루에 한 번 이상 스트레스를 받는다.
   _______ ⑤ 잘 모르겠다.

2. 5년 전과 비교했을 때, 지금의 당신은 얼마나 스트레스를 받으십니까?
   _______ ① 스트레스를 더 받는다.
   _______ ② 스트레스를 덜 받는다.
   _______ ③ 거의 비슷하다.

[그림 7-4] 안내문 작성의 예

출처: 씨네락.

질문지 제작은 크게 연구대상의 신상정보에 대한 부분과 연구대상의 의견, 태도, 느낌 등을 묻는 영역으로 구분된다. 연구대상의 신상정보 부분에서는 연구목적에 부합하는 내용 그리고 이론적 배경에 따른 내용이 제시되어야 한다. 예를 들어, 연령 군이나 경험에 대한 질문에서도 선행연구의 고찰 결과를 토대로 할 때 보다 효과적인 결과를 도출할 수 있다. 연구와 관계없어 보이는 질문은 응답지의 회수에도 영향을 주게 된다.

연구대상의 의견이나 태도, 느낌 등에 대한 질문 영역에서는 내용적으로는 연구목적과 가설에 따라, 형식적으로는 양적 연구 검사 이론과 방법, 즉 계량화의 가능성을 유념하며 작성하여야 한다. 예를 들어, 음악경험의 정도와 학교 음악성적에 대한 연구를 하고자 할 때, 다음과 같은 두 개의 가설이 설정될 수 있다. 첫째는 음악경험의 정도와 학교 음악성적 간에 상관관계가 있는가를 밝히려는 가설 1과, 둘째는 음악경험의 정도에 따른 음악성적에 차이가 있는지를 밝히려는 가설 2이다. 첫 번째 경우는 음악경험의 정도와 학교 음악성적 두 변수의 관계를 밝히기 위해 상관계수를 추정해야 하므로 양적 변수가 되어야 하고, 따라서 이에 대한 질문은 개방형 형태의 문항으로 제작되어야 한다. 두 번째 경우는 음악경험 정도에 따라 학교 음악성적에 차이가 발생하는가에 대한 문제이므로 음악경험을, 예컨대 1년 이하, 1~2년, 2~3년, 3년 이상 등으로 구분하여 상이한 음악경험 집단 간 학교 음악성적과의 차이를 비교해야 한다. 이때 각각의 질문지는 〈표 7-4〉와 같이 작성된다.

표 7-4 음악경험의 정도와 학교 음악성적에 관한 질문지 양식

구분	〈가설 1〉 음악경험의 정도와 학교성적의 관계	〈가설 2〉 음악경험 정도에 따른 집단 간 학교 음악성적의 관계
질문지 양식	당신의 음악경험 연한은? _____년 당신의 학교 음악성적은? _____점	당신의 음악경험 연한은? _____ ① 1년 이하 ② 1~2년 ③ 2~3년 ④ 3년 이상 당신의 학교 음악성적은? _____점

또한 질문지 작성에서는 연구대상에 대한 충분한 이해가 전제되어야 하며, 응답자가 이해하기 쉬운 가독성 높은 질문지 역시 의미 있는 반응을 도

출하는 데 효과적이다. 이 외에도 문항의 수와 응답 소요 시간, 매력적인 질문 유형 등이 고려되어야 한다.

(3) 자료수집

제작된 질문지를 통한 자료수집에 앞서 사전연구가 실시되어야 한다. 이는 연구목적이 분명하고 연구대상이 적합한지 확인하는 한편, 또한 연구의 문제점이 무엇인지 예측하고 방지하는 데 목적이 있다. 사전연구는 일반적으로 실제 모집단에서 추출한 표본보다는 작은 집단에서 시행하며, 이를 통해 문제가 있거나 답변에 일관성이 떨어지는 문항에 대해 보완하는 작업을 실시한다. 통계적으로는 사전검사를 통해 질문지의 타당도(validity)와 신뢰도(reliability)를 담보하고, 문항 분석 등을 실시하여 문항변별도가 낮은 문항들을 수정하거나 제거한다. 필요한 경우에는 기존 관련 검사도구와 개발한 도구간의 상관계수를 계산하는 준거 관련 타당도(criterion-related validity)를 구하기도 한다. 참고로 검사의 타당도 계수는 .60 이상이 요구된다.

연구대상인 모집단에서의 표본 추출은 체계적인 표집 방법과 절차에 따라 이루어져야 하며, 연구목적과 부합하는 표본이 추출되어야 한다. 이들에 대해 질문지가 발송되고, 실제 조사가 이루어지며, 이후 회수하는 과정이 뒤따른다.

(4) 자료분석

회수된 질문지에 대한 분석은 통계기법에 따라 진행된다. 자세한 내용은 제3부 음악교육연구의 측정과 검사를 참조하기 바란다.

4) 조사연구 사례

음악교육 관련 연구주제를 가진 조사연구의 사례는 다음과 같다.

(1) 사례 1: 유치원 음악교육에 관한 조사연구

구분	내용
연구목적	유치원 음악교육 현황 조사
연구문제	1. 유치원 설립 유형에 따라 음악교육에 차이가 있는가? 2. 교사의 최종학력에 따라 음악교육에 차이가 있는가? 3. 교사의 교직경력에 따라 음악교육에 차이가 있는가?
연구대상	U 광역시 유치원 여교사 240명
연구도구	유치원 음악교육 실태 파악을 위한 설문지 • 선행연구에서 사용한 설문지를 재구성 • 예비조사 실시하여 재조정
자료처리	- 음악교육지도 관련 변인에 대해 하위척도별 *F*-검증 실시 - 각 변인의 수준별 차이를 파악하기 위해 사후검증 실시

출처: 송병선(1999).

(2) 사례 2: 음악 중심 융합교육 수업을 위한 동료장학의 의미

구분	내용
연구목적	음악 중심 융합교육 수업을 위한 동료장학의 효과와 동인 분석
연구대상	Y 초등학교 교사
연구도구	• 설문 조사: 40명(담임교사 전원) 대상 동료장학의 운영 실태, 효과, 동인, 개선책 등 4개의 영역으로 구성된 설문 조사 실시 • 면담조사: 8명(교장, 교감, 교사 6명)
자료처리	• SPSS 19.0 프로그램을 활용 • 동료장학의 운영 실태, 효과, 동인, 교사들이 생각하는 개선책을 알아보기 위하여 각 문항에 대한 빈도분석을 실시

출처: 양종모, 남지영(2014).

(3) 사례 3: 음악대학원생들의 다문화에 대한 태도와 다문화 음악선호도와의 관계

구분	내용
연구목적	다문화에 대한 태도(multicultural attitudes)와 다문화 음악선호도(multicultural music preference) 간의 상관관계(correlation) 조사

연구대상	서울 위치한 2개 대학교 일반대학원과 교육대학원 재학생 각 30명
연구도구	• 다문화에 대한 태도: Munroe Multicultural Attitude Scale Questionnaire(MASQUE) (Munroe & Pearson, 2006) • 다문화 음악선호도: Multicultural Music Preference Survey Inventory(MMPSI) (최진호, 2009)
자료처리	• PASW Statistics 17.0(SPSS 17.0 for Window) 프로그램을 활용 • MASQUE의 분석에 대한 점수 계산(scoring)을 위해, 각 참가자가 설문지에 표시한 18개 문항에 대한 점수를 합산 • MMPSI의 분석에 대한 점수 계산(scoring)을 위해, 각 참가자가 설문지에 표시한 20개 음악예제에 대한 점수를 합산 • 두 변인간의 상관관계(correlational relationship)를 SPSS 17 통계 프로그램을 통해 측정 • 본 연구의 두 집단인 음악교육 전공(집단 A)과 일반음악 전공(집단 B)간의 다문화 태도와 다문화 음악선호도의 차이를 일원분산분석(one-way analysis of variance: one-way ANOVA) 통계방법을 사용하여 각각 비교 분석

출처: 최진호(2010).

2. 실험연구

1) 실험연구의 정의 및 주요 용어 정리

실험연구
특정 환경에 의도적 변화를 주어 변수 간 인과관계를 밝히는 연구

실험연구(experimental research)는, 자연적 상황에서 현상을 파악하는 조사연구와는 달리, 특정한 환경에 의도적으로 변화를 주어 변수 간 인과관계를 밝히는 연구를 말한다. 성태제(2010)는 실험연구를 "처치, 자극, 환경 조건을 의도적으로 조작 혹은 통제하여 연구대상이나 물체에 어떤 변화가 있는지를 분석함으로써 인과관계를 밝히는 연구"(p. 233)라고 정의하였다. 다시 말하면, 실험연구는 연구대상이 되는 변수들 사이의 직접적인 원인과 결과를 밝혀 그 결과를 일반화시키는 것이 주요 목적이다.

(1) 처치변수와 매개변수

> **매개변수**
> 독립변수(처치변수) 이외의, 종속변수에 영향을 주는 모든 변수

실험연구는 연구대상이 되는 특정한 한 변수에 인위적 조작을 가하여 다른 변수에 어떤 영향을 미치는지를 밝히는 연구이다. 여기에서 인위적으로 조작을 가하여 영향을 주는 변수를 처치변수(treatment variable) 또는 독립변수(independent variable)라 하고, 독립변수에 가해진 처치의 변화에 따라 영향을 받는 변수를 종속변수(dependent variable)라 한다. 즉, 실험연구는 독립변수인 처치변수에 인위적 변화를 주고, 그 변화가 종속변수에 어떻게 나타나는지를 밝히는 연구이다. 이를 음악 교육적 상황의 예를 들어 설명하면 다음과 같다. 연구자는 초등학교 5학년 학생들을 대상으로 특별한 음정교정 교수법을 개발하여 기존의 음정교정 교수법과 차이가 있는지를 알고 싶다고 가정하자. 이 경우, 새로 개발된 음정교정 교수법은 처치변수가 되고, 음정교정 점수는 종속변수가 된다.

한편, 실험연구에서 가장 중요한 것은 처치변수(독립변수)가 실제로 종속변수의 변화 원인이 되도록 처치변수 이외의 다른 변수들이 종속변수에 영향을 미치지 못하도록 통제(control)하는 것이다. 예를 들면, 음정교정 교수법을 처치받는 실험참가자 중 한 학생이 우연히 TV 음악 프로그램을 시청하는 동안 음정을 교정하는 방법을 터득했다면, 이는 실험 중인 음정교정 교수법에 의해 음정이 교정된 것이 아니라, TV 프로그램의 영향을 받은 것이기에 처치변수와 종속변수 간 정확한 인과관계를 밝히는 것이 어렵다. 여기에서 TV 음악프로그램과 같이 처치변수인 새로운 음정교정 교수법 이외의, 종속변수인 음정교정 점수에 영향을 주는 모든 변수를 매개변수(extraneous variable)라 부른다. 이러한 점에서 실험연구의 성패는 얼마나 매개변수를 잘 통제하는가에 달려 있다.

(2) 실험집단과 통제집단, 그리고 무선할당

> **무선할당**
> 실험집단과 통제집단 간 차이를 없애고 동일한 출발선에서 실험이 시작되도록 조정하는 것

실험연구는 앞에서 설명한 대로, 두 변수를 실험 상황에 넣고 두 집단 간 인과관계를 밝히는 연구이다. 이를 앞에서 설명한 예에 적용해 보면, 새로 개발된 음정교정 교수법을 처치받는 집단은 실험집단(experimental group)이 되고, 기존

의 교수법으로 교육받는 집단은 통제집단(control group)이 된다. 여기서 중요한 것은 실험연구는 실험집단과 통제집단의 차이를 확인하는 것이기 때문에, 실험을 시작할 때 실험집단과 통제집단 간 차이를 없애고 출발선을 똑같이 만들어야 된다는 것이다. 이렇게 두 집단 간 차이를 없애고 동일한 출발선에서 실험이 시작되도록 조정하는 것을 무선할당(random assignment) 또는 임의화(randomization)라 부른다.

2) 실험연구의 내적 · 외적 타당도

내적 타당도

종속변수에 나타난 연구 결과의 원인이 독립변수의 영향임을 믿을 수 있는 정도을 말한다.

앞에서 설명한 바와 같이, 실험연구의 성패는 얼마나 매개변수를 잘 통제하였는가에 달려 있다. 즉, 실험연구에서는 여러 가지 매개변수를 통제하는 것이 연구의 타당성을 얻게 되는 결정적 요인이 되며, 실험연구에서의 타당도는 내적 타당도(internal validity)와 외적 타당도(external validity)를 통해 평가하게 된다(Fraenkel & Wallen, 2003).

먼저, 내적타당도는 종속변수에 나타난 연구 결과의 원인이 독립변수의 영향임을 믿을 수 있는 정도를 말한다. 다시 말하면, 높은 내적 타당도를 얻기 위해서는 독립변수 이외의 다른 매개변수 요인들을 확실하게 통제하여야 한다. 내적 타당도를 높이기 위해 통제해야 될 요인들로는 특정사건의 효과(history), 성숙효과(maturation), 시험효과(testing), 검사도구 효과(instrumentation), 통계적 회귀(statistical regression), 편향된 표본 선정(selection), 연구대상의 손실(mortality), 확산 · 모방 효과(diffusion or imitation effect of treatment) 등을 들 수 있다.

〈표 7-5〉는 실험연구에서 내적 타당도에 영향을 주는 요인들과 그 내용을 보여 준다.

다음으로, 외적 타당도는 실험연구를 통해 얻은 결과를 얼마만큼 실제 상황에 일반화할 수 있는가의 문제를 말한다. 실험연구의 경우 모집단에서 작은 표본을 추출하여 실험을 한다는 점, 그리고 실험연구의 중요한 목적 중 하나가 연구 결과에 대한 일반화에 있다는 점에서 높은 외적 타당도를 얻는 것은 무척 중요하다. 이러한 외적 타당도를 높이기 위해 고려해야 할 요인

표 7-5 실험연구에 있어 내적 타당도에 영향을 주는 요인들

내적 타당도에 영향을 주는 요인들	내용
특정 사건의 영향	실험 기간 중 나타난 특정 사건이 종속변수에 영향을 주는 경우(예, TV시청 등)
성숙 효과	실험 기간 중 참가자의 자연스러운 성숙이 종속변수에 영향을 주는 경우
시험 효과	두 번 이상 시험을 보는 경우 시험 상황을 인지한 연구대상에 의해 종속변수가 영향을 받는 경우
검사도구 효과	사전-사후 검사와 같이 똑같은 시험을 두 번 보는 경우 검사 도구를 기억한 참가자에 의해 종속변수가 영향을 받는 경우
통계적 회귀	사전 검사에서 낮은 수준의 실험 참가자를 대상으로 교수법 등을 적용할 경우 연구 결과가 통계적으로 크게 반응해 종속변수에 영향을 주는 경우
편향된 표본 선정	연구대상의 잘못된 선택에서 오는 영향(예, 아주 우수한 학생 집단과 낮은 수준의 학생집단을 비교할 경우 교수법 등과 상관없이 우수 집단의 성적이 우수한 경우 등)
연구대상 손실	실험 도중 탈락하는 연구대상으로 인해 종속변수에 영향이 생기는 경우
확산/모방 효과	비교하는 두 집단 간의 상호작용이나 모방 때문에 집단 간의 차이가 비슷해지는 경우

출처: 성태제(2010), Fraenkel & Wallen (2003).

들은 크게 두 가지로 모집단에 대한 타당도와 생태학적 타당도를 들 수 있다(성태제, 2010).

모집단에 대한 타당도는 연구대상이 된 표본이 모집단의 특성을 잘 나타내고 있는가 하는 문제이다. 표본 추출이 잘못되었다면 잘못된 표본을 가지고 얻은 연구 결과를 모집단에 적용하기는 어려울 것이다.

다음으로, 생태학적 타당도에는 호손 효과, 존 헨리 효과, 연구자 효과 등을 들 수 있는데, '실험연구를 통해 얻은 결과를 다른 집단에도 일반화할 수 있는가'에 관한 문제이다(성태제 2010). 호손 효과는 실험집단이 연구의 상황과 목적을 알고 이를 연구 결과에 반영한 경우이다. 존 헨리 효과는 반대로 실험집단에 대비되는 통제집단이 실험집단보다 더 노력해 나아지려고 하는 것을 말한다. 연구자 효과는 연구자가 연구를 시행하면서 의도하지 않은 말이나 행동을 보임으로 연구대상에게 영향을 주는 경우를 말한다.

지금까지 살펴본 실험연구에서의 내적 타당도와 외적 타당도는 실험의 결과를 신뢰할 수 있도록 만드는 데 매우 중요하다. 내적 타당도는 매개변수를 통제하여 실험연구의 목적인 독립변수와 종속변수 간의 인과관계를 확인하는 것에 관계되는 한편, 외적 타당도는 실험연구 결과를 얼마나 일반화할 수 있는가를 나타낸다. 실제로 많은 실험연구자들이 내적 타당도에 더 많이 집중하면서 외적 타당도는 상대적으로 소홀히 하는 경우가 있는데, 현명한 연구자는 보다 신뢰할 수 있으면서도 실제적으로도 유용한 연구 결과를 보증하기 위해 내적 타당도뿐만 아니라 외적 타당도도 높이기 위하여 노력해야 한다.

3) 실험연구의 설계

앞에서 설명한 바와 같이, 실험연구는 연구하고자 하는 독립변수에 어떤 변화를 주어, 그 변화가 종속변수에 어떤 영향을 미치는지를 알아보는 연구이다. 이러한 점에서 실험연구를 설계하기 전에 연구하고자 하는 독립변수와 종속변수를 명확히 하는 것이 필요하다. 이는 실험연구의 목적을 명확하게 하며, 매개변수를 통제하기 위한 가장 기초적인 작업이라는 점에서 중요하다.

실험연구에서 독립변수와 종속변수가 명확하게 구분되고 연구목적이 확립되면, 독립변수에 가하는 처치에 따라 영향을 받는 종속변수의 변화를 어떻게 측정할 것인가를 고려해야 한다. 많은 경우, 초보 연구자들이 독립변수와 종속변수만 확립한 채 무턱대고 실험을 실시하려고 하는 경향이 있는데, 독립변수에 가하는 처치에 따른 종속변수의 변화를 정확하게 측정하지 못하면, 실험 자체의 의미가 상실된다. 예를 들면, 합창단 활동이 초등학생들의 스트레스에 미치는 영향에 대해 실험연구를 시행한다고 하면, 초등학생의 스트레스를 어떻게 측정할 것인가에 대한 장치가 실험연구를 시행하기 이전에 결정되어 있어야 한다. 지금까지 설명한 실험을 실시하기 전 고려해야 하는 사항들을 순서대로 정리하면 다음과 같다.

첫째, 연구목적과 가설을 구체적으로 진술한다.

둘째, 독립(처치)변수와 종속변수, 그리고 매개변수를 명확히 한다.

셋째, 종속변수의 변화를 측정할 측정도구를 개발한다.

넷째, 연구대상을 확정하고, 연구대상을 선정할 방법을 구체화 한다.

실험연구를 실시하기 전에 위의 사항들을 고려하여 문제가 없으면, 다음으로 어떤 실험설계를 시행할 것인가를 결정하여야 한다. 실험연구의 설계(group designs in experimental research)는 크게 매개변수 통제가 약한 설계(weak experimental designs)와 매개변수의 통제가 강한 순수실험설계(true experimental designs)로 나누어질 수 있다. 매개변수의 통제가 약한 설계는 실험연구가 처음 시도되었을 때 개발되었던 방법으로, 처치변수와 종속변수 간의 인과관계를 규명하기가 어렵기 때문에 현재는 잘 사용하지 않는다. 이러한 점에서, 여기에서는 매개변수의 통제가 강한 순수실험설계의 종류만 설명하도록 한다. 순수실험설계의 특징은 먼저 연구대상을 무작위로 추출하여 실험집단과 통제집단 간 차이가 없도록 공평하게 배분하는 무선할당(random assignment: R)과, 실험집단의 변화를 비교할 수 있는 통제집단(control group)이 있다는 점이다. 순수 실험설계의 종류는 다음과 같다.

첫째, 무선할당 통제집단 단일사후측정설계(randomized posttest-only control group design)로 먼저 처치집단과 통제집단 간 무선할당을 실시하여 두 집단 간 차이를 동일하게 한 후, 실험집단에게만 처치변수를 통한 실험을 실시하고 그 결과를 통제집단의 결과와 비교하는 것이다(〈표 7-6〉 참조).

표 7-6 무선할당 통제집단 단일사후측정설계

처치집단	R	X_1	O
통제집단	R		O

둘째, 무선할당 통제집단 사전사후측정설계(randomized pretest-posttest control group design)로 먼저 처치집단과 통제집단 간 무선할당을 실시하여

두 집단 간 차이를 동일하게 한 후, 실험집단에게는 실험하고자 하는 처치변수를 가하고, 통제집단에게는 기존의 처치변수를 가한 상태에서 두 집단 간 차이를 비교하는 것이다(〈표 7-7〉 참조). 예를 들면, 실험집단에는 새로운 음악교수법을 적용하고, 통제집단에는 기존 교수법을 시행하여 새로운 음악교수법의 효과를 검증해 보는 것이다.

표 7-7 무선할당 통제집단 사전사후측정설계

처치집단	R	O	X_1	O
통제집단	R	O	X_2	O

셋째, 무선할당 솔로몬 4집단 실험설계(randomized solomon four-group design)로 앞에서 설명한 무선할당 통제집단 단일사후측정설계와 사전사후측정설계를 융합한 형태를 말한다(〈표 7-8〉 참조).

표 7-8 무선할당 솔로몬 4집단 실험설계

처치집단	R	O	X_1	O
통제집단	R	O	X_2	O
처치집단	R		X_1	O
통제집단	R			O

4) 음악교육에서의 실험연구의 의의

앞에서 설명한 바와 같이, 실험연구는 연구하고자 하는 독립변수와 종속변수 간의 직접적인 인과관계를 밝힐 수 있는 가장 효과적인 연구방법이다. 음악교육에서도 이러한 실험연구방법은 매우 중요하다. 예를 들면, 현장에서 새로운 음악 교수-학습 방법을 개발한 교사가 본인의 교수법이 가지는 효과를 검증해 본다거나, 연주자의 연주불안을 치료할 수 있는 방법을 개발하여 그 효과를 검증하고자 할 때, 실험연구방법은 매우 유용한 도구가 될 수 있다. 실제로 미국의 경우에도 음악교육 관련 연구의 70%가 실험연구방법을 사용하고 있다(최진호, 2011).

반면, 현재 우리나라에서의 실험연구는 매우 제한적으로 시행되고 있다. 이러한 현상에는 두 가지 이유가 있다. 첫째, 실험연구를 시행하기 위해서는 연구자가 실험연구방법과 통계에 대해 수년 간 훈련을 받아 매개변수를 통제하고 실험연구를 시행할 수 있는 능력을 갖추는 것이 필요하다. 그러나 현실적으로 이러한 능력을 갖추는 것은 쉽지 않다. 둘째, 이러한 능력을 갖추었다고 하더라도, 실제로 매개변수를 완벽하게 통제하여 실험연구를 성공적으로 이끄는 것은 쉬운 일이 아니라는 점이다.

중요한 것은 이러한 실험연구 시행의 어려움에도 불구하고, 실험연구는 우리나라의 음악교육을 발전시키는 데 꼭 필요한 연구방법이라는 사실이다. 예를 들면, 현재 우리나라 음악교육연구에서 가장 보편적인 연구는 문헌연구를 통한 효과적인 음악 교수-학습 방법이나 교재 개발 등에 관한 연구들인데, 문제는 이렇게 제안된 음악 교수-학습 방법이나 개발된 교재가 정말 효과가 있는지 검증되지 못하고 있다는 것이다. 더불어 문헌연구의 대부분은 기존의 실험연구를 통해 나타난 결과들을 조합하여 결론을 내리는 메타분석 방식을 사용하는데, 이는 연구의 원천 기술 없이 다른 나라의 학자가 연구한 결론을 바탕으로 연구를 시행하게 되어 학문의 종속 현상이 심화될 수 있다는 점이다. 이러한 점에서 현재 우리나라의 음악교육 분야에서 제안되고 있는 많은 연구 결과들의 실제적인 효용성을 측정할 수 있는 실험연구가 활성화되어 우리나라 음악교육의 연구가 더욱 발전하기를 바란다.

3. 관찰연구

1) 관찰연구의 종류와 의미

관찰연구

관찰연구는 관찰에 의해 연구대상의 특성을 분석하는 연구이다. 통제적 관찰, 비통제적 관찰, 조직적 관찰 등으로 구분하여 연구를 진행한다.

관찰연구(observational research)는 관찰에 의하여 연구대상의 특성을 파악하고 분석하는 연구이다. 관찰대상이 다수이고 관찰 내용이 수량화되어 분석되면 양적 연구가 되고, 관찰 대상이 소수이고 관찰 내용이 서술된다면 질적 연구이다(성태제, 2016, p. 231). 성태제(2016)는 관찰연구에 대하여 통제 여부에 따라 통제적 관찰과 비통제적 관찰로, 관찰의 조직성 여부에 따라 자연 관찰과 조직적 관찰로, 그리고 연구자 참여 여부에 따라 참여 관찰과 비참여 관찰로 구분한다.

(1) 통제적 관찰

통제적 관찰은 처치를 가하거나 자극을 준 어떤 실험적 상황에 대한 관찰을 통하여 그 효과를 분석하는 연구방법이다. 이 연구방법은 최은아(2014)의 「지적장애학생을 위한 통합음악교육 프로그램 개발 및 적용」이라는 논문에서 발견된다. 이 연구에서는 서울의 C 초등학교에서 경도 지적장애학생이 통합된 5학년 학급의 음악수업에 80분씩 8회기의 프로그램을 적용하였으며, 적용 후에 수업영상 전사자료, 연구자의 수업관찰일지, 담임교사 면담일지 등의 자료를 통해 결과를 분석한 것이다. 이 연구에서는 지적장애학생을 성장시킬 수 있는 프로그램을 만들고, 그 프로그램의 효과를 수업 관찰을 통해 검증하는 과정을 포함하고 있다.

또 다른 통제적 관찰을 하고 있는 연구는 오지향(2015, p.121)의 「레슨 스터디를 통한 예비음악교사의 협력적 전문성 신장 가능성 탐색」이다. 이 연구에서 개발한 레슨 스터디를 8주 실행하여 자기평가를 하고, 설문 조사 등을 실시하여 그 효과를 검증하였다. 이 연구에서는 관찰을 위한 수업실연평가표를 활용하고, 레슨 스터디의 인식을 조사하기 위해 질문지를 활용하고 학생들의 자기평가지를 연구의 도구로 활용한다. 또 다른 통제적 관찰은 박주만(2015)의 「초등학교에서의 아시아 민요를 활용한 다문화 음악수업의 적용 연구」에서도 발견된다. 연구는 우리나라 민요를 포함한 아시아 여러 나라의 대표적인 민요를 활용한 다문화 음악수업을 설계하고, 초등학교 현장에 적용하여 학생들의 반응과 효과를 알아보는 데 그 목적이 있다. 이를 위하여 먼저 아시아의 대표적인 민요 6곡을 선정하여 초등학생을 위한 다문화 음악 교수-학습 지도안을 개발한 뒤 총 12차시에 걸쳐 수도권에 위치한 S 초등학교 4학년 학생들에게 적용하였으며, 효과의 검증은 학습결과물, 수업 소감문, 교사 관찰일지, 면담자료 등을 통한 질적 연구방식으로 수집하여 분석한다.

(2) 비통제적 관찰

비통제적 관찰이란 처치를 가하지 않은 상태에서 관찰하는 연구를 말한다. 예를 들어, 특정 지역이나 특정 교수의 음악 활동이나 수업의 특성을 관찰하여 조사하는 연구가 이에 해당한다. 음악교육 관련 연구는 황인영(2004)의 「초등 음악수업에 있어서 교사의 교수행동 분석: 음악과 수업연구대회 수상작을 중심으로」에서 비통제적 관찰을 발견할 수 있다. 이 연구에서는 수업을 특성을 이해하기 위해 관찰을 통한 양적 연구를 진행하였다. 연구대상은 6개의 녹화된 수업이며, 각 수업을 교사와 학생의 활동으로 구분하고 교사의 질문, 칭찬, 강의, 지시 등과 학생의 가창, 악기연주, 신체 표현, 창작, 감상 등의 시간을 관찰하여 조사하고 비율을 계산해서 각각의 활동의 시간을 비교하여 특성을 파악했다. 그리고 김향정(2013)의 연구에서도 비통제적 관찰 방법이 나타난다. 그의 연구 「초등학교 예비교사들의 음악 수업 비평 양상」에서는 G 교육대학교 2학년 112명의 예비교사들이 통제되지 않은 음악 수업을 보고 수업 비평문을 작성하였으며, 작성된 수업 비평문은 근거이론의 개방코딩으로 범주화하여 빈도분석을 실시하였다. 예비교사들의 관찰 결과에 의해 그들의 수업에 대한 인식을 조사하는 것이다.

(3) 조직적 관찰

조직적 관찰은 관찰의 내용이 제한적이어서 관찰 내용, 관찰방법, 기록 방법 등이 사전에 규정되어 있는 관찰이며, 일반적으로 점검표에 의하여 관찰할 경우 관찰방법이 구조화되어 있다고 할 수 있다. 반면, 관찰의 내용, 시기, 방법 등을 규명하지 않고 자연스럽게 관찰하는 방법은 일반 관찰이라고 한다. 대부분의 관찰연구는 조직적 관찰 방법을 활용한다.

조직적 관찰에 대해서는 함희주(2005)의 「초등학교 음악수업 관찰방법 적용연구」에서 비교적 잘 설명하고 있다. 이 연구에서는 구조적인 관찰방법인 평정척도 및 수업 부호화 체계 등을 보여 준다. 그리고 연구의 목적과 내용에 따라 행동의 특성을 분류하고, 그에 따른 행동의 유/무에 대한 점검표는 〈표 7-9〉와 같이 만들어 활용할 수 있다.

〈5단계 척도 표〉

사례1: 교사의 명료성에 대한 총합 평정 문항:

선생님은 수업을 마칠 때 기대되는 기능 또는 이해를 학습자에게 알린다.

________ 항상
________ 번번히
___✓___ 때때로
________ 좀처럼
________ 결코

사례1: 수업 준비에 대한 총합 평정 문항: 개념의 질과 정확성

1	2	3 ✓	4	5
매우 제한된 탐구: 사실과 관련 자료가 거의 없거나 전혀 없음		약간의 탐구: 사실에 대한 주목이 뚜렸함		광범위한 탐구: 사실에 대한 광범위한 설명

사례 3: 학생 협력과 참여에 대한 총합 평정 문항:

학생은 다른 사람의 견해를 고려하는가?

		✓		
결코	좀처럼	때때로	번번히	항상

사례 4: 교사의 언어 전달력에 대한 총합 평정 문항:

기술적 어휘에 대한 교사의 말투

1	2	3	4✓	5
매우 빈약한	빈약한	적절한	좋은	매우 좋은

*「나뭇잎배」- 부분 2부 합창하기 수업에 적용된 5단계 척도 표

[그림 7-5] 조직적 관찰을 위한 표의 예

출처: 함희주(2005, p. 202).

표 7-9 기록 방식의 예

8. 행동의 유/무에 대한 점검표와 코드

관찰 기회 없음	관찰됨		부여된 코드
☐	☐	정보를 공유한다.	없음
☐	☐	아이디어에 기여한다.	+1
☐	☐	다른 사람의 말을 경청한다.	+1

□	□	지시를 따른다.	+1
□	□	집단의 문제를 해결하는 데 솔선한다.	없음
□	□	집단에서 결정한 과제를 수용하고 따른다.	+1
□	□	다른 사람의 견해를 고려한다.	없음

출처: 함희주(2005, p. 200).

2) 관찰 기록

관찰연구는 관찰과 함께 관찰한 것을 기록하는 것이 중요하다. 체계적 · 과학적인 방법으로 관찰을 실시하였다고 하더라도 기록이 체계적이고 충실하지 못하면 관찰연구의 타당성에 문제가 생길 수 있다. 따라서 관찰 기록의 내용은 상세해야 하고, 방법은 객관적이어야 한다.

(1) 관찰 기록 내용

음악교육연구에서 관찰 기록 내용은 다양한데, 음악 수업을 관찰하는 도구는 현경실의 '한국 음악 수업 분석법(KCSM)', 최은식의 '비언어적 수업 행동 분석평가지(AMNMTB)' 등이 있다. 현경실의 KCSM은 크게 교사의 발언, 음악활동, 학생의 발언, 기타 등 4개 영역으로 나누어 기록할 수 있는 구조를 갖추고 있다. 현경실(2000)은 수업에서 일어나는 일들을 이런 항목으로 구분하여 기록하면 합리적인 내용 파악이 된다고 주장하였다. 이 4개의 영역은 총 10개 항목으로 나누어졌다. KCSM의 영역과 항목은 〈표 7-10〉과 같다.

표 7-10 한국 음악 수업 분석법 항목표

영역	분류 항목	내용	비고
교사의 발언	1. 긍정적 발언	칭찬, 질문, 권장, 학생의 아이디어를 받아들임	
	2. 부정적 발언	지시, 명령, 권위를 부리는 것, 거부하는 것, 교정	
	3. 강의	지식이나 의견의 제공	

음악활동 (학생들의 전체적인 활동)	4. 노래	가사나 계명으로 노래하기	
	5. 기악연주	모든 악기의 연주	
	6. 표현활동	신체 표현, 독보, 따라하기 등	
	7. 감상	음악 감상하기	
학생의 발언	8. 수동적 발언	단순한 답변	
	9. 능동적 발언	능동적인 자발적인 질문	
기타	10. 직업, 혼돈	집단활동, 개인활동	

출처: 현경실(2000, p. 106).

최은식(2001)은 수업에서 언어적 상황 외에 비언어적 활동이 다양하게 나타나는 것인 인식하고, 그것들은 기록할 수 있는 틀인 AMNMTB를 제안하였다. AMNMTB로 비설명 · 비지시적 언어 사용, 시선 분배, 모델링, 교사-학생 상호 교류 등을 변인에 대해 서열 점수를 기록하는 방식을 쓴다. 〈표 7-11〉은 최은식의 AMNMTB를 보여 준다.

표 7-11 비언어 음악수업행동 평가지

■ 비디오번호: ■ 성별:

음악수업행동 변인	서열 점수				
	1	2	3	4	5
비설명 · 비지시적 언어 사용					
시선 분배					
모델링					
교사-학생 상호 교류					
연주 능력					
반주 능력					
음악적 움직임					
교정 행동					

유머					
기타					

출처: 최은식(2001, p. 8).

분석 요소가 결정되면, 다음에는 요소별로 기록하는 일이 남는다. 양적 연구에서는 각 요소에 대해 비중이나 중요도를 숫자로 기록할 수 있고, 때때로 활동 시간을 기록하여 그 특성을 이해하는 경우가 있다. 관찰한 것을 기록하는 방법을 '관찰기록 방법'에서 설명한다.

(2) 관찰기록 방법

관찰기록 방법은 과거에는 주로 쓰는 방식으로 했으나, 최근 동영상으로 기록하고 그것을 다시 전사하는 방식을 많이 사용하고 있다. 양적 연구에서 기록 방법은 점검표, 평정지, 엑셀과 같은 컴퓨터 소프트웨어를 이용하는 방법이 있다. 점검표는 관찰하고자 하는 행위나 내용에 대하여 단순한 기호나 숫자를 활용하여 행동 유형이나 관찰 행동을 분류할 때 주로 사용한다. 〈표 7-12〉는 교사와 학생의 수업 특성을 분석한 황인영(2004)의 연구에서 활용한 수업분석표이다. 그는 사전에 영역을 결정하고, 각 영역에 대해 시간을 기록하는 방식으로 표시를 하고, 이후에 그것을 분석하였다.

(3) 관찰자 훈련

관찰자는 오감을 통해 들어온 정보를 정확하고 꼼꼼하게 기록을 해야 하기 때문에 정확한 판단력과 정서적 안정감을 가지고 있어야 한다. 특히 시각과 청각으로 들어오는 정보뿐만 아니라 이면의 상황에 대해서도 기록할 수 이어야 하기 때문에 진지하고 깊이 있는 사고력을 가져야 한다. 또한 상황이 연속적으로 발생하고 그것을 포착하고 기록해야 하기 때문에 상황을 잘 정리하는 능력도 요구된다. 성태제(2016, p. 228)는 관찰자에게 다음과 같은 훈련을 제안하였다.

표 7-12 수업분석표

<table>
<tr><th colspan="3">영역</th><th colspan="2">활동 유형</th><th>시간
(분:초)</th><th>영역 내
비율(%)</th><th>전체 수업
에서의
비율(%)</th><th colspan="2">합계</th></tr>
<tr><td rowspan="17">교사</td><td rowspan="11">언어적 교수 행동</td><td rowspan="7">비지시적 발언</td><td colspan="2">1. 학생의 느낌과 생각의 수영</td><td>1:14</td><td>4.52</td><td>2.20</td><td rowspan="7">8.15%
(4:34)</td><td rowspan="11">48.63%
(27:14)</td></tr>
<tr><td rowspan="5">2. 질문</td><td>(지식 · 이해)</td><td>0:03</td><td>0.18</td><td>0.08</td></tr>
<tr><td>(작용 · 분석)</td><td>0:37</td><td>2.26</td><td>1.10</td></tr>
<tr><td>(종합 · 평가)</td><td>-</td><td>-</td><td>-</td></tr>
<tr><td>단순질문</td><td>2:07</td><td>7.77</td><td>3.77</td></tr>
<tr><td colspan="2">3. 칭찬(긍정적 강화)</td><td>0:33</td><td>2.01</td><td>0.98</td></tr>
<tr><td rowspan="4">지시적 발언</td><td colspan="2">4. 강의(설명)</td><td>16:39</td><td>61.13</td><td>29.73</td><td rowspan="4">40.47
(22:40)</td></tr>
<tr><td colspan="2">5. 지시</td><td>5:13</td><td>19.15</td><td>9.31</td></tr>
<tr><td colspan="2">6. 비판(부정적 강화)</td><td>0:07</td><td>0.42</td><td>0.20</td></tr>
<tr><td colspan="2">7. 교정행동</td><td>0:41</td><td>2.50</td><td>1.22</td></tr>
<tr><td colspan="2" rowspan="6">비 언어적 교수 행동</td><td rowspan="5">8. 음악적 모델링 제시</td><td>가창</td><td>7:12</td><td>41.90</td><td>12.85</td><td colspan="2" rowspan="6">30.6%
(17:11)</td></tr>
<tr><td>악기 변주</td><td>1:12</td><td>6.98</td><td>2.14</td></tr>
<tr><td>신체표현</td><td>-</td><td>-</td><td>-</td></tr>
<tr><td>창작</td><td>-</td><td>-</td><td>-</td></tr>
<tr><td>감상(CD)</td><td>0:56</td><td>5.33</td><td>1.63</td></tr>
<tr><td colspan="2">9. 반주</td><td>7:52</td><td>45:78</td><td>14.04</td></tr>
<tr><td rowspan="8">학생</td><td colspan="2" rowspan="5">실제 음악 활동 시간</td><td colspan="2">1. 가창</td><td>14:43</td><td>52.65</td><td>26.27</td><td colspan="2" rowspan="5">49.91%
(27:57)</td></tr>
<tr><td colspan="2">2. 악기 연주</td><td>9:38</td><td>34.46</td><td>17.20</td></tr>
<tr><td colspan="2">3. 신체표현</td><td>1:35</td><td>5.66</td><td>2.82</td></tr>
<tr><td colspan="2">4. 창작</td><td>1:06</td><td>3.93</td><td>1.96</td></tr>
<tr><td colspan="2">5. 감상</td><td>0:55</td><td>3.27</td><td>1.63</td></tr>
<tr><td colspan="2" rowspan="3">학습 활동 유형</td><td colspan="2">1. 개별 학습</td><td>-</td><td>-</td><td>-</td><td colspan="2" rowspan="3">(27:57)</td></tr>
<tr><td colspan="2">2. 조별 학습</td><td>2:41</td><td>9.60</td><td>4.79</td></tr>
<tr><td colspan="2">3. 전체 학습</td><td>25:16</td><td>90.39</td><td>45.11</td></tr>
<tr><td colspan="3">기타</td><td colspan="2">자료 준비 · 제시로 인한 공백이나 침묵, 소란의 시간</td><td>3:26</td><td></td><td>6.13</td><td colspan="2">6.13%
(3:26)</td></tr>
</table>

출처: 황인영(2004, p. 272).

첫째, 무엇을 관찰할 것인지 구체적으로 규명한다. 연구의 목표와 내용을 명확하게 이해하고, 그에 따라 관찰할 내용이 무엇인지, 왜 그것을 관찰하는지 정확히 이해할 수 있도록 훈련한다.

둘째, 측정 방법을 명료화한다. 활용할 도구를 정확히 이해하고 기록하는 방법을 훈련한다.

셋째, 관찰자가 여럿일 때는 토의를 거쳐 기록하고, 분류하는 방법을 일치시킨다. 관찰자들이 함께 관찰 도구를 활용하여 기록하고 그 결과를 검토하여 분류 방법을 일치시킬 수 있도록 한다.

넷째, 관찰자의 관찰결과의 일관성 있도록 훈련한다. 하나의 상황을 두고 함께 관찰하여 기록하고, 그것이 일치하는지 검토하여 일관성이 있도록 만든다.

3) 연구의 장단점

양적 연구에서 관찰연구는 연구자가 대상을 직접 관찰하고, 관찰한 내용을 객관화하여 그것을 연구의 결론을 위해 활용한다는 점에서 과학적인 연구방법이다. 성태제(2016, p.249)는 관찰연구의 장단점을 다음과 같이 정리하고 있다. 장점은, 첫째, 질문지나 표준화 검사에서 측정할 수 없는 개인의 내면적 특성을 파악할 수 있다. 예를 들어, 양적 검사에서 알아낼 수 없는 개인적인 특성을 파악할 수 있다. 둘째, 자기보고서에 의해서 얻을 수 있는 자료보다 더 객관적인 자료를 얻을 수 있다. 예를 들어, 교실에서 교사와 학생 간의 상호작용을 분석하기 위하여 비디오로 활용한 내용을 관찰한다면 보다 자세하고 객관적인 정보를 얻을 수 있다.

관찰연구의 단점은, 첫째, 관찰자의 주관이 개입될 수 있다. 관찰기록은 관찰 내용에 대한 관찰자의 견해가 반영되므로 관찰자의 편견이 개입될 소지가 있다. 이와 같은 관찰자의 주관성은 관찰자 훈련과 관찰자내 신뢰도 및 관찰자 간 신뢰도를 통하여 통제할 수 있다. 둘째, 관찰자에 의하여 관찰 상황이 변화된다. 특히 참여관찰을 할 경우 연구대상의 행동이 부자연스러워지거나 연구목적에 부합하는 가식적인 행위를 하는 경우가 많다. 셋째, 많은 시간이 소요된다. 관찰을 통하여 자료를 수집하는 과정은 간단하지 않을 뿐만 아니라 많은 시간이 소요되는 작업이다.

4) 연구 시 주의사항

관찰연구에서 주의할 점은 다음과 같다.

첫째, 관찰 과정을 체계적이고 상세하게 계획해야 한다. 무엇을 어떻게 관찰하고 기록하며 어떻게 분석하는지 분명하게 해야 한다.

둘째, 관찰자가 관찰할 내용과 기준 그리고 기록 방법들을 잘 알고 활용할 수 있어야 한다. 각 관찰자마다 일관된 관찰을 시행해야 할 뿐만 아니라 관찰자 간의 관찰결과가 일치하도록 관찰자들을 훈련시켜야 한다.

셋째, 관찰자 간의 신뢰도를 검증해야 한다. 관찰자 훈련으로 관찰자 간 신뢰도를 보장받을 수 있는 것은 아니다. 관찰자 훈련이 철저하였더라도 관찰결과를 연구에 적용하려면 관찰자 간 신뢰도를 확인해야 한다.

넷째, 관찰 상황에 대한 고려가 있어야 한다. 어떤 상황에서 그와 같은 결과가 나타났는지를 분석하면 관찰결과에 보다 많은 의미를 부여할 수 있다.

다섯째, 관찰행동에 대한 표집의 대표성이다. 일반적으로 나타나는 행동 중에서 대표적으로 나타나는 행위가 연구를 위하여 표집되어야 연구 결과를 일반화할 수 있다. 여섯째, 관찰결과의 해석이다. 관찰결과를 객관적 입장에서 해석해야 한다.

이 외에도 많은 점을 고려하여 세심한 주의를 기울일 때보다 타당한 연구결과를 얻을 수 있다.

참고문헌

구정화(2011). 청소년을 위한 사회학 에세이. 서울: 해냄.
김구(2008). 사회과학 연구조사 방법론의 이해. 서울: 비앤엠북스.
김향정(2013). 초등학교 예비교사들의 음악 수업 비평 양상. 음악교육연구, 42(3), 97-124.
박민경(2010). 음악치료 교과과정에 대한 음악치료전공 대학원생의 인식도 조사 연구. 음악치료교육연구, 7(2), 47-63.
박성우, 김용욱, 김은숙, 이대식, 우정한, 정주영(2004). 발달장애학생의 학업성취도 평가에 대한 인식 및 학업성취 실태조사. 경기: 국립특수교육원.
박주만(2015). 초등학교에서의 아시아 민요를 활용한 다문화 음악수업의 적용 연구. 예술교육연구, 13(1), 21-36.
백상용(2006). 질적 연구의 의미와 한계: 양적 연구와의 비교를 통하여. 정보시스템연구, 15(1), 239-254.
서울대학교 교육연구소(1995). 교육학용어사전. 서울: 하우.
설장미, 송화진(2016). 현장 유아음악수업 참여관찰을 통한 예비유아교사의 유아음악교육에 대한 인식 변화. 미래유아교육학회지, 23(1), 253-276.
성태제(2016). 교육연구방법의 이해. 서울: 학지사.
성태제, 시기자(2010). 연구방법론. 서울: 학지사.
송병순(1999). 유치원 음악교육에 관한 조사연구. 유아교육, 8(1), 85-92.
심준섭(2008). 행정학 연구의 대안적 방법으로서의 방법론적 다각화(Triangulation): 질적 방법과 양적 방법의 결합. 한국행정연구, 17(2), 3-31.
양종모(2016). 일본 소학교의 음악 교과서에 나타나는 지역세계성(glocality) 연구. 음악교육연구, 45(1), 21-43.
양종모, 남지영(2014). 음악 중심 융합교육 수업을 위한 동료장학의 의미-부산 Y초등학교의 사례를 중심으로. 음악교육연구, 43(1), 109-138.
오지향(2016). 레슨 스터디를 통한 예비음악교사의 협력적 전문성 신장 가능성 탐색. 음악교육연구, 44(3), 111-135.
조순이(2016). 초등학교 음악전담교사의 가창지도에 대한 인식 연구. 음악교육연구, 45(2), 251-274.
최은식(2001). 음악교사의 교수행동에 있어서 비언어적 교수방법 변인의 상호 관련성 및 효과에 관한 연구. 음악교육연구, 20, 175-197.
최은아(2014). 지적장애학생을 위한 통합음악교육 프로그램 개발 및 적용. 음악교육연구, 43(2), 115-138.
최진호(2010). 음악대학원생들의 다문화에 대한 태도와 다문화 음악선호도와의 관계. 음악교육공학, 10, 81-94.

최진호(2011). 연구방법론을 통해 본 음악교육학연구의 현황과 과제. 음악교육공학, 37, 215-244.

한국교육심리학회(2000). 교육심리학용어사전. 서울: 학지사.

함희주(2006). 초등학교 음악수업 관찰방법 적용연구. 음악교육연구, 29, 185-214.

현경실(2000). 초등학교 음악수업의 실태조사 II. 대구교육대학교 초등교육연구논총, 15, 99-124.

황인영(2004). 초등 음악수업에 있어서 교사의 교수행동 분석: 음악과 수업연구대회 수상작을 중심으로. 음악교육연구, 26, 261-282.

Creswell, J. (2003). *Research Design: Qualitative, Quantitative, and Mixed Methods Approaches*. Thousand Oaks, CA: SAGE.

Fraenkel, J. R., & Wallen, N. R. (2003). *How to design and evaluate research in education*. New York: McGraw-Hill.

Neuman, W. L. (2013). 사회연구조사방법론(질적 연구와 양적 연구방법). 박기우, 이정우, 유희숙 공역. 서울: 이앤비플러스.

Walsham, G. (1995). Interpretative case studies in IS research: nature and method. *European Journal of Information Systems, Vol. 4*, No. 2, pp. 74-81.

정리하기

교수님, 실험연구를 시행하려고 할 때 가장 중요한 점은 무엇인가요?	실험연구는 먼저 독립변수와 종속변수를 명확하게 규정하고, 독립변수 이외의 종속변수에 영향을 줄 수 있는 매개변수에는 어떤 것들이 있는지를 고려하는 것이 필요합니다.	그럼 결국 실험연구의 목적은 매개변수를 통제하는 것이라고도 할 수 있겠네요? 그렇지요. 그래서 실험연구를 설계할 때 매개변수를 가장 잘 통제할 수 있는 연구방법을 선택하는 것이 중요합니다.
그럼 실험연구에서 매개변수를 제대로 통제하고 있는지를 확인할 수 있는 방법은 없나요?	실험연구에서 매개변수를 제대로 통제하고 있는지를 위해서는 실험설계가 잘 구성되었는지를 확인하는 내적 타당도와 실험결과를 일반화할 수 있는지를 확인하는 외적 타당도를 확보하는 것이 가장 중요합니다.	그러면 내적 타당도와 외적 타당도를 확보하기 위한 방법이 정해져 있나요? 일반적으로 제시되어 있는 방법과 요소들이 있지만, 실험연구 상황에 따라 조금씩 차이가 있을 수 있습니다.

내용요약

1. 양적 연구는 체크리스트나 설문지를 활용하여 대상의 특성을 양화할 수 있는 방법을 활용한다.

2. 문헌연구(documentary research)는 문헌자료의 수집 · 조사 · 분석 · 해석을 통해 음악교육의 과거, 현재, 미래에 대한 이해와 발전 방향을 모색하는 연구방법이다.

연구문제

1. 양적 연구방법을 질적 연구방법과의 차이를 인용하여 설명해 보시오.

2. 질적 연구에서 양적 연구방법을 활용할 수 있는 부분을 예를 들어 이야기해 보시오.

3. 음악교육연구에서 가능한 실험연구 주제를 생각해 보고, 독립변수와 종속변수를 규명해 보시오.

제 4 부

음악교육연구의 실천-현장연구

8장
음악교육에서 현장연구

조성기

교육의 질적 발전을 위해서는 교육에 관한 많은 연구가 절대적으로 필요하다. 특히 일선 교육 현장에서 일어나는 교육적 문제를 해결하거나 교육적 행위를 이해할 목적으로 개인이나 집단 등이 수행하는 체계적 · 실천적인 현장교육 연구는 학교 교육이 잘 수행되고 발전되도록 하는 원동력으로서 매우 중요한 연구라고 할 수 있다. 음악에 대한 이해 및 창의적인 연주와 표현에 관한 기능을 다루는 음악교육에서 그 교육 내용과 방법에 대한 다양한 실천적인 현장연구는 다른 교과에서 보다 더 큰 의미를 가질 수 있다.

현장연구

교육현장의 문제를 해결하거나 교육상황의 개선을 위해 교육실천가들이 수행하는 연구이다.

1. 현장연구의 특징

1) 현장연구의 개념

현장연구(action research)는 현장교육연구와 동일한 의미로서, 학교 현장에서 교육을 실천하는 일선 교원들이 교육 현장에서 발견한 당면의 문제점이나 개선을 요하는 현안 과제를 주제로 선정하여 해결 방안을 제시함으로써 교육의 질적 발전을 꾀하려는 연구이다. 현장연구는 '교육 현장의 개선을 위하여 교육실천가들이 수행하는 연구'라고 정의할 수 있으며 실천연구 또는 실행연구라고도 한다. 일반연구가 일반화에 초점을 맞추고 널리 적용할 수 있는 원리 발견에 노력하는 것과는 달리, 현장연구는 현장의 문제해결 또는 새로운 기술이나 접근 방법의 개발을 목적으로 한다. 그러므로 현장연구는 어떤 특정 상황에서 일어나는 문제를 해결한다거나 새로운 접근법이나 혁신적 방법을 소개하여 교육 상황을 개선하는 데 유용한 방법이다.

2) 현장연구의 필요성

학생들의 행동을 바람직한 방향으로 변화시키는 교육의 본래 목적을 실행함에 있어, 교사는 학생들을 가르치는 과정에서 노출되는 문제점을 해결하기 위해 다양한 시도의 연구를 수행할 필요가 있다. 본래의 사명이라고도 할 수 있는 이러한 현장연구의 필요성을 구체적으로 제시하면 다음과 같다.

첫째, 현장연구는 교사로 하여금 주변의 교육문제에 대한 관찰과 문제해결에 자극을 줄 수 있다.

둘째, 현장연구를 통해 최신의 우수한 교육이론을 실제로 교육 현장에서 실천해 볼 수 있다.

셋째, 교육의 이론과 실제 간의 괴리 현상을 수정 · 보완할 수 있는 중요한 기회를 제공한다.

넷째, 교육학자나 교육 행정가들의 관심을 집중시킬 수 있다.

다섯째, 발전해 가는 사회변화와 교육 여건에 능동적으로 대처하기 위하여, 교사 스스로 전문적 자질과 소양을 제고할 수 있다.

3) 현장연구의 특징

현장연구는 학교 현장에서(현장성), 학생들을 직접 가르치는(직접성) 교원이(주체성), 학교 현장의 문제에 대해(당면성) 해결 대안을 제시하는(대안 제시의 정책성) 특징을 갖는다. 이를 더 자세히 설명하면 다음과 같다.

첫째, 현장교육연구의 주체는 현장 교원, 교육 전문직 등이다.

둘째, 연구문제는 학교 교육 현장에서 발생하는 현실적인 문제다.

셋째, 연구목적은 교육 방법의 실천하거나 개선을 위한 대안 제시에 있다.

넷째, 연구의 초점은 새로운 이론의 개발보다는 기존의 이론과 방법을 교육 현장에 실제로 적용하는 데 있다.

다섯째, 연구의 결과는 실제로 실천을 통해 얻은 구체적인 실적이어야 한다.

여섯째, 현장의 주어진 여건이나 사태의 변화를 수용하면서 진행한다.

일곱째, 연구의 범위는 포괄적인 것보다는 제한된 범위에서 구체적인 적용에 제한시켜야 한다.

여덟째, 연구의 질을 높이기 위하여 가능하면 조직 구성원이나 연구 전문가의 조력을 필요로 한다.

아홉째, 연구로 인해서 정상적인 교육 활동을 저해하거나 학생들의 교육적 형평성이 침해되지 않도록 배려해야 한다.

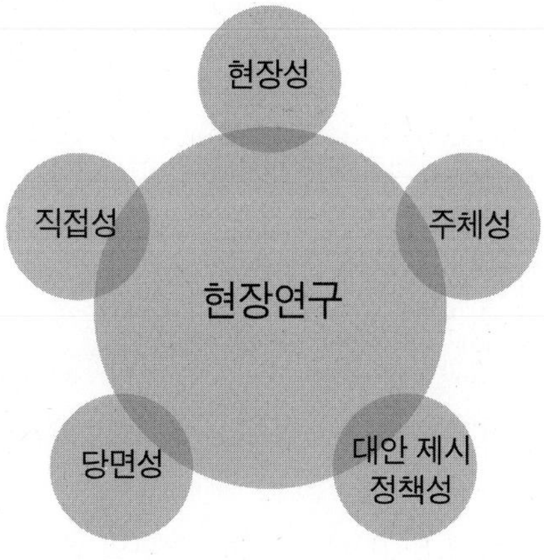

[그림 8-1] 현장연구의 특징

4) 현장연구의 유형

현장연구의 유형에는 크게 실질적 현장연구와 참여적 현장연구로 구분된다. 실질적 현장연구는 다시 진단형, 실험형, 실천형 현장연구로 나뉜다.

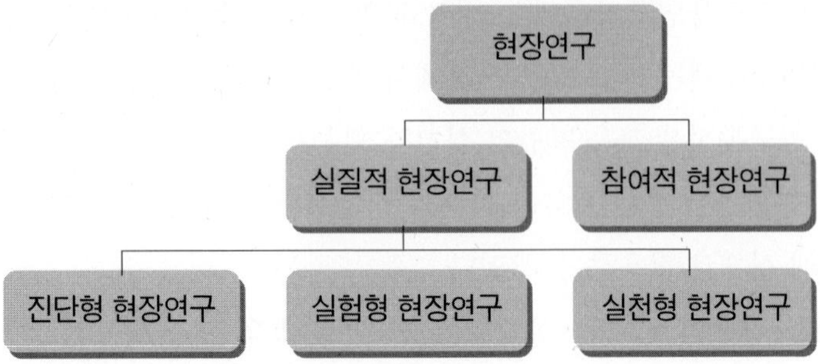

[그림 8-2] 현장연구의 유형

(1) 실질적 현장연구

특수한 학교 상황을 연구하는 것으로 주로 작은 규모의 현장연구 프로젝트나 특별한 교육적 문제 및 사건에 초점을 맞추고 학교나 지역 교육청 안의 개별 교사나 팀에 의해서 수행되는 연구이다. 즉, 세부적이고 지역적인 문제에 대한 해결 방안을 제시하고 개발하는 연구이며, 교육자가 학습에 대한 자신의 이론을 점검하고 학생들에 대한 자신의 실천 결과를 검증하고자 한다. 실질적 현장연구의 예는 [그림 8-3]과 같다.

- 음악교사가 새로운 교수매체를 활용한 음악과 교수-학습의 효과를 연구한다.
- 고등학교 교사가 학생들과의 협업으로 새로운 창작 교수-학습 프로그램을 개발하고, 창작 포트폴리오 적용을 연구한다.
- 학생과 교사, 학부모가 팀을 이루어 중학교에서 자유학기제를 위한 새로운 음악 프로그램의 적용 결과를 연구한다.
- 초등학교 교사가 자신의 학급 학생의 공격적이고 반항적인 행동을 연구한다.

[그림 8-3] 실질적 현장연구의 예시

① 진단형 현장연구

실제의 교육 상황에서 발생하는 문제를 찾아 원인을 분석 · 진단하고, 그에 대한 해결 방법을 세워 실천하는 연구이다. 학교나 학급에서 발생하는 여러 가지 문제에 대하여 다양한 측면에서 관찰하고, 학부모나 동료 교사 등에게서 정보나 도움을 얻어 연구를 수행할 수 있다. 사례연구, 학습부진 학생에 대한 연구, 학교생활 부적응 학생에 대한 연구 등이 이에 해당한다.

② 실험형 현장연구

교육의 실천 상황에서 나타나는 제반 문제를 해결하기 위해 가설을 설정하고 이를 실천하여 그 합리성을 검증하는 연구이다. 교사가 교육활동 과정에서 보다 효과적인 교수 방법이나 매체 적용방법을 확인하고자 하거나 새로운 교수-학습 방법을 찾아 적용하는 연구에 사용할 수 있다. 새로운 교수-학습 방법의 효율성에 관한 연구, 협동학습과 전통적 소집단 학습에 대한 비교연구, 창의적 체험활동 교육과정 편성 · 운영에 관한 연구, 체험학습에 대한 효과, 학습 기술 훈련이 학업 성취에 미치는 효과에 관한 연구 등이 여기에 해당한다.

③ 실천형 현장연구

학교현장에서 보다 나은 교육적 실천을 위해 이미 개발되었거나 발견된 교육 원리 혹은 방법 등을 적용하거나 가설을 세워 실천하는 연구이다. 학급, 연구학교, 시범학교의 교육활동 과정에서 발견되는 교수-학습의 문제에 대하여 효과적인 교수방법의 적용, 새로운 학습 원리의 적용에 관한 연구 등을 할 때 사용된다. 교수-학습 방법의 개선에 관한 연구, 학급 내 학생들의 사회성에 관한 연구, 교육과정 편성 · 운영에 대한 연구, 학습 집단 조직이나 교수 자료 및 매체의 효율성에 대한 연구 등이 이에 해당한다.

(2) 참여적 현장연구

참여적 현장연구는 즉각적인 교실문제를 해결하는 개별 교사에 초점을 맞추기보다는 사회적 공동체를 지향하고 우리 사회의 해방과 변화에 기여하는 연구에 초점을 두고 있다. 이 연구는 공동체 기반연구, 협동적 현장연구, 참여적 연구, 비판적 현장연구 등으로 불리기도 하며, 조직이나 공동체, 가족의 삶의 질을 증가시키는 데 그 목적을 둔다. 학생과 교육자의 삶을 억제하고 억압하는 사회적 문제와 관련된 쟁점과 우리 사회 안의 사회적 · 경제적 · 정치적 교실문제에 대한 쟁점 등을 연구주제로 다룬다. 참여적 현장연구의 예는 [그림 8-4]와 같다.

- 학생의 음악적 능력을 분류하는 음악과 평가에 관해 연구한다.
- 특정 문화나 집단과 관련하여 음악 교과서의 내용에 대해 연구한다.
- 음악 교과서에 나타나는 이미지나 텍스트에서 성별 구분에 대해 연구한다.
- 음악의 본질적인 학습보다는 학생에게 실패감을 조성하는 기능 위주의 음악 콩쿠르에 관해 연구한다.

[그림 8-4] 참여적 현장연구의 예시

5) 현장연구의 단계

(1) 현장연구 프로젝트를 위한 4단계

밀즈(Mills, 2011)가 제시한 모델로서 연구자가 연구의 문제와 초점을 인식하고 자료수집과 자료의 분석 및 해석이 오고가며, 실행 계획 세우기에 이르는 순환적 구조를 가진다.

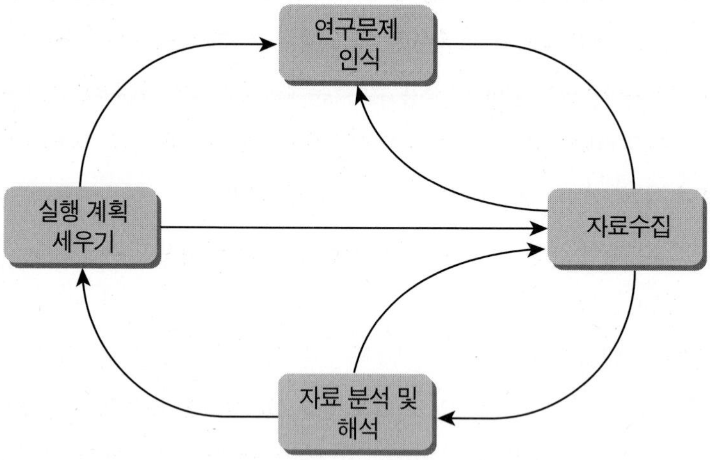

[그림 8-5] 현장연구 프로젝트를 위한 4단계

출처: https://www.slideshare.net/trudythorson/action-research-final-copy-15255501

(2) 현장연구 5단계 주기

스트링거(Stringer, 2008)가 제시한 모델로 연구설계, 자료수집, 자료분석, 연구결과 소통, 실행의 단계를 갖는다. 연구설계 단계에서는 연구자가 조사

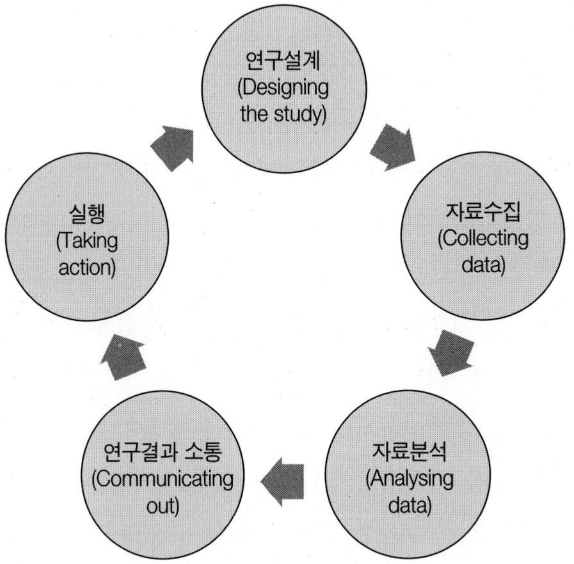

[그림 8-6] 현장연구 5단계 주기

출처: http://www.iier.org.au/iier23/hine.html

할 쟁점을 주의깊게 선정하고 연구의 체계적인 과정들을 계획하고, 작업의 타당성과 윤리성을 점검한다. 자료수집 단계에서는 흥미 있는 현상에 대한 다양한 소스들로부터 정보를 수집한다. 다음으로는 조사하려는 쟁점의 주요 특징들을 확인하기 위해 정보들을 분석한다. 소통하는 단계에서는 연구의 결과들을 적절한 매체나 포럼의 활용을 통해 관련자들에게 알린다. 마지막 단계에서 연구자는 연구의 결과들을 사용하여 실행에 옮긴다.

2. 현장연구의 방법과 사례

현장연구의 유형 중 대개는 실질적 연구가 이루어지며, 그중에서도 진단형 현장연구와 실험형 현장연구가 주를 이룬다. 실천형 현장연구의 경우는 학교 단위나 교육청, 정부 차원에서 연구학교나 실험학교에 적용하여 이루어지고 있다. 현장연구에서 가장 많이 이루어지고 있는 연구방법인 조사연구와 실험연구, 실천연구의 방법과 절차에 대해 알아본다.

현장연구 방법은?

현장연구는 조사연구, 실험연구, 실천연구 등의 방법으로 이루어진다.

1) 현장연구의 방법

(1) 조사연구

다양한 현상을 파악하기 위해 가장 보편적으로 이루어지는 연구방법이다. 조사연구는 표집을 통해 사회학적 변인과 심리학적 변인의 상대적 영향력, 분포 및 상호 관계성을 밝히며, 질문지나 면접과 같은 직접적인 접촉을 통해서 특정 문제의 속성이나 행동, 태도를 연구하여 전집에 대한 정보를 수집한다(김석우 외, 2013). 조사연구는 교육 현상을 사실대로 기술하고 해석하는 연구로 조건 통제나 변인 통제를 하지 않는다. 통제되지 않은 자연적 상황에서 질문을 통하여 현상을 파악하는 연구로서 현재의 사실을 연구하는 방법이다. 조사연구에 사용되는 도구는 반응 결과를 수량화할 수 있도록 제작되어야 한다.

① 조사연구의 절차

조사연구의 절차는 조사의 내용, 방법 및 대상에 따라 다를 수 있지만, 일반적으로 [그림 8-7]과 같은 단계를 거쳐 이루어진다.

[그림 8-7] 조사연구의 절차

계획 수립 단계는 왜 조사를 하며, 그 결과를 어떻게 사용할 것인지 등 연구의 목적을 서술하고 그러한 목적을 달성하기 위해 어떠한 내용을 조사할 것인지를 결정하는 단계이다.

가설 설정 단계는 연구문제를 인식하고 가설을 설정하며, 설정된 가설을 검증하기 위해 조사연구의 대상과 표집 및 조사 방법, 질문지 작성, 조사 일정 및 자료분석 등에 대한 세부 사항이 포함된다.

조사 실시 단계는 계획에 따라 실제로 조사가 이루어지는 단계이다. 대규모의 연구에서는 본 검사에 앞서 예비조사를 실시하여 문제점을 발견하고 수정 · 보완하는 것이 바람직하다.

자료분석 단계는 수집된 자료를 검토하여 수정·보완하고 미리 정해진 기준에 따라 정리·분류·분석을 하는 단계이다.

보고서 작성 단계는 자료분석이 끝난 결과에 따라 표나 그림을 제작하고, 결과를 정리하여 당초 목적에 적합하게 연구보고서를 작성하는 최종 단계이다.

조사연구에서의 주의사항

- 타당하고 신뢰할 수 있는 조사도구(질문지나 면접지)를 제작하여야 한다.
- 연구에 적합한 대상(모집단을 대표하는 표본)을 표집하여야 한다.
- 연구의 효율성을 높이기 위해 사전연구를 실시하는 것이 좋다.
- 연구 결과의 타당성을 높이기 위해 질문지 회수율을 높여야 한다.
- 연구목적에 부합하는 올바른 통계적 방법으로 자료를 분석하여야 한다.

[그림 8-8] 조사연구의 주의사항

② 조사연구 계획서 및 보고서 작성법

조사연구를 시작하기 전 계획서의 작성과 연구 종료 후 보고서 작성을 위해 각 목차를 비교하면 〈표 8-1〉과 같다. 조사연구의 계획서에는 '기대되는 효과'와 '보고서 작성계획'이 목차로 포함되는 데 비하여, 보고서에는 '결과 및 해석' '논의 및 결론'이 포함된다.

표 8-1 조사연구 계획서와 조사연구 보고서의 목차

계획서 목차	보고서 목차
Ⅰ. 서론	Ⅰ. 서론
1. 연구의 필요성	1. 연구의 필요성
2. 연구의 목적	2. 연구의 목적
3. 연구의 문제	3. 연구의 문제
4. 용어의 정의	4. 용어의 정의
Ⅱ. 이론적 배경	Ⅱ. 이론적 배경
1. 관련 이론 탐색	1. 관련 이론 탐색
2. 선행연구 고찰	2. 선행연구 고찰

Ⅲ. 연구 방법 및 절차	Ⅲ. 연구 방법 및 절차
1. 연구 기간	1. 연구 기간
2. 연구 절차	2. 연구 절차
3. 표집대상	3. 표집대상
4. 조사도구	4. 조사도구
5. 조사 방법	5. 조사 방법
6. 자료 처리	6. 자료 처리
Ⅳ. 기대되는 효과	Ⅳ. 결과 및 해석
Ⅴ. 보고서 작성 계획	Ⅴ. 논의 및 결론
	1. 논의
참고문헌	2. 결론
부록	3. 제언
	참고문헌
	부록

연구문제 및 연구대상, 조사도구, 자료 처리에 대한 작성 방법은 다음과 같다.

가. 연구문제

연구문제는 연구주제(제목), 연구의 필요성, 연구의 목적과 함께 서로 밀접한 관련을 가지면서 일관되게 진술되어야 한다.

첫째, 의문문의 형태로 제시한다.

둘째, 독립변인과 종속변인의 순서로 진술하며, 변인 간의 관계를 명확하게 진술한다.

연구문제 제시 예

• 극음악 활동의 수준과 학생의 음악적 표현 능력에 어떤 상관이 있는가?

(독립변인) (종속변인) (변인 간 관계)

[그림 8-9] 연구문제 제시의 예

나. 연구대상(표집)

조사하고자 하는 내용을 누구에게 알아보았는가에 대한 설명으로 조사대상에 대하여 구체적인 내용을 제시한다. 조사대상이 어느 지역의 어떤 사람들인지에 대한 정보, 설문지의 회수 현황, 응답자의 세부 현황 등을 제시한다.

연구대상 제시 예

A. 연구대상

본 연구의 설문 조사는 ○○○○○에 대한 의견과 요구를 조사하기 위해 ○○시에 소재하는 9개 중학교의 학생들과 학부모, 그리고 예술계열 교사를 대상으로 하였으며, ○○시 인근에 있는 ○○시 3개 중학교, ○○시 ○○구 2개 중학교의 1학년 학생들과 각 학교의 예술계열 교사를 대상으로 선정하였다.

지역	○○시	○○시	○○시 ○○구	계
학교 수	9개	3개	2개	14개
대상	중1 학생, 학부모, 예술교과 교사	중1 학생, 예술교과 교사	중1 학생, 예술교과 교사	3개 집단

○○○○○에 대한 의견과 요구를 묻는 설문 문항을 여러 차례의 수정과 보완을 거쳐 완성한 후 2012년 11월 12일부터 11월 23일까지 ○○시 소재 9개 중학교와 ○○시 3개 중학교, ○○시 ○○구 2개 중학교에 전화와 방문을 통하여 배포하였으며 11월 말에서 12월 초까지 방문을 통하여 총 3, 077부를 회수하였다.

구분	성별		소재지			계
	남	여	○○시	○○시	○○시 ○○구	
교사	7	23	15	9	6	30
학부모	150	571	721	·	·	721
학생	1,192	1,134	1,010	659	657	2326
계	1,349	1,728	1,746	668	663	3,077

[그림 8-10] 연구대상 제시의 예

다. 조사도구

연구문제나 연구 내용을 알아보기 위하여 객관적이며 타당한 조사도구를 사용하거나 제작하여야 하는데, 이를 위해 합리적인 과정과 절차가 이루어져야 한다. 연구보고서에는 연구에 사용된 조사도구의 명칭, 조사도구의 특징, 조사도구의 내용, 조사도구 제작 과정 등 구체적인 내용들이 제시되어야

조사도구 제시 예

B. 조사도구

○○○○○와 관련된 선행연구들을 검토하여 설문 조사를 위한 요구 사항들을 추출해 내었고 이를 정련하여 설문 문항을 개발하였다. 문항은 '음악 전공 선호도'와 '음악 프로그램 운영'에 관한 내용으로 5점 Likert 척도로 구성되었으며, 각각에 대하여 자유 의견을 진술하도록 하였다. 문항 초안이 개발된 이후에는 음악교사 및 음악교육 전문가와의 협의과정을 거쳐 지속적으로 문항을 수정・보완하였다. 구체적인 설문 내용 및 구성 체제는 다음 표와 같다.

설문영역	대상	세부 내용	문항 수
의견조사	교사, 학부모, 학생	• 음악 전공 선호도	7
		• 음악 프로그램 운영	7
		• 자유 의견	2
기본조사	교사	• 성별, 연령, 교직경력, 전공, 학교 소재지	5
	학생, 학부모	• 성별, 연령(학년)/희망 전공	2
계			16/7

3,077명을 대상으로 14문항에 대한 의견조사 검사지의 전체 신뢰도는 Cronbach α=.96이며, 세부 내용별로 각각 Chronbach α는 .92, .90으로 높게 나타났다.

세부 내용	문항 번호	문항 수	신뢰도 (Cronbach α)
음악 전공 선호도	1, 2, 3, 4, 5, 6, 7	7	.92
음악 프로그램 운영	9, 10, 11, 12, 13, 14, 15	7	.90
전체		14	.96

[그림 8-11] 조사도구 제시의 예

한다.

라. 자료 처리

통계처리에 대한 절차와 통계방법 등을 구체적으로 진술하며, 단순한 백분율이나 평균치 빈도 등의 통계처리보다는 상관계수나 t검증, f검증, x^2 등에 의한 통계처리를 통해 의미 있는 결과를 도출해야 한다.

자료 처리 제시 예

C. 자료처리(통계처리)

본 연구에서 수집된 자료의 통계처리는 SPSS for windows version 00.0 프로그램을 사용하여 분석하였으며, 통계처리의 유의수준은 각각 $p<.05$, $p<.01$, $p<.001$에서 분석하였다.

구체적인 자료의 통계처리방법은 다음과 같다.

첫째, 학부모와 학생 간 음악 전공 선호도에 차이가 있는가를 분석하기 위해 t검증과 일원변량분석을 실시하였다.

둘째, 음악 프로그램 운영에 대한 조사대상별 차이를 검증하기 위해 교차분석(x^2)을 실시하였다.

[그림 8-12] 자료 처리 제시의 예

(2) 실험연구

조사연구가 현상이나 상호관계를 파악하는 연구라면, 실험연구는 원인과 결과를 밝히려는 연구이다. 인과관계를 밝히기 위해서는 어떤 처치를 연구대상에게 가하고 그 처치에 따른 변화를 분석하여야 한다. 실험연구는 의도적으로 설계된 상황에서 처치를 가한 후 그 결과를 분석하는 연구, 즉 무엇인가를 변화 또는 조작한 결과로 생기는 효과를 검증하는 연구이다(김정환, 1999). 교육을 인간 행동의 계획적인 변화라고 정의할 때, 이를 위해 인간 행동의 변화에 관한 기본 원리와 방법에 관하여 실증적인 지식을 얻을 수 있는 최선의 수단이 실험이라고 할 수 있다. 실험연구는 특정한 실험 상황에서 관심 있는 변인을 조작하여 변인과 변인 간의 관계를 명확히 규명하는 데 그

목적이 있기 때문에, 실험 조건의 계획적인 조작과 통제가 얼마나 완벽하게 이루어지는가에 따라 실험의 성패가 좌우된다.

실험에서 원인이라고 생각되는 변인을 처치변인, 실험변인, 원인변인, 독립변인 등으로 말하며, 이는 영향을 주는 변인이다. 영향을 받는 변인을 결과변인 혹은 종속변인이라고 말한다.

① 실험연구의 절차

실험연구는 [그림 8-13]과 같은 단계를 거쳐 이루어진다.

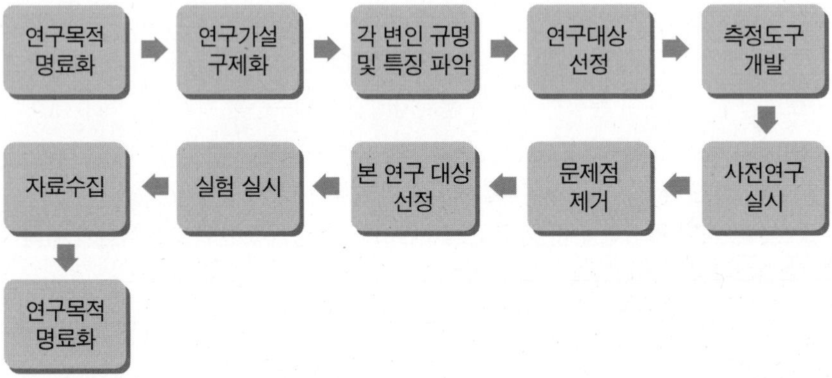

[그림 8-13] 실험연구의 절차

실험연구에서의 주의사항

- 연구의 과정과 절차, 결과 등 연구 전반에 걸쳐 명료해야 한다.
- 연구문제나 가설을 적절하게 검증할 수 있도록 실험설계가 이루어져야 한다.
- 내적 타당도와 외적 타당도를 확보할 수 있도록 실험설계가 이루어져야 한다.
- 실험 외적인 독립변인을 효과적으로 통제하여야 한다.
- 실험 절차가 공정해야 하며, 자료수집 절차가 타당하고, 가설 검증 방법이 타당해야 한다.
- 연구 결과에 대한 올바른 해석이 요구된다.

[그림 8-14] 실험연구에서의 주의사항

② 실험연구 계획서 및 보고서 작성법

연구계획서에는 '기대되는 효과'를 통해 연구가 성공적으로 종료되었을 때 연구대상자와 향후 본 연구 결과를 활용하려는 다른 연구자들에게 미치는 공헌과 기여에 대하여 기술한다. 연구보고서에는 연구가설에 대해 검증하고 그 결과를 해석하며 논의한 후 최종적인 연구 결과를 요약하고 결론과 제언을 제시한다. 실험연구에서의 계획서와 보고서의 목차를 비교하면 〈표 8-2〉와 같다.

표 8-2 실험연구 계획서와 실험연구 보고서의 목차

계획서 목차	보고서 목차
Ⅰ. 서론 1. 문제의 제기 2. 연구의 목적 3. 용어의 정의	Ⅰ. 서론 1. 문제의 제기 2. 연구의 목적 3. 용어의 정의
Ⅱ. 이론적 배경	Ⅱ. 이론적 배경
Ⅲ. 연구문제 및 가설 1. 연구문제 2. 연구가설	Ⅲ. 연구문제 및 가설 1. 연구문제 2. 연구가설
Ⅳ. 연구방법 1. 연구대상 2. 실험설계 3. 측정도구 4. 훈련 프로그램 5. 실험 절차 6. 통계분석 방법	Ⅳ. 연구방법 1. 연구대상 2. 실험설계 3. 측정도구 4. 훈련 프로그램 5. 실험 절차 6. 통계분석 방법
Ⅴ. 기대되는 효과	Ⅴ. 결과 및 해석
Ⅵ. 보고서 작성 계획	Ⅵ. 논의
참고문헌 부록	Ⅶ. 요약 및 결론 1. 요약 2. 결론 3. 제언
	참고문헌 부록

실험연구의 보고서 작성 방법은 다음과 같다.

가. 연구문제

연구문제는 무엇을 연구할 것인가에 대한 구체적인 진술로서,

첫째, 검증이 가능해야 한다.

둘째, 연구자가 의도하고 있는 연구 내용이 연구문제에 모두 포함되어야 한다.

셋째, 모호하지 않게 분명하고 객관적으로 진술되어야 한다.

넷째, 도덕적 · 윤리적으로 편파적이지 않아야 한다.

다섯째, 가능한 한 간단하고 명료하게 진술하여야 한다.

여섯째, 독립변인과 종속변인이 관계가 있는 경우 독립변인을 먼저 진술하고 종속변인을 나중에 진술한다.

일곱째, 연구의 내용에 따라 서술문 또는 의문문으로 진술하되, 연구의 내용을 독자가 쉽게 이해할 수 있도록 진술하여야 한다(성태제, 시기자, 2008).

연구문제 제시의 예

- 다양한 교수매체의 활용이 학생의 음악적 능력 신장에 어떤 효과가 있는가?
- 퓨전합주 학습 프로그램이 전통 장단의 창조적 표현 능력을 신장시키는가?

[그림 8-15] 연구문제 제시의 예

나. 연구가설

가설은 연구문제를 구성하고 있는 변인들 사이의 관계에 대한 잠정적 결론이다. 과학적으로 확인되지 않은 내용을 연구자가 예측하여 공식적이고 단정적으로 진술하는 것이다. 가설은 연구문제에 대한 잠정적인 해답으로, 독립적으로 기술하거나 연구문제와 관련하여 함께 진술한다. 연구가설의 진술시 유의점은 다음과 같다(성태제, 시기자, 2008).

첫째, 간단하고 명료하게 진술해야 한다.

둘째, 변인 간의 관계인 전제와 방법, 결과가 함께 진술되어야 한다.

셋째, 연구가 수행되기 전에 설정해야 한다.

넷째, 서술문의 형태로 분명한 하나의 해답을 주는 현재형이나 미래형으로 진술해야 한다.

다섯째, 예상되는 결과를 논의할 여지가 있도록 진술해야 한다.

여섯째, 가설 설정의 논리적 근거를 제시해야 한다.

일곱째, 검증이 가능하도록 진술되어야 한다.

연구가설 제시의 예

- 연구문제 II: 퓨전합주 학습 프로그램이 전통 장단의 창조적 표현 능력을 신장시키는가?
- 가설 II-1: 실험집단이 전통 장단의 표현 능력에서 비교집단보다 더 높은 점수를 얻을 것이다.
- 가설 II-2: 실험집단이 전통 장단의 창의적 표현에서 비교집단보다 더 높은 점수를 얻을 것이다.

[그림 8-16] 연구가설 제시의 예

다. 실험대상

연구의 대상을 말하며, 표집을 통한 연구에서는 '어떤 방법으로 몇 명을 표집하였는가'가 중요한 문제가 될 수 있다. 표집이 잘못되면 일반화가 어려울 수도 있으므로 표집 방법과 절차를 이해한 후 연구대상을 적절하게 선정하여야 한다.

실험연구에서 연구대상은 실험집단과 비교집단(통제집단)으로 구분되는데, 실험집단은 실험처지 모형이 투입되어 연구의 성과를 검증하는 연구대상이며, 통제집단(비교집단)은 실험처치가 이루어지지 않고 종래의 방법이 적용되는 연구대상이다.

표집 방법은,

첫째, 비교집단과 실험집단을 선정할 때 연구에 영향을 주는 요인은 가급적 통일해야 한다.

둘째, 모집단의 크기가 작은 경우에는 전집 조사를 한다.

셋째, 표집은 모집단의 특성들과 비슷한 동질성을 갖고 있어야 한다.

넷째, 표집에 연구자의 능력, 비용, 시간 등이 고려되어야 한다.

다섯째, 연구자가 추출하고자 하는 표집이 고의적으로 모집단의 대표가 될 수 있도록 해서는 안 된다.

라. 실험설계

연구자는 가설을 검증하기 위해 어떤 실험 조건에서 의도한 결과를 관찰할 수 있는가에 관심을 갖게 된다. 이를 위해서는 연구 과정에서 여러 가지 변인들을 통제하고 조작하는 방안, 즉 실험설계가 타당하게 이루어져야 한다.

효과적인 실험설계를 위해,

첫째, 실험집단과 비교집단에서 적용해야 하는 실험처치 모형이 정확히 적용될 수 있도록 실험설계가 이루어져야 한다.

둘째, 실험처치 모형이 대상 학생들에게 정신적 · 육체적 피해를 주지 않도록 실험설계가 이루어져야 한다.

셋째, 실험설계 시 각 집단에 적용하는 실험처치 모형을 행동적 · 구체적으로 정확하게 규정해야 한다.

실험설계의 예

- 단일집단 사후검사 설계: X O
- 단일집단 사전사후 검사 설계: O_1 X O_2
- 이질통제집단 사전사후검사 설계: O_1 X O_2 / O_3 O_4

[그림 8-17] 실험설계의 예

마. 측정도구

실험연구에서는 지도 자료나 프로그램과 같은 처치도구(실험도구)와 사실을 관찰하고 측정 및 수집하는 반응도구(측정도구)로 구분할 수 있다.

측정도구의 선정 시 유의점은 다음과 같다.

첫째, 측정도구는 채점이 용이해야 하며, 통계적 처리가 가능해야 한다.

둘째, 표준화된 측정도구를 사용할 경우, 발행처, 저자 등의 정보를 소개해 주어야 한다.

셋째, 연구에 사용된 측정도구는 부록에 첨부하여 제시해야 한다.

넷째, 처치도구와 반응도구는 가급적 연구자가 개발하여 적용하고 활용해야 하며, 이때 연구자가 제작한 도구에 대해서는 도구의 제작 과정에 대해 상세히 기술해야 한다.

바. 논의

연구 결과와 연구 과정에 관해 연구자의 주관적 견해와 더불어 비교적 자유로운 해석을 하는 부분이다. 먼저, 밝혀진 연구 결과를 분석적으로 비판함으로써 결과에 대한 의의나 적용의 한계, 문제점 등을 제시할 수 있다. 연구에서 발견된 사실과 다른 연구에서 얻은 사실 간의 차이점과 일치점을 제시할 수 있으며, 이들이 나타내는 의미를 제시할 수도 있다. 다음으로, 논리적 가정과 사실 간의 문제, 표집이나 도구의 문제점, 연구방법상의 제한점 등 광범위한 내용에 걸쳐 논의할 수 있다.

(3) 실천연구

실천적 목표를 지니고 추진되는 연구로서 보다 나은 교육실천 또는 이미 찾아낸 교육방법이나 원리 및 법칙을 학생에게 프로그램화하여 적용함으로써 그 성과를 기대하는 내용의 연구이다.

① 절차

현장에서의 문제 발견에서부터 실천을 통한 결과 분석과 정리에 이르는 실천연구의 절차는 다음과 같다.

② 실천연구 계획서 및 보고서 작성법

연구계획서에는 '연구의 실행계획' '검증계획' '기대되는 효과'를 기술하지만, 연구보고서에서는 '연구의 실행' '결과 및 해석' '요약 및 결론'으로 기술한

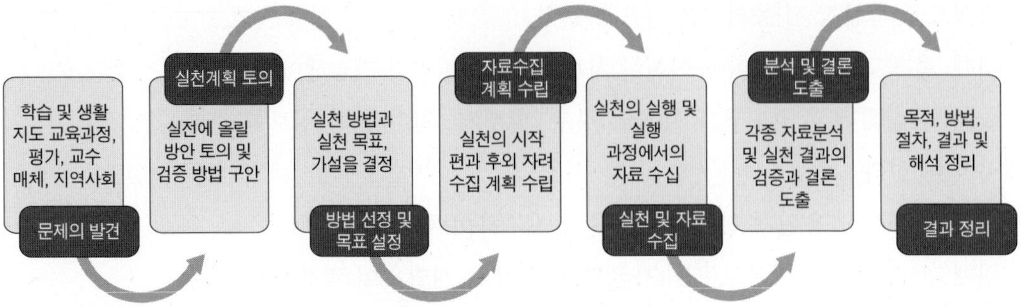

[그림 8-18] 실천연구의 절차

다. 실천연구에서의 계획서와 보고서의 목차를 비교하면 〈표 8-3〉과 같다.

표 8-3 실천연구 계획서와 실천연구 보고서 목차

계획서 목차	보고서 목차
Ⅰ. 서론 1. 연구의 필요성 2. 연구의 목적 3. 용어의 정의 4. 연구의 제한점	Ⅰ. 서론 1. 연구의 필요성 2. 연구의 목적 3. 용어의 정의 4. 연구의 제한점
Ⅱ. 이론적 배경	Ⅱ. 이론적 배경
Ⅲ. 실태분석 1. 조사내용 및 방법 2. 조사내용의 분석	Ⅲ. 실태분석 1. 조사 내용 및 방법 2. 조사 내용의 분석
Ⅳ. 연구의 방법 및 절차 1. 연구대상 2. 연구 기간 3. 연구 절차 및 내용 4. 측정 및 도구 5. 자료 정리	Ⅳ. 연구의 방법 및 절차 1. 연구대상 2. 연구 기간 3. 연구 절차 및 내용 4. 측정 및 도구 5. 자료 정리
Ⅴ. 실행중점 1. 실행중점 1의 계획 2. 실행중점 2의 계획	Ⅴ. 실행중점 1. 실행중점 1의 실행 2. 실행중점 2의 실행

Ⅶ. 검증 계획 Ⅷ. 기대되는 효과 참고문헌 부록	Ⅷ. 요약 및 결론 1. 요약 2. 결론 3. 제언 참고문헌 부록

보고서는 실천 결과의 일반화를 위한 작업이다(신재흡, 2009). 연구를 통해 실천해 온 내용과 결과를 사실대로 정직하게 작성한다. 어떤 내용을 어떤 방법과 절차를 통해 어떻게 지도했으며, 어떤 성과를 얻었는지를 연구목적에서 결과에 이르기까지 논리적으로 일관성 있게 기술한다.

실천연구의 보고서 작성방법은 다음과 같다.

가. 주제(제목)

일반적인 연구에서 주제의 진술은 독립변인과 종속변인의 순으로 표현하지만, 실천연구의 주제는 실천사례와 같이 연구의 목적과 실천과제, 실천 내용, 예상되는 결과 등을 요약한 주제의 형태로 진술할 수 있다.

주제 진술의 예

- 창의력 신장을 위한 미술교과교육과 연계한 음악감상교육 실천
- 하모니카를 활용한 청음 능력 신장
- 다양한 교수매체의 활용을 통한 음악적 능력 신장
- 오르프의 음악활동과 동시를 활용한 음악적 즉흥표현 학습 능력 신장
- 드라마 사운드트랙 활용 음악감상 수업을 통한 클래식 음악과 친해지기 프로젝트
- 음악활동을 통한 창의 표현력 신장 수업모형 구안

[그림 8-19] 주제 진술의 예

나. 서론

서론에서는 연구의 필요성과 목적을 기술하며, 경우에 따라 연구의 제한

점이나 범위, 용어의 정의가 포함되기도 한다.

연구의 필요성은 연구자가 연구를 하는 이유, 연구가 교육 실천 개선에서 공헌하는 시사점, 연구 결과를 통해 예상되는 효과 등에 대해 객관적으로 간결하고 명료하게 기술되어야 하는데, 다음 사항에 유의하여 진술한다(고정곤 외, 2006).

첫째, 연구주제와 연구문제에 직접적인 관련을 갖고 구체적인 내용으로 진술한다.

둘째, 객관적인 근거를 기반으로 진술하여야 한다.

셋째, 가설적인 문제 의식이 분석적이고 구체적으로 제시되어야 한다.

연구의 목적은 연구문제를 어떻게 해결할 것인지에 대한 방안을 제시하고 그것을 통해 얻고자 하는 것이 무엇인지를 밝히는 것으로 다음 사항에 유의한다.

첫째, 규명하고자 하는 구체적인 사실을 진술해야 한다.

둘째, 연구목적을 교육목적과 유사하게 진술하지 않도록 한다.

셋째, 연구목적의 진술에 연구의 의의나 공헌, 기여를 지나치게 강조하지 않도록 한다.

다. 이론적 배경

실천연구에서 이론적 배경은 연구문제와 가설을 도출하는 기본 바탕이 된다. 가설의 근거를 제시하는 이론들을 정리하고, 각 변인과 그 관계에 있어서 관련된 이론들을 체계적으로 정리한다. 또한 연구주제와 관련해서 직접적 혹은 간접적으로 관련되어 연구된 바 있는 선행연구들의 결과를 정리하고 종합해서 제시할 수 있다. 선행연구 결과를 제시하는 방법은 다음과 같다(성태제, 시기자, 2008).

첫째, 선행연구 주제, 연구 내용, 연구 결과 등을 구체적으로 제시한다.

둘째, 선행연구의 특징, 장단점, 공헌 및 기여 등을 분석적으로 제시한다.

셋째, 선행연구 결과를 통하여 본 연구에 주는 시사점을 밝힌다.

넷째, 선행연구와 본 연구와의 차별성을 객관적으로 기술한다.

다섯째, 선행연구의 결과가 본 연구에 어떻게 적용되는가에 대해서도 솔직하게 기술할 필요가 있다.

라. 실태분석 및 실천과제 선정

연구의 실천을 위해 필요한 방법이나 자료를 찾는 활동으로서 실태분석과 이를 기반으로 실천과제가 제시된다.

실태분석은 문제의 발생 원인과 그 처치의 방법을 탐색할 수 있으며, 연구의 방법을 선택할 기초를 마련해 주고, 효과적인 자료 투입의 절차나 순서, 시사점을 제공해 줄 뿐만 아니라 실천과제 설정의 근거와 정당성을 입증해 준다.

실천과제는 연구자인 교사가 해야 할 일을 말하는 것으로, 대개 '실행중점(실행목표)-실행과제-세부적인 실천 내용' 순으로 진술된다. 과제의 진술방식은 수행상의 수단이나 방법을 직접 제시한다. '~하여 ~하게 한다' 혹은 '~을 구안하여 ~에 활용한다'와 같이 실천할 내용을 구체적으로 제시하는 형식을 취한다.

실천과제 선정 예

[실행중점(실행목표) 1] 기초 기능 향상을 위해 기악합주 프로그램을 운영한다.

〈실천과제 1〉 음악적인 기초 개념을 형성하게 한다.
1) 기초 개념 형성을 위한 학습 활용
2) 교육과정과 연계한 기초 개념 수업에 적용

〈실천과제 2〉 기악합주를 위한 교육과정 내용을 재구성한다.
1) 악기의 연주 기법 이해
2) 단계적인 악기 지도 및 악기 연습
3) 교육과정과 연계한 기악합주 활동 수업에 적용

[실행중점(실행목표) 2] 음악적 감성 및 바른 인성 함양을 위해 기악합주 활동을 전개한다.

〈실천과제 1〉 다양한 기악합주 활동을 전개한다.
1) 모둠별 합주하기

〈실천과제 2〉 음악적 감성과 바른 인성 함양을 위한 기악합주 활동을 한다.
1) 학급 연주회 실시
2) 교내 발표회 참가

[그림 8-20] 실천과제 선정의 예

마. 과제별 실천 내용

실천 내용의 구체적인 기술 방법은 다음과 같다(신재흡, 2009).

첫째, 실천 내용은 목표 달성에 필요한 것만 선정하여 제시한다.

둘째, 실천 과정의 순차성을 고려하여 작성한다.

셋째, 표나 자료의 나열만으로 그치지 말고, 그것을 어떻게 사용하여 무엇을 했다는 것을 육하원칙에 의거하여 서술한다.

넷째, 실천한 행사의 경우 그 행사가 연구 내용과 무슨 관련이 있고, 행사의 실행과 효과를 관련지어 기술한다.

다섯째, 처치 요인에 따른 통제 요인도 각 내용의 관계에 따라 구체적으로 제시한다.

바. 결론 및 제언

연구 결과에 근거하여 서술하며, 연구 결과에 대한 해석이 제시되는 경우도 있다. 결론에서는 해석이나 논의를 과대평가하여 지나치게 비약하지 말아야 한다. 결론은 문제, 이론, 실천목표, 결과, 해설, 논의를 바탕으로 종합적으로 진술되어야 하며, 많지 않은 분량으로 명료하게 진술되어야 한다. 제언에서는 연구 결과에서 얻은 시사점, 연구 결과의 일반화 사항, 자신의 연구에서 해결하지 못한 점, 후속 연구에 대한 시사점, 해당 분야 연구에 대한 앞으로의 전망 등을 기술한다.

2) 현장연구의 사례

(1) 사례 1-조사연구[1)]

음악중심 융합교육에 대한 초등교사의 인식 및
실태분석을 통한 융합교육 활성화 방안 연구

직위: 교감

성명: ○○○

1) 2015년도 서울특별시교육청 교육정보연구원 제37회 교육연구논문 공모제 입상작의 목차와 논문을 요약하여 제시하였다.

① 목차

② 연구논문 요약

1. 연구의 필요성 및 목적

예전에는 한 분야를 깊이 파고들어 그 분야의 전문가가 되면 인정받을 수 있었지만, 지금은 균형 있게, 조화롭게 발달된 융합체로서의 전문가를 요구한다. 즉, 21세기의 인재는 학문적 지식도 풍부해야 하지만, 예술적 감수성, 창조적인 통합 능력 또한 갖추어야 한다. 이는 단순히 학문적 지식만 아는 것을 넘어 다양한 학문을 융합시켜 창조적 사고를 할 수 있는 인재를 필요로 한다는 뜻이다. 따라서 본 연구는 초등학교의 음악중심 융합교육에 대한 교사들의 인식 실태를 파악하여 이를 바탕으로 초등학교 음악중심 융합교육의 효율성 증진을 위한 활성화 방안을 마련하는 데 목적을 두었다.

2. 연구의 방법

가. 연구의 대상

본 연구의 대상은 서울시에 소재한 초등학교 교사 150명을 대상으로 연구자가 작성한 설문지를 배포 · 회수하였다.

나. 연구의 기간 및 절차

2015년 1월부터 8월까지 연구주제 선정, 문헌연구 및 선행연구 분석, 설문지 작성 및 배포, 회수, 통계처리 및 정리, 교육연구논문 작성 및 제출의 절차로 추진하였다.

다. 자료의 처리방법

본 연구에서는 설정된 연구문제에 대한 통계적 자료 처리를 위하여 회수된 집단별 데이터를 SPSS 21.0 통계프로그램을 사용하여 분석하였다. 또한 세부 자료 처리방법은 다음과 같다. 먼저, 연구대상자로부터 회수된 설문지 중에서 불성실한 응답이나 일부 문항에 응답하지 않은 경우는 자료 처리 대상에서 제외하였다. 다음으로, 연구대상의 변인별 특성을 산출하기 위하여 빈도분석을 실시하였다. 그리고 각 설문의 각 항목에 대한 연구대상의 변인별 차이 검증을 위하여 교차분석을 실시하였다. 교차분석은 카이제곱 검증(Pearson's chi-square test)을 하였다. 마지막으로, 통계처리의 유의수준(significance level)은 각각 $p<.05$에서 분석하였다.

3. 음악중심 융합교육 활성화 방안

첫째, 음악중심 융합(STEAM)교육을 현장에 적용할 때에는 평가중심의 교육환경에 대한 개선 또는 진학의 부담을 덜어 줄 수 있는 대안이 필요하다.

둘째, 음악중심 융합(STEAM)교육을 위한 예술중심의 융합교육 연구가 활성화되어야 한다.

셋째, 음악중심 융합교육을 위해서는 교사에게 충분한 수업시간을 확보해 주어야 한다.

넷째, 교사의 수업 및 업무 부담 증가를 예방할 수 있는 대안이 필요하다.

다섯째, 유관기관과의 협조를 통하여 현장에서의 음악중심 융합(STEAM)교육의 활성화가 필요하다.

4. 결론 및 제언

가. 결론

첫째, 음악중심 융합교육의 다양한 사례와 프로그램을 개발하여 공유하도록 해야 한다. 새로운 교육방법은 곧 이를 실시해야 하는 교사의 부담으로 연계된다. 본 연구를 통해서도 교사들은 음악중심 융합교육의 목적과 필요성에 대한 믿음과 신뢰를 보이고 있으나, 이를 실시하기 위한 프로그램 개발과 수업 준비에 대해 부담을 크게 느끼는 것으로 나타났다. 이러한 부담을 경감하기 위해 실시되고 있는 사례와 결과를 모아 사례집을 만들어 배포하거나 연수를 통해 교육방법을 함께 공유하고 개발할 필요가 있다.

둘째, 교사의 참여를 독려하기 위해 다각적으로 노력해야 한다. 음악중심 융합교육의 프로그램과 노하우는 이를 실시하는 교사의 경험을 통해 얻을 수 있다. 즉, 음악중심 융합교육에 교사의 참여가 활성화되어야 음악중심 융합교육이 성공할 수 있기 때문에 참여하는 교사들을 대상으로 교사들이 희망하는 교무업무 축소와 교사 연수에 대해 긍정적으로 살펴볼 필요가 있다.

셋째, 음악중심 융합교육의 발전을 위해 교사는 교과 통합 능력과 창의성 계발을 위한 노력이, 교육부 · 교육청이나 학교는 다양한 프로그램 개발을 위한 지원이, 학생 · 학부모는 창의인재 양성을 중심으로 하는 사고의 전환이 필요하다. 그리고 자료나 관련 공문을 온라인을 통해 손쉽게 확인할 수 있도록 온라인 시스템의 구축과 안내가 필요할 것이다. 또한, 음악중심 융합교육에 대해 비판적인 자세를 가지고 끊임없이 수정 · 보완해야 할 것이다.

나. 제언

첫째, 음악중심 융합교육을 시행하는 데 있어서 본 연구와 같은 기초연구가 활발히 행해져야 할 것이다.

둘째, 음악중심 융합교육은 성공 경험을 할 수 있는 감성적 체험의 기회를 부여해야 한다. 학생의 정서 상태가 긍정적일 때 주의집중, 창의성 발현, 장기 기억 능력 등이 향상되므로 교사는 학생의 정서 상태에 대해 끊임없이 관심을 기울여야 한다.

셋째, 융합인재교육은 학교 현장에 도입된 이후 짧은 기간에 비해 교육계 및 과학기술계 전반에서 커다란 관심을 받고 있다. 그러나 아직까지 음악교과에서 실제 적용은 일부 교사들 중심으로 이루어지고 있는 실정이다. 이를 해결하기 위해 이제는 일부 교사 중심의 음악중심 융합교육이 초등학교의 모든 음악교사가 참여할 수 있도록 이루어져야 하며, 이를 위한 적극적인 안내 및 교사 연수가 뒤따라야 할 것이다.

(2) 사례 2-실천연구[2)]

모둠별 창작활동 프로젝트 학습을 통한 음악 창작 능력 신장
- 캠페인 음악 UCC 만들기-

직위: 교사

성명: ○○○

Ⅰ. 서론
1. 연구의 필요성
2. 연구의 목적
3. 연구의 문제
4. 용어의 정의

Ⅱ. 이론적 배경
1. 음악과 창작학습의 지도
2. 음악 만들기 지도
3. 음악과 프로젝트 학습의 특성과 과정
4. 선행연구의 고찰

Ⅲ. 연구의 설계
1. 연구대상
2. 연구 기간
3. 연구절차
4. 연구를 위한 실태조사 및 분석
5. 실행목표 설정
6. 연구 검증 및 방법

Ⅳ. 연구의 실제
1. 실행목표 '1'의 실천
2. 실행목표 '2'의 실천
3. 실행목표 '3'의 실천

Ⅴ. 연구 결과의 검증
1. 검증 내용 및 방법
2. 검증 결과 및 분석

Ⅵ. 결론 및 제언
1. 결론
2. 제언

2) 서울특별시교육청 교육정보연구원「제17회 교실수업개선 실천사례연구발표대회」연구보고서의 목차와 연구 내용을 요약하여 제시하였다.

참고문헌

부록

① 연구 요약

1. 연구의 필요성

창작 활동은 음악을 듣고, 구별하고, 분석하고, 자신의 작품을 만들어 연주함으로써 창의력과 문제해결력을 기를 수 있게 해 준다(교육인적자원부, 2007). 또한 학생들에게 새로운 음악적 개념을 형성하게 하여 창작기초기능을 길러 주고, 자신의 음악적 아이디어를 창출하게 하여 창조적인 표현능력을 향상시켜 준다. 이러한 음악창작학습의 중요성이 부각되면서 음악과 교육과정에서는 음악창작능력을 신장시키기 위한 다양한 활동들을 요구하고 있으며, 이에 본 연구를 실천하고자 하였다.

2. 이론적 배경

(생 략)

3. 연구의 설계

가. 연구의 대상

구분	학년	학급 수	학생 수			비고
			남	여	계	
연구반	1	3(1-1, 1-2, 1-3)	31	31	62	
비교반	1	3(1-4, 1-5, 1-6)	31	31	62	

나. 연구 기간 : 2015년 1월 ~ 2015년 10월(10개월간)

4. 연구의 실제

가. 실행 목표 '1' 및 실행

1) 실행목표 1: 음악과 교육과정 분석을 통한 창작활동 교수-학습 지도 요소 추출

2) 실행목표 1의 실행

- 창작활동 교수-학습 활동을 위한 환경구성
  - 교과교실제 운영에 맞는 다양한 교수-학습 자료 및 기자재를 구비하여 교과수업의 질적 향상이 가능하도록 함
  - 학생들의 학습 의욕을 충족시키고 동기를 유발하기 위하여 교수-학습 활동이 끝나면 우수작을 상시 전시할 수 있도록 교실 후면에 상설 전시 코너를 마련하여 전시
- 창작활동 교수-학습을 위한 연간지도 계획 수립
- 창작활동 프로젝트 학습을 위한 활동 요소 선정

나. 실행 목표 '2' 및 실행

1) 실행목표 2 : 창작활동 프로젝트 학습을 위한 프로그램 활용법 익히기

2) 실행목표 2의 실행
- 노테이션 프로그램 익히기
- 사운드편집 프로그램으로 노래 녹음하기
- 영상 프로그램(Viva Video) 편집 방법 익히기

최근에 영상 편집 프로그램으로 스마트폰 어플리케이션 등 다양한 편집 프로그램들이 있다. 본 연구자는 최근 거의 모든 학생들이 가지고 있는 스마트폰을 활용하여 간단히 사운드 영상을 편집할 수 있는 프로그램으로 스마트폰 어플리케이션(Viva Video)을 활용하여 영상을 편집하는 방법을 익히도록 하였다.

다. 실행목표 '3' 및 실행

1) 실행목표 8 : 모둠별 창작활동 프로젝트 학습을 통한 음악 창작능력 신장

2) 실행목표 8의 실행
- 창작활동 프로젝트 교수-학습 단계 구안 · 적용

준비하기	• 모듬구성하기 • 교사의 예비주제망(생각모으기, 자료수집) • 관련 기호 기능 및 학습하는 방법 익히기
⇩	
주제 결정하기	• 주제 제안 및 선정하기 • 선정한 지식 표현하기 • 주제망 구성하기
⇩	
활동계획하기	• 전체 활동 계획하기 • 모둠별 연구계획서 작성하기 • 통합 활동 계획하기(용구 및 재료 사용법 탐구)
⇩	
탐구 및 작곡하기	• 모둠별 조사 탐구 및 협력 • 작곡하기 활동
⇩	
발표 및 감상	• 모둠별 작품 마무리 및 발표하기, 형태, 역할 분담하기 • 결과물 발표하기 • 감상하기
⇩	
반성 및 평가하기	• 모둠별 프로젝트 활동 반성하기 • 자기평가서 작성하기

5. 결론 및 제언

가. 결론

첫째, 음악 창작 프로젝트 학습 운영 결과 학생들의 음악 창작 기초기능(리듬듣기, 리듬적기, 가락듣기, 가락적기, 박자 찾기, 화음 찾기)을 신장시킬 수 있었다.

둘째, 음악 창작 프로젝트 교수-학습 운영 결과 학생들의 창조적 표현능력(리

듬 짓기, 동기에 이어 가락 짓기, 가사에 어울리는 가락 짓기, 악상 표현하기)을 신장시킴으로써 음악교과에 대한 흥미를 유발할 수 있었다.

셋째, 본 연구의 프로젝트 학습은 협동학습으로 학생들 스스로 적절한 정보를 찾고 교류하며 음악적 경험을 수행함으로써 협동심, 민주시민 의식 함양 등 인성교육에 도움을 줄 수 있었다.

나. 제언

첫째, 창작활동 프로젝트학습이 중학교 음악교과의 '음악 만들기' 단원과 관련된 학습 내용으로 제한을 두었기 때문에 중학교 음악과 전체의 영역에서의 다양한 체험활동을 통한 연구가 이루어질 필요가 있다.

둘째, 창작능력 신장은 이론학습 적용으로 단시간에 이루어지는 것이 아니므로 학생들의 창작능력 신장을 위해서는 다양한 체험활동과 학습 자료 개발 · 적용이 지속적으로 이루어져야 한다.

셋째, 음악과 프로젝트학습 활동을 통해 학생들의 자기주도 학습능력의 신장뿐만 아니라 다양한 분야의 능력 신장을 가져오는 연구가 이루어져야 한다.

참고문헌

고정곤, 최태식, 정태회(2006). 유 · 초 · 중등교사를 위한 현장교육연구의 이론과 실제. 경기: 양서원.

김석우 외(2013). 교사를 위한 현장연구의 이론과 실제. 서울: 학지사.

김정환(2008). 교육연구 및 통계방법. 서울: 원미사.

배장호(2008). 현장연구방법. 경기: 서현사.

성태제, 시기자(2008). 연구방법론. 서울: 학지사.

신재흡(2009). 현직교사를 위한 현장교육연구의 이론과 실제. 경기: 공동체.

정성수(2006). 현장교육연구논문 간단히 끝내주기. 서울: 도서출판 청어.

Hine, G. (2013). The importance of action research in teacher education programs. Retrieved June 5, 2017, from http://www.iier.org.au/iier23/hine.html

Mills, G. E. (2011). *Action research: A guide for the teacher researcher* (4th ed.). Boston: Pearson.

Stringer, E. T. (2008). *Action research in education* (2nd ed.). New Jersey: Pearson.

Trudy, T., & Kendra, B. (2012). Action Research. Retrieved June 5, 2017 from https://www.slideshare.net/trudythorson/action-research-final-copy-15255501

정리하기

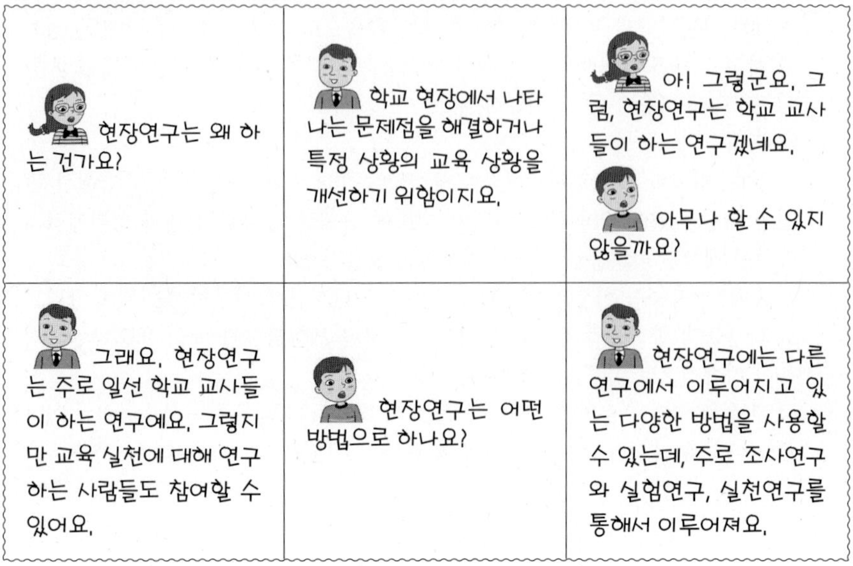
현장연구는 왜 하는 건가요?
학교 현장에서 나타나는 문제점을 해결하거나 특정 상황의 교육 상황을 개선하기 위함이지요.
아! 그렇군요. 그럼, 현장연구는 학교 교사들이 하는 연구겠네요.
아무나 할 수 있지 않을까요?
그래요. 현장연구는 주로 일선 학교 교사들이 하는 연구예요. 그렇지만 교육 실천에 대해 연구하는 사람들도 참여할 수 있어요.
현장연구는 어떤 방법으로 하나요?
현장연구에는 다른 연구에서 이루어지고 있는 다양한 방법을 사용할 수 있는데, 주로 조사연구와 실험연구, 실천연구를 통해서 이루어져요.

내용요약

1. 현장연구는 교육현장의 개선을 위하여 교육실천가들이 수행하는 연구이다.

2. 현장연구의 방법에는 조사연구, 실험연구, 실천연구 등이 있다.

연구문제

1. 조사연구를 위한 연구문제를 작성해 보시오.

2. 실험연구를 위한 주제를 설정하고 연구계획서를 작성해 보시오.

제 5 부

음악교육연구의 측정과 검사

9장
측정과 검사

현경실

측정은 연구에 반드시 필요하다. 뭔가를 증명하려면 측정을 하여 결과를 보여 주어야 하기 때문이다. 이 장에서는 음악교육의 연구에서 많이 쓰이는, 특히 석사나 박사 학위논문에서 많이 쓰는 측정도구를 중심으로 소개하고, 개발하는 과정을 설명하려고 한다.

측정과 평가의 다른 점

측정은 단순히 재는 것이고, 평가는 측정된 결과로부터 더 많은 것을 판단하는 것이다. 어떤 사원이 영어 시험에서 85점을 맞았을 경우, 85점은 측정결과이고, 이 사원을 미국영업부에 적합한지를 판단하는 것은 평가이다.

1. 측정과 검사도구

1) 측정의 정의

측정은 뭔가를 재는 일이다. 일상생활은 물론 연구를 할 때도 측정은 반드시 필요하다. 측정(measurement)이란 "사물이나 인간의 특성을 구체화하기 위하여 수를 부여하는 절차"(성태제, 2016a, p. 138)이다. 수행된 연구 결과를 증명하려 할 때 측정 결과가 없으면 어려울 때가 많다. 개인적인 생각이나 주관적인 말로만 연구 결과를 설명한다면 그 연구 결과는 신뢰성이 떨어진다. 예를 들어, 어떤 교수법이 학생들의 학습에 효과가 있었다고 해 보자. 연구자가 학습에 효과가 있었다고 이 교수법이 주장하여도 독자는 객관적이고 과학적인 증거가 없다면 믿기 어려울 것이다. 연구가 신뢰를 얻기 위해서는 객관적인 증거를 보여 주어야 한다. 연구대상 학생들의 성취도가 올라갔다고 한다면, 구체적으로 얼마나 올라갔는지 점수로 보여 주면 객관적 증거가 될 수 있을 것이다. 측정은 연구에서 반드시 필요한 절차이다.

뭔가 측정을 하려 할 때 신뢰성 있는 도구는 매우 중요하다. 어떻게 하면 객관적·과학적인 측정결과를 얻을 수 있을 것인가? 과학적인 측정을 위해서는 과학적인 도구가 필요하다. 예를 들어, 책상 위에 유리를 깔고 싶다고 해 보자. 책상 크기에 맞는 유리를 제작하려면 먼저 책상을 재야 한다. 그런데 책상의 크기를 재는 데 고무줄처럼 늘어나는 자를 쓴다면 어떻게 될까? 늘어나는 자를 쓴다면 책상에 딱 맞는 유리를 제작하기는 결코 불가능할 것이다.

연구를 실행함에 있어 측정도구가 신뢰성이 없다면 연구 자체의 의미가 없어질 것이다. 서로 다른 두 가지 음악 교수법으로 두 집단의 아이들을 가르쳐 어느 교수법이 효과가 있을까를 보는 실험연구를 시행한다고 가정해 보자. 이 연구에서는 두 집단을 가르친 후, 두 집단의 음악교수 효과를 측정하는 것이 꼭 필요하다. 어떤 형태로든 음악교수 효과를 재는 측정도구가 반드시 필요한 것이다. 그런데 이 측정도구가 고무줄로 된 자처럼 잴 때마다 서로 다른 결과를 낸다면 연구 전체의 신뢰성은 무너질 것이다. 그러므로 연구를 진행함에 있어 신뢰성 있는 측정도구의 필요성은 아무리 강조해도 지나침이 없다.

특히 음악교육연구는 사람을 대상으로 하는 것이다. 사람을 대상으로 뭔가 변화시키려고 하는 것이 교육이다. 외적으로 보이는 신체적인 것을 제외하고 인간의 내적인 것, 즉 지적인 능력이나 태도, 가치관, 적성 등은 보이지 않기 때문에 측정하기가 쉽지 않다. 게다가 수시로 변한다. 그러므로 교육연구에서 신뢰성 있는 측정도구를 사용하는 것이 무엇보다도 중요하다.

2) 측정도구의 선정

어떻게 해야 신뢰성 있는 도구를 연구에 사용할 수 있을까? [그림 9-1]은 측정도구를 결정하는 순서이다.

[그림 9-1] 측정도구의 선정 및 개발

(1) 측정내용의 결정

측정도구를 선정하기 전에 가장 먼저 해야 할 일은 무엇을 측정하고 싶은지를 구체적으로 결정하는 일이다. 먼저 측정하고자 하는 것을 자세하게 적어 보는 것이 중요하다.

(2) 측정도구의 조사

측정하고자 하는 것이 정해졌다면 그것을 측정하는 도구가 무엇이 있는지를 조사해야 할 것이다. 먼저 전문가가 개발한 측정도구가 있는지 조사한다. 기존에 출판되어 쓰이고 있는 검사가 없다면 비슷한 선행의 연구들을 찾아 개인 연구자가 개발한 도구가 있는지 조사한다.

(3) 측정도구의 선정

측정하고자 하는 것에 관한 믿을 만한 전문가가 개발한 측정도구가 나와 있다면 그것을 쓰는 것이 좋다. 보통 전문가가 개발하여 널리 쓰이고 있는 도구를 표준화 검사라고 한다. 표준화 검사가 없는 경우에는 개인이 개발한 비슷한 검사 도구를 선정하여 참고하여야 한다. 도구를 그대로 쓰지 않는다 하더라도 그 도구를 참고하여 발전시키거나, 새로 개발해야 하므로 미리 조사를 해 두는 것이 결정하는 데 도움이 된다.

(4) 측정도구의 개발

측정하고자 하는 것에 알맞은 측정도구가 없을 때는 비슷한 기존의 측정도구들을 참고하여 연구자 개인이 개발하여야 한다. 신뢰성 있는 측정도구의 개발이 너무 어렵다고 판단되거나 도저히 측정이 불가능하다고 판단될 때는 질적인 연구 등 다른 방법도 고려해야 한다.

3) 측정도구의 제작

연구를 위한 측정도구를 제작하는 것은 생각보다 어렵다. 왜냐하면 신뢰성 있는 측정도구가 선행되어야 신뢰성 있는 연구가 가능해지기 때문이다. 그러므로 연구의 목적이나 대상에 맞는 검사도구가 개발되어 있다면, 기존의 개발되어 있는 검사도구를 쓰는 것이 바람직하다. 신뢰성 있는 검사도구를 개발하는 것은 많은 시간과 노력이 드는 일이기 때문이다. 특히 학위논문을 쓰는 학생들은 연구주제에 따라 사실상 검사도구를 개발하는 것이 불가능할 수도 있기 때문이다. 예를 들어, 지능검사나 적성검사 등은 석사나 박사과정 학생이 개발하는 것은 불가능에 가깝다.

연구주제나 대상에 알맞은 검사 도구가 없다면 도구를 제작해야 한다. 측정도구에 따라 제작 절차나 방법은 달라져야 한다. 측정도구를 제작하는 일반적인 절차는 [그림 9-2]와 같다.

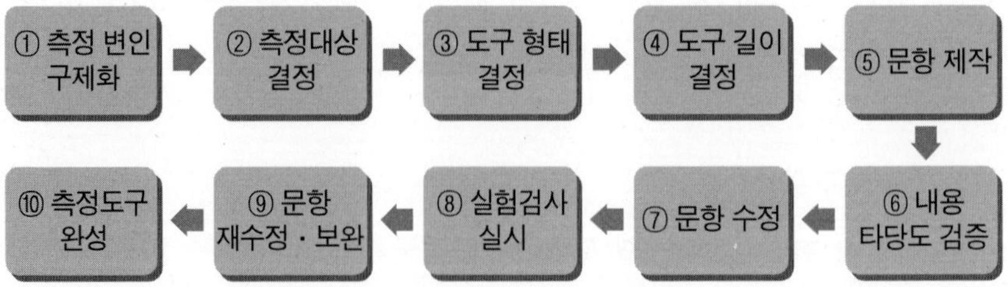

[그림 9-2] 측정도구 제작 절차

① 측정변인 구체화

측정할 변인(내용)을 구체화하여 결정한다. 측정할 내용은 연구목적과 문제에 따라 달라지기 때문에 연구목적과 문제가 명확해야 무엇을 측정할지도 명확해진다.

② 측정대상 결정

연구목적과 계획에 따라 연구대상을 결정한다. 연구대상이 측정대상이 된다.

③ 측정도구 형태 결정

연구주제나 대상에 따라 도구의 형태도 달라진다. 예를 들어, 글이 익숙하지 않은 유아들을 위한 측정도구로는 그림을 이용하여 측정하는 형태로 선정해야 할 것이며, 태도나 선호도를 조사할 때는 주로 리커트(Likert) 척도를 이용하게 될 것이다.

④ 도구 길이 결정

연구 도구의 길이가 길어지면 다양한 정보를 얻을 수는 있다는 장점이 있으나 너무 길면 역효과가 날 수도 있다. 측정도구는 연구 대상이 성인이라 하더라도 30분 이상이 걸리는 것은 특별한 경우가 아닌 한 무리이다. 응답자가 지루함이나 어려움을 느끼면, 부주의하게 되고 집중력을 떨어뜨려 정확도를 기대하기 어렵기 때문이다. 더욱 대상이 유아나 저학년 아동이라면 조사 시간을 15분 이상 넘겨서는 신뢰성 있는 검사를 기대하기 힘들다. 짧은 도구로 많은 결과를 얻을 수 있어야 좋은 도구라 할 수 있다.

⑤ 문항 제작

연구대상이 이해하기 쉬운 어휘를 사용해야 한다. 연구 대상이 이해를 하지 못하면 측정도구의 타당도와 신뢰도를 기대하기 어렵다.

⑥ 내용 타당도 검증

문항 개발이 끝나면 관련 전문가에게 내용 타당도를 검증받는 것이 바람직하다.

⑦ 문항 수정

전문가의 의견을 들어 문항을 수정한다.

⑧ 실험검사 실시

문항이 개발되었다고 해서 바로 연구에 착수할 수는 없다. 아무리 연구자가 최선을 다해 문항을 개발하였다 하더라도 실시 과정에서 문제가 발견될 수 있기 때문에 연구대상이 아닌 비슷한 집단에 사전검사를 실시하여 개발된 도구가 연구대상에게 문제가 없는지 조사하여야 한다.

⑨ 문항 재수정 · 보완

실험 검사 후에는 문항의 유형, 응답의 적정 여부, 문항 타당도 분석(답을 편중해서 답했거나 응답이 없는 문항 제거) 등을 통해 다시 문항을 재수정 · 보완하여야 한다.

⑩ 측정도구 완성

이 단계가 되어야 실제 연구에 쓸 수 있다.

4) 측정도구의 종류

어떤 종류의 측정도구를 써야 할까? 측정도구의 종류에는 여러 가지가 있고, 각 검사의 종류에는 장점과 단점이 있다. 질문지, 면접, 관찰 등이 가장 많이 쓰이는 측정도구이다.

(1) 질문지(설문지)

질문지법은 연구자가 알고자 하는 어떤 문제에 대해 질문지를 작성하여 피험자로 하여금 서면으로 작성하게 하여 연구에 사용하는 조사 방법이다. 이 방법은 많은 대상에게 짧은 시간에 많은 데이터를 얻는 데 유리하기 때문에 연구에서 광범위하게 사용하는 방법이다. 그러나 질문지에 답을 하는 사람이 솔직하게 대답하는지는 알 방법이 없다는 점과, 글로써 대답을 얻어내는 것이기 때문에 어린 유아 등 특정 대상에게는 실시하기가 어렵다는 한계가 있다.

① 질문지의 형태

질문지의 형태에는 여러 가지가 있다. 같은 내용의 질문이라도 여러 가지 형태로 질문할 수 있고, 각 질문의 형태는 장단점이 있다. 예를 들어, 교사의 경력을 알고 싶다고 할 경우, 빈칸을 주어 경력을 쓰게 할 수도 있고, ① 1년 미만, ② 1~5년 미만, ③ 5~15년 미만, ④ 15년 이상 등과 같이 선택형으로 할 수도 있다. 어떤 주제에 따라 질문을 어떤 형태로 할 것인지는 연구의 주제와 대상에 따라 달라진다.

많이 쓰는 질문지의 형태에는 진위형, 선택형, 체크리스트형, 척도형, 순위형, 자유 기술형 등이 있다. 진위형은 가부를 묻는 O, X형이고, 선택형은 질문에 몇 가지 답을 제시하여 고르게 하는 것이다. 체크리스트 형은 답에 체크를 하는 형태이고 척도형은 한 질문에 얼마나 동의하는지 고려하여 답하는 형식이다. 순위형은 주어진 답에 순위를 매기는 것이고, 자유 기술형은 질문에 대해 자유 형식으로 쓰는 것이다.

조사된 자료를 연구목적에 맞게 분석하려면, 질문지의 형태를 결정하고 작성할 때 반드시 통계분석도 같이 고려해야 한다. 왜냐하면 질문지의 형태에 따라 통계분석 방법이나 결과가 달라질 수 있기 때문이다. 각 질문지의 형태와 장단점은 〈표 9-1〉과 같다.

표 9-1 질문지의 형태와 주요 장단점

<table>
<tr><td colspan="4">연구제목: 음악 방과 후 수업의 만족도 조사
연구대상: 음악특기적성수업을 하고 있는 초등학교 4~6학년</td></tr>
<tr><th>형태</th><th>예</th><th>장점</th><th>단점</th></tr>
<tr><td>진위형</td><td>나는 이전에 음악 방과 후 수업을 참여한 적이 있다.
예( ) 아니요( )</td><td>응답과 자료 처리 쉬움</td><td>응답의 융통성 없음</td></tr>
<tr><td>선택형</td><td>음악 방과 후 수업을 택한 가장 큰 이유는 무엇입니까?
1. 내가 하고 싶어서
2. 부모님이 하라고 권하셔서
3. 친구와 같이 하고 싶어서
4. 다른 마땅한 수업이 없어서</td><td>응답과 자료 처리 쉬움</td><td>응답자의 생각을 제한함. 응답자가 원하는 답이 없을 수 있음</td></tr>
<tr><td>체크 리스트형</td><td>음악 방과 후 수업에서 악기를 배워 본 적이 있다면 어떤 악기를 배워 보았습니까? 모두 체크해 주세요.
피아노(Piano) _______ 바이올린(Violin) _______
첼로(Cello) _______ 플루트(Flute) _______
기타(Guitar) _______ 리코더(Recorder) _______
단소(Danso) _______ 가야금(Gayagum) _______
그 외 악기(etc.) _______</td><td>응답과 자료 처리 쉬움</td><td>체크의 개수에 따라 결과가 왜곡될 수 있음</td></tr>
<tr><td>척도형</td><td><table>
<tr><th>질문</th><th>매우 그렇다</th><th>그렇다</th><th>보통이다</th><th>그렇지 않다</th><th>매우 그렇지 않다</th></tr>
<tr><td>나는 음악 방과 후 수업 시간을 좋아한다.</td><td></td><td></td><td></td><td></td><td></td></tr>
<tr><td>나는 음악 방과 후 수업 시간이 유익하다고 생각한다.</td><td></td><td></td><td></td><td></td><td></td></tr>
</table></td><td>자료 처리 쉬움</td><td>응답자가 답을 하는 데 시간이 걸리고, 답의 양극단을 피하는 등의 경향이 있어 답이 왜곡되기 쉬움</td></tr>
<tr><td>순위형</td><td>학교 음악 방과 후 수업에서 가장 연주하고 싶은 곡을 1에서 3번까지 차례로 순서를 매겨 주세요.
• 학교에서 배운 동요( )
• 만화 영화 주제가( )
• 유명 아이돌의 노래( )</td><td>자료처리 쉽고 한 번에 많은 정보를 얻을 수 있음</td><td>응답자가 답을 하는 데 어렵고, 답이 여러 개일수록 응답이 왜곡되기 쉬움</td></tr>
</table>

자유 기술형	학교 음악 방과 후 수업 선생님께 하고 싶은 말이 있으면 적으십시오.	다양한 답을 얻기 쉬움	자료 처리가 어렵고 응답도 어려움

② 안내문 작성

질문지에는 응답자가 잘 협조할 수 있도록 안내문이 들어가는 것이 좋다. 안내문은 간결할수록 좋으므로 연구주제나 연구자의 인적사항 등 모든 사항을 간결・명확하게 밝히도록 한다. 안내문이 너무 길면 역효과가 날 수 있다. 다음은 안내문 안에 들어가면 좋은 사항이다. 안내문에 따라 응답자의 태도가 달라질 수 있으므로 성실하게 안내문을 작성한다.

- 연구 제목과 목적을 밝혀야 한다. 목적을 명확히 알면 더 성실히 대답할 가능성이 높다.
- 응답 소요 시간을 밝힌다. 응답 시간을 밝혀야 응답자들이 마음을 연다.
- 응답자들에게 그들이 답해 주는 것이 의미 있는 일이라는 인식을 주도록 한다. 사람은 누구나 의미 있는 일을 할 때 더 적극적이다.
- 비밀 보장을 약속해야 한다. 질문지의 내용에 따라 필요하다면 비밀을 보장해야 한다.
- 감사의 마음을 전한다.
- 연구자의 신상을 정확히 밝힌다. 예의 있게 연구자를 밝히는 것이 응답자들의 신뢰를 높이는 길이다.

③ 질문지 작성의 주의사항

질문지를 작성하는 데 주의할 점은 다음과 같다.

- 질문지는 짧은 것이 좋다. 짧은데 많은 정보를 얻을 수 있어야 좋은 질문지이다.

- 질문지의 문장은 쉽고 간결 · 명확해야 한다. 누가 읽든지 같은 뜻으로 해석이 되어야 한다. 연구대상을 고려하여 응답자가 충분히 이해할 수 있는 쉬운 언어로 기술되어야 한다.
- 연구에 필요한 것 외에는 묻지 않는다. 특히 신상정보에 관한 것은 필요한 것만 묻는다. 신상정보에 관해 너무 많은 것을 물으면 개인 정보 유출이라고 생각할 수도 있기 때문이다.
- 앞부분에는 대답하기 어려운 질문은 배치하지 않는다. 앞부분의 질문이 어려우면 포기할 수 있기 때문이다.

(2) 면접

면접은 직접 연구대상(응답자)을 만나 정보를 얻는 것이기 때문에 단순히 질문지만을 통해 얻는 자료보다는 심층적인 자료를 얻을 수 있다. 대면하여 얻는 자료이기 때문에 표정이나 태도 등에서도 도움이 되는 것을 얻기도 한다. 또 응답자의 대답에 따라 다양하게 질문지를 구성할 수 있어 설문 조사와 차별된 결과를 얻기 쉽다.

면접은 크게 구조화된 면접, 비구조화된 면접, 반구조화된 면접 등 세 가지로 나눌 수 있다. 구조화된 면접(structured interview)은 할 질문을 미리 준비하여 준비된 질문을 순서대로 하는 면접이다. 비구조화된 면접(unstructured interview)은 반대로 연구주제만을 정한 후 질문을 준비하지 않고 면접을 진행하는 것이다. 반구조화된 면접(semistructured interview)은 미리 질문을 준비하되 상황에 따라 준비하지 않은 질문도 하여 연구를 진행하는 방식이다. 각기 장단점이 있으나 학위논문을 쓰는 학생은 비전문가이기 때문에 비구조화된 면접을 진행하기는 쉽지 않다. 〈표 9-2〉는 이 세 가지 면접 유형들을 비교한 것이다.

표 9-2 면접유형의 비교

분류 내용	구조화된 면접	비구조화된 면접	반구조화된 면접
개념	미리 준비된 질문지에 따라 질문의 내용과 순서를 지키면서 진행하는 면접	면접계획을 세울 때 면접 목적만 명시하고 내용이나 방법은 면접자에게 일임하는 방법	사전에 면접에 관해 치밀한 계획을 세우되, 실제 면접상황에서는 융통성 있게 진행하는 방법
조사표	사용함(질문의 형태, 단어의 사용, 질문 순서 고정)	사용하지 않음(질문의 문항 구성, 질문의 순서와 방법은 면접자 재량)	중요한 질문만 구조화되고, 그 밖에는 비구조화
장점	응답 자료를 분류하고 코딩하는 데 편리하며, 질문 시 오류를 최소화함	면접결과의 타당도가 높고 면접자와 응답자 간의 공감대를 형성해 보다 정확한 자료를 얻음	구조화된 면접과 비구조화된 면접의 장점을 절충한 것으로 가장 많이 이용
단점	일정한 면접조사표를 가지고 피면접자에게 일률적으로 적용하기가 불가능함	고도의 면접 기술이 필요하고, 면접 자료를 부호화하기 어려움	고도의 훈련된 면접자가 필요하고, 면접자는 응답자들의 속성, 경험을 알고 있어야 함

출처: 김병성(1996, p. 235).

(3) 관찰

관찰연구는 연구대상자를 관찰하여 정보를 모아 하는 연구이다. 관찰은 인간행동에 관한 정보를 수집하는 가장 보편적인 방법이라고 할 수 있다. 질문지나 면접이 언어를 이용하여 정보를 수집하는 대표적인 방법이라면 관찰은 비언어적 방법으로 정보를 수집하는 것이다. 관찰은 보통 주어진 연구대상, 주어진 시간, 주어진 내용 안에서만 이루어진다.

연구에서는 타당성 있고 신뢰성이 있으며 객관성 있는 관찰이 이루어져야 한다. 모든 것은 관찰자에 의해서 이루어지므로 관찰자의 선정 및 훈련은 중요하다. 관찰의 신뢰도와 객관성을 높이기 위해 2명 이상의 관찰자가 참여하는 것이 보통인데, 이들의 관찰에 대한 일관성은 무척 중요하다. 그러므로 관찰 전에 관찰자들의 의견 수렴 및 훈련이 이루어져야 한다. 관찰자들의 결과를 상관계수로 관찰자 간 신뢰도로 표시하기도 한다.

관찰연구를 수행할 때는 관찰기록지를 만들어 수행하는 것이 일반적이다. 관찰연구의 성패는 관찰기록의 정확성에 의해 좌우되기 때문에 관찰기록을 잘 만드는 것은 중요하다. 현장에서 즉시 이루어지는 관찰연구는 한계가 있기 때문에 미리 허락을 받아 비디오로 녹화를 하는 것이 좋다. 관찰 사항을 일화 또는 행동기록으로 기록할 수도 있고, 관찰 사항을 연구 전 미리 점검표(check list) 등을 만들어 쓰기도 한다. 점검표는 좀 더 자세히 기록하기 위해 평정척도를 쓰기도 한다. 예를 들어, 수업시간의 교사의 언어행동을 관찰한다고 했을 때 교사의 발언의 형태를 미리 분류하고 체크할 수 있다. 〈표 9-3〉 플랜더스(Flanders)가 분류한 교사의 발언의 종류에 근거하여 만든 관찰지의 예이다(현경실, 1999, p. 53).

표 9-3 관찰지의 예

영역		내용	횟수
교사의 발언	비지시적 발언	1. 느낌을 받아들이는 것	
		2. 칭찬 혹은 권장	
		3. 학생의 생각을 받아들이거나 이를 이용하는 것	
		4. 질문	
	지시적 발언	5. 강의	
		6. 지시	
		7. 비판 혹은 권위를 부리는 것	

(4) 성취도 검사

연구에서 쓰이는 측정도구 중 성취도 검사가 있다. 성취도 검사는 학습한 것을 재는 검사이다. 그러므로 성취도 검사는 직접 가르치고 운영을 한 교사가 가장 잘 만들 수 있다. 학교에서 우리가 흔히 시험이라고 부르는 것이 대부분 성취도 검사이다. 그런데 학교에서 실시되는 성취도 검사는 그 신뢰도를 매번 검증하기 어렵다. 그러나 연구에서 사용되는 성취도 검사는 반드시 그 신뢰도를 증명해야 한다.

음악 성취도 검사에는 여러 가지 형태가 있다. 가창이나 악기 연주를 평가하는 성취도 검사, 감상을 평가하는 듣기 검사, 청음 시험 등 많은 종류의 성취도 검사가 있다. 학교 현장에서는 흔히 시행되던 음악 필기시험 외의 시험을 학교 현장에서는 수행평가라고 부른다. 음악교육연구에서 많이 쓰이는 것은 실기 수행평가이다. 음악 실기평가의 가장 어려운 점은 객관성이다. 음악 실기평가의 객관성은 높이기 위한 방안은 다음과 같다(민경훈 외, 2017, pp. 322-323).

〈표 9-4〉와 〈표 9-5〉는 학교 알리미를 통해 발표된 실기 수행 평가의 좋은 예이다.

- 채점할 영역을 미리 정하고 영역별로 여러 번에 걸쳐 채점한다.

채점할 영역을 채점 전에 미리 자세히 정한다. 그리고 각 영역별 점수가 서로 영향을 끼치는 것을 방지하기 위해 여러 번 들으면서 영역별로 채점을 하는 것이 좋다.

- 구체적이고 자세한 평가 기준을 만들어 사용한다.

채점 기준은 구체적일수록 객관적인 점수가 나올 가능성이 크다. 채점 기준은 연구 수행 전에 개발하고 실험 실시를 하여 수정하여야 한다.

- 두 명 이상의 채점자가 채점을 한다.

평가의 신뢰도를 높이기 위해 반드시 2명 이상의 채점자가 채점을 하여야 한다. 채점자가 3명이라면 더욱 좋다. 실기평가의 신뢰도는 채점자들이 매긴 점수의 상관계수로 나타낸다. 신뢰도를 높이기 위해서는 채점 전에 채점 기준에 대한 충분한 의견수렴이나 채점의 훈련이 있어야 하며, 실제 평가에서는 채점하는 데 서로 영향을 주어서는 안 된다.

- 연주자가 누군지 모르는 상태에서 채점한다.

사람은 누구나 편견을 가지기 쉽기 때문에 연주자가 누군지 모르는 상태에서 채점을 해야 한다. 실기 연주를 그 자리에서 평가하는 것보다는 오디오로 녹음을 하여 채점을 하는 것이 훨씬 효과적이다.

표 9-4 경기 M중학교의 기악 수행평가 기준

수행 과제	단소로 제재곡을 연주하기	
평가 요소	① 바른 취구모양과 운지법으로 연주한다. ② 정확한 리듬과 빠르기로 연주한다. ③ '仲, 林, 無'의 소리를 바르게 연주한다. ④ '潢, 汰' 의 소리를 바르게 연주한다. ⑤ '㳞, 淋, 潕'의 소리를 바르게 연주한다. ⑥ 악곡을 외워서 연주한다.	
평가기준 및 배점	① 모든 조건을 만족시킨 경우(A)	20점
	② 5가지 조건을 만족시킨 경우(B)	18점
	③ 4가지 조건을 만족시킨 경우(C)	16점
	④ 3가지 조건을 만족시킨 경우(D)	14점
	⑤ 2가지 조건 이하를 만족시킨 경우(E)	12점
유의점	- 제재곡은 수업에서 활동한 곡으로 제한한다. - 각 항목 당 3회 이상 지켜지지 않으면 감점한다.	

표 9-5 경기 Y중학교의 가창 수행평가 기준안

평가 요소	평가 내용	배점		
		기준	총점	총계
발성	발음이 매우 정확하고 공명이 잘되는 소리로 노래한다.	5점	5점	5점
	발음이 정확한 편이나 발성이 보통이다.	4점		
	발음이 정확하지 않고, 소리가 매우 거칠다.	3점		
리듬 박자	음표와 쉼표의 길이를 정확하게 표현한다.	5점	5점	
	여러 리듬과 주요 부분의 박자가 부분적으로 맞지 않는다.	4점		
	음표와 쉼표의 길이나 전체적인 박자감 표현이 부족하다.	3점		
음정	바른 음정으로 시작과 끝음이 정확하며, 고음과 저음 처리가 안정적이다.	5점	5점	

음정	바른 음정으로 시작과 끝음이 정확하나 고음과 저음 처리가 미숙하다.	4점	5점	5점
	음정이 바르지 못하며, 고음과 저음을 정확히 표현하지 못한다.	3점		
음악적 표현 및 자세	나타냄표의 표현이 적절하여 악곡의 분위기를 잘 나타내며, 연주 자세가 바르고, 연습이 충분하다.	5점	5점	
	나타냄표의 표현이 적절하지 못하여, 악곡의 흐름이 자연스럽지 못하며, 너무 긴장을 하여 연주가 잘 이루어지지 않는다.	4점		
	나타냄표의 표현이 이루어지지 못하여, 아름다운 표현이 되지 못하며, 연주자세가 바르지 않고 연습이 충분하지 않다.	3점		

〈표 9-6〉은 연구에 사용된 초등학교 1학년과 2학년의 가창 실기 평가의 예이다. 초등학교 교과과정에 따라 평가된 곡은 1학년이 '봄 인사', 2학년은 '봄'이었다. '봄 인사'와 '봄'은 모두 8마디로 이루어진 곡이다.

표 9-6 가창 평가기준

영역	하위 영역	배점	평가기준	합계
가락	정확성	8점	• 두 마디를 한 단위로 2점 만점으로 채점한다. 4단위이므로 합이 8점 • 시작음의 정확한 음높이에는 상관없이 어떤 음으로 시작하든지 상대음감으로 채점한다. - 두 마디를 기준으로 음정이 정확하다: 2점 - 두 마디를 기준으로 가락선은 맞으나 음정이 틀리다: 1점	8점
리듬	박자감	1점	• 박자감(일정박)이 있다: 1점 • 노래 속에서 학생이 박자감을 느끼며 부르는지를 평가한다.	8점

리듬	빠르기	3점	• 3점 만점에서 틀리는 것을 '1점'씩 한다. – 빠르기가 한번 변할 때 마다 1점 감점. 최대 3점 감점 예 1: 곡 전체적으로 또는 한 부분만이 점점 빨라진다: -1점 예 2: 곡 전체적으로 또는 한 부분만이 점점 느려진다: -1점 예 3: 앞은 빨라지고 뒤는 느려진다: -2점 예 4: 빨라졌다가(1) 느려지고(1), 다시 빨라진다: -3점	8점
	정확성	4점	• 두 마디를 한 단위로 채점한다. 8 마디이므로 합이 4점 – 두 마디를 기준으로 리듬이 정확하다: 1점(두 마디에서 리듬이 한 음만 틀려도 점수 없음) – 단, 긴 음의 경우(2분음표, 점 2분음표) 음을 본래 길이보다 짧게 부르더라도 다음 마디의 음이 정확한 박자대로 들어오면 감점 없음	

출처: 현경실(2016, pp. 82-83).

2. 타당도와 신뢰도

검사의 질을 나타내는 객관적인 증거는 타당도와 신뢰도로 나타낸다.

1) 타당도

신뢰도 vs. 타당도

타당도(validity)란 어떤 검사가 목적한 내용을 측정하고 있는가를 나타내는 지수이다. 즉, 무엇을 재고 있느냐를 나타낸다. 예를 들어, 학생들의 영어 능력을 재는 검사라면 그 검사가 정말로 학생들의 영어 능력을 재고 있느냐를 나타내는 지수이다.

(1) 타당도의 종류

타당도의 종류를 분류하는 방법에는 여러 가지가 있지만 내용 타당도, 구인 타당도, 공인 타당도, 예언 타당도 등으로 나누는 것이 보편적이다.

① 내용 타당도

내용 타당도(content validity)란 검사 내용에 근거해서 판단되는 타당도이다. 어떤 검사가 만들어졌을 때 그 분야의 전문가가 보고 그 검사의 내용이 타당한지를 판단하는 타당도이다. 이 타당도는 전문가의 견해를 믿고 인정해주는 것으로 전문가의 주관적인 판단에 의거 타당도를 증명하는 것이다. 그러므로 객관적인 수치로 나타낼 수는 없고 단지 전문가의 의견에 따라 타당도의 여부가 결정된다. 안면 타당도(face validity) 혹은 논리적 타당도(logical validity)라고도 한다. 연구를 수행할 때는 2명 이상의 전문가에게 내용 타당도 검증을 의뢰하기도 한다. 연구자가 검사를 개발할 경우 내용 타당도의 검증은 필수이다.

② 구인 타당도

구인 타당도 (construct validity)는 내적 구조(internal structure)에 근거한 타당도이다. 구인(構因)이란 "심리적 특성이나 행동 양상을 설명하기 위하여 존재를 가정하는 심리적 요인"(성태제, 2016a, p. 159)이다. 예를 들어, 지능을 기본적으로 언어 능력 · 수리력 · 추리력 · 공간 지각력 등 하위 요인으로 구성되어 있다고 가정한다면 이 요인들이 지능의 구인이며, 지능검사가 이 구인들을 제대로 측정하고 있는지를 밝히는 것이 구인 타당도이다.

③ 공인 타당도

새로 만들어진 검사의 타당도를 증명하기 위하여 이미 그 타당도를 인정받아 널리 쓰이고 있는 같은 종류의 다른 검사와의 상관계수로 타당도를 나타내는 것이 공인 타당도(concurrent validity)이다. 예를 들어, 새로운 지능검사를 개발하였다면 이미 인정받아 쓰이고 있는 기존의 Wechsler 지능검사와의 관계를 보여 줌으로써 타당도를 증명하는 것이다.

④ 예언 타당도

예언 타당도(predictive validity)는 어떤 검사가 미래의 어떤 능력을 얼마나 예측할 수 있느냐를 나타내는 타당도이다. 예를 들어, 음악 학습 잠재력을 측정하는 음악적성검사가 실제로 음악을 학습할 경우 그 결과를 얼마나 예측할 수 있느냐로 보여 주는 타당도이다. 즉, 음악적성검사에서 높은 점수를 받은 사람이 음악학습에서도 높은 성취도를 나타낸다면, 이 음악적성검사는 예언 타당도가 높다고 볼 수 있다.

2) 신뢰도

신뢰도(reliability)란 검사의 일관성을 말한다. 즉, 측정하려는 것을 얼마나 일관성 있게 측정하고 있느냐를 표시하는 것이다. 예를 들어, 자가 고무줄로 되어 있다면 길이를 잴 때마다 다른 결과가 나올 것이다. 이때 길이를 재는 자는 신뢰성이 없다. 측정의 오차가 적을수록 신뢰도는 높다고 볼 수 있다. 신뢰도가 높다고 해서 항상 타당도가 높은 것은 아니지만 타당도가 높은 검사는 항상 높은 신뢰도를 동반한다. 다시 자로 예를 들어 보자. 자가 늘어나지 않는 좋은 재질로 되어 있어 잴 때마다 오차가 없는 자가 있다고 가정해 보자. 이 자는 늘어나지 않는 좋은 재질로 되어 있기 때문에 신뢰도가 높은 측정도구라고 할 수 있다. 그런데 이 자가 측정단위인 1cm의 길이가 서로 다르다면, 이 자는 신뢰도는 높지만 타당도가 낮은 측정도구이다. 신뢰도는 보통 -1~+1의 계수로 나타낸다.

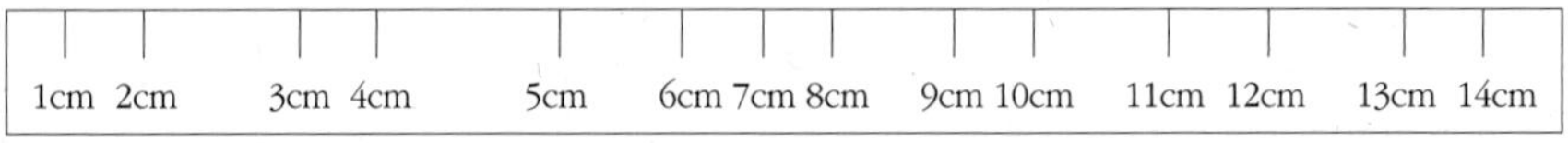

[그림 9-3] 신뢰도는 높지만 타당도가 낮은 자

(1) 신뢰도의 종류

① 재검사 신뢰도

검사-재검사 신뢰도(test-retest reliability)라고도 하며, 초기 신뢰도를 산출하는 데 가장 많이 쓰이던 방법이다. 동일한 검사를 동일한 집단에게 시간의 간격을 두고 두 번 실시하여 두 점수 간의 상관계수를 얻어 신뢰도 지수로 사용하는 방법이다. 검사의 일관성을 알아보기 위해 사용되던 방법이다. 이 방법은 시간의 간격이 문제가 될 수 있다. 시간의 간격이 너무 짧으면 피험자가 첫 번째 검사를 기억하여 그 결과에 영향을 미칠 수 있으며, 시간의 간격이 너무 길면 피험자의 상황이 변하여 그 결과에 영향을 미칠 수 있다. 수학 성취도 검사를 예로 들면, 두 번의 검사 실시 간격이 너무 짧으면 피험자가 문제를 기억하여 이월효과가 클 수 있으며, 두 번의 검사 실시 간격이 너무 길면 그동안 피험자의 수학 실력 자체가 변할 수 있어 문제가 된다. 보통 재검사 신뢰도의 권장 실시 간격은 피험자의 기억이 소멸되는 2~4주이다.

② 동형검사 신뢰도

동형검사 신뢰도(parallel-from reliability)는 검사를 동형으로 2개를 만들어 같은 피험자에게 동시에 실시하여, 두 개의 검사의 결과를 비교하여 상관계수로 나타낸다. 이 신뢰도의 장점은 한 번에 실시가 가능하여 재검사 신뢰도의 단점을 보완할 수 있으나, 두 개의 검사가 동형이라고는 하나 동일 검사와는 다르므로 신뢰도가 실제보다 낮게 나올 가능성이 많다. 실시 시간도 오래 걸린다.

③ 반분 신뢰도

반분 신뢰도(split-half reliability)는 하나의 검사를 실시한 후에 그 검사를 두 부분으로 나누어 점수를 낸 후, 그 두 점수 간의 상관관계로 신뢰도를 낸다. 신뢰도는 검사의 길이와도 상관이 있기 때문에 스피어만 브라운(Spearman-Brown) 공식으로 신뢰도를 추정한다.

④ 내적일관성 신뢰도

내적일관성 신뢰도(internal consistency reliability)는 검사에 대한 피험자 반응의 일관성을 분석하여 신뢰도를 추정하는 방법이다. 개별 문항을 하나의 검사로 보고 각 문항들 간의 상관관계를 모두 구한 다음 그 평균을 구하는 방식이다. 수기로 계산할 때는 복잡하나, 최근에는 컴퓨터가 발달하여 쉽게 그 결과를 얻을 수 있다. KR-20, KR-21, Cronbach α 등의 방식이 있으며, 가장 많이 쓰이는 방법은 'Cronbach α' 신뢰도이다.

⑤ 평가자 간 신뢰도

수행평가에서는 평가자 간 신뢰도(inter-rater reliability)를 쓴다. 요즈음은 전통적인 검사 이외에 수행평가를 연구에 점점 많이 쓰는 추세이다. 수행평가는 과정평가 혹은 포트폴리오 등으로 불리기도 하는데, 음악 과목에서 사용되는 실기평가는 수행평가에 속한다. 예를 들어, 어떤 수행과제를 평가할 때 2명 이상의 평가자가 각자 평가하여 그 점수 간의 상관관계로 신뢰도를 표시하는 것이다. 실기평가의 신뢰도도 보통 두 사람 이상의 평가자가 동일 연주를 평가하여 그 점수 간의 상관계수를 내어 신뢰도를 표시한다.

3. 표준화 검사

표준화 검사

어떤 사람이 사용해도, 검사의 실시·채점·해석이 동일하도록 형식과 절차를 통일시킨 검사이다. 개인이 단기간에 만들기 어려운 종류의 검사가 대부분이다.

표준화 검사(standardized test)란 전문가가 전문적이고 체계적인 절차를 걸쳐 개발하여 표준화시킨 검사를 말한다. 표준화란 검사의 실시 방법과 채점 방법 등의 매뉴얼이 만들어지고 표본 집단의 규준이 만들어지는 것을 말한다. 표준화 검사는 보통 전문가 혹은 전문가 집단에 의해 오랜 연구기간에 걸쳐 실험되어 개발된다. 그 대표적인 예가 지능검사이다. 표준화 검사의 가장 큰 장점은 전문가들이 오랜 기간의 연구를 거쳐 실험을 하였기 때문에 신뢰도와 타당도가 높다는 것이다. 그리고 누가 실시하더라도 매뉴얼대로만 실시한다면 신뢰성 있는 결과를 얻을 수 있다. 표준화 검사는 대부분 연구자 개인이 개발하기 어려움이 많은 검사들이므로, 연구를 수행할 때 필요한 검사가 표준화된 것이 있다면 개인이 개발하는 것보다는 표준화 검사를 쓰는 것이 여러 가지 면에서 유리하다.

1) 표준화 과정

표준화 검사를 개발하기 위해서는 여러 개의 단계가 필요하다. 검사의 종류에 따라 다소 차이는 있으나 큰 줄기는 [그림 9-4]와 같다. 이해를 돕기 위해 필자의 한국음악적성검사(Korean Music Aptitude Test: KMAT)(현경실, 2004)

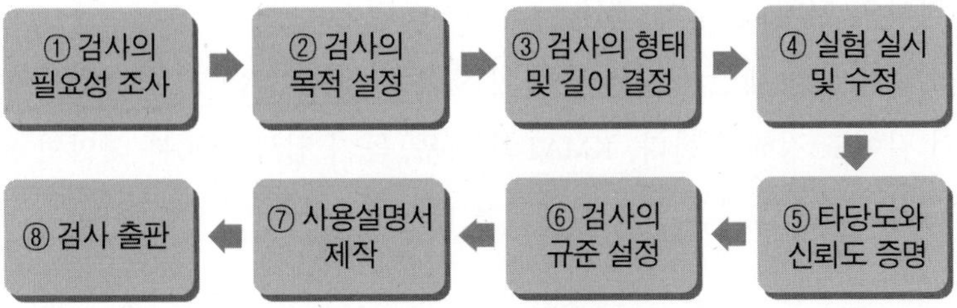

[그림 9-4] 표준화 과정

의 개발과정을 예로 들어 설명하고자 한다.

① 검사의 필요성 조사

검사를 표준화하는 것은 노력과 시간이 많이 드는 과정이다. 그러므로 어떤 검사의 표준화할 때는 그 검사가 시간과 노력을 들여 표준화를 해야 할 만큼 중요하고 필요한 검사인지를 먼저 살펴야 할 것이다. 또 무엇보다 중요한 것은 많은 사람에게 필요한, 폭넓은 수요층이 있는지도 조사해야 할 것이다. KMAT의 경우, 학생의 음악적성을 알 수 있다면 음악을 가르치는 데 도움이 될 것이라는 것은 의심의 여지가 없었다.

② 검사의 목적 설정

검사를 개발하기로 하였다면, 개발하고자 하는 검사의 목적을 설정해야 한다. 검사를 실시했을 때 이룰 수 있는 목적이 무엇인지를 분명히 해야 한다. 표준화가 이루어지는 검사는 성취도 검사보다는 심리검사가 많은데, 대부분의 심리검사는 용어 정의부터 시작해야 할 경우가 많다. 심리의 경우, 용어에 대한 해석도 학자마다 다르기 때문에 용어 정의도 쉽지 않을 때가 많다. 그리고 용어 정의에 따라 검사의 모든 방향이 달라지기도 한다. 예를 들어, 음악적성검사를 개발한다고 하면 '음악적성'에 대한 용어 정의부터 시작해야 한다. 많은 사람들이 음악적성이라는 용어를 쓰고 있지만, 각자 생각하는 뜻은 다르기 때문이다. KMAT의 경우, 음악적성을 "어떤 사람이 음악을 배울 경우 얼마나 잘 배울 수 있는가 하는 잠재적인 가능성"으로 정의하였다 (현경실, 2004, p. 21).

③ 검사의 형태 및 길이 결정

검사의 내용과 대상에 따라 검사의 형태를 정해야 한다. 형태뿐만 아니라 검사의 길이도 정해야 한다. KMAT의 경우, 듣기 검사로 40분 내외의 음악적성이 고정되는 만 9세 이후의 학생들을 대상으로 개발하기로 하였다.

④ 실험 실시 및 수정

검사가 만들어지면 수차례 혹은 수십 차례에 걸쳐 실험과 수정을 반복해야 한다. KMAT의 경우, 1997년부터 2001년까지 21차에 걸쳐 실험 실시를 하였으며 이 실험 실시에 참여한 학생의 수는 약 14,600명이었다(현경실, 2004, p. 82, 〈표 9-7〉 참조).

표 9-7 KMAT 개발을 위한 실험 실시 대상

	실험 실시 횟수	학교 수	학급 수	인원
1차년도(1997)	6	13	63	3,042
2차년도(1998)	10	35	119	4,803
3차년도(1999)	2	7	7	290
4차년도(2000)	2	5	13	881
5차년도(2001)	1	35	150	6,194
합계	21차	95개교	362학급	14,630명

⑤ 타당도와 신뢰도의 증명

표준화 검사의 사용 여부의 중요한 기준은 타당도와 신뢰도에 있을 것이다. 그러므로 검사의 타당도와 신뢰도의 증명은 표준화 검사 개발에 가장 중요한 단계이다. 따라서 검사의 타당도와 신뢰도를 보여 줄 수 있는 여러 단계의 연구가 필요할 것이다. KMAT의 경우, 음악적성검사이기 때문에 개발된 검사가 음악적성을 측정하고 있다는 것을 보여 주어야 한다. 그 방법으로는 기존의 잘 알려진 고든(Gorden)의 음악성검사와의 상관도를 보여 주는 공인 타당도 연구, 그리고 음악을 가르쳐서 음악성검사에서 높은 점수를 받은 학생이 실제로 음악성취도가 높다는 것을 보여 주는 예언 타당도 연구가 진행되었다.

⑥ 검사의 규준 설정

검사가 개발이 끝나면 연구대상의 연령에 따라 많은 수의 사람에게 검사를 실행하여 규준을 만들어야 한다. 그래야 표준화 검사의 역할을 할 수 있다. KMAT의 경우, 규준을 만들기 위해 35개 초·중학교에서 6,194명이 참여하였다(현경실, 2004, p. 115).

⑦ 사용설명서 제작

누구나 개발된 검사를 실시했을 때 같은 조건이 될 수 있도록 검사 실시 방법과 주의사항, 채점 방법, 결과 사용 및 해석 방법 등을 자세히 설명하는 사용설명서를 만들어야 한다.

⑧ 검사 출판

검사를 출판하여 원하는 사람은 누구나 사용할 수 있도록 한다.

2) 표준화 검사의 종류

외국은 물론 국내에도 많은 표준화 검사들이 출판되어 사용되고 있다. 대표적인 것이 지능검사와 각종 심리검사, 진로검사 등이 있다. 〈표 9-8〉은 우리나라에서 출판된, 음악교육연구에 많이 쓰이는 검사와 특징을 보여 준다. 우리나라에서 심리 검사를 다루는 대표적인 곳은 한국가이던스, 한국 심리검사 연구소, 한국 직업능력 개발원 커리어넷, 중앙적성연구소, 한국 행동과학 연구소, 한국사회적성개발원, 학지사 심리검사연구소, 인사이트 등이 있다. 〈표 9-8〉은 음악교육연구에서 많이 쓰이는 우리나라의 대표적인 표준화 검사의 종류와 특징을 보여 준다.

표 9-8 우리나라의 대표적인 표준화 검사의 종류와 특징

검사 이름	검사대상 연령	개발자	특징
한국 웩슬러 아동 지능검사[1] (K-WISC-IV)	만 6 ~ 16세	웩슬러 (Wechsler)	• 아동의 인지적 능력을 평가하기 위한 개별 검사도구 • 인지능력이 평균 이하로 추정되는 아동, 신체적 · 언어적 · 감각적 제한이 있는 아동 등 모두 평가 가능 • 15개의 하위검사: 토막짜기, 공통성, 숫자, 공통 그림 찾기, 기호쓰기, 어휘, 순차연결 등
MBTI[2] (심리검사)	중학생 이상	브릭스와 마이어스 (Briggs & Myers)	• 인간의 행동은 정신 능력을 사용하는 데 선호 방식에서 비롯된 결과 • 유형에 따른 교육방법 개발, 학습방법 파악, 진로 지도 활용가능 • 4가지 선호지표: 에너지 방향(외향, 내향), 인식기능(감각, 직관), 판단기능(사고, 감정), 생활양식(판단, 인식) • 16가지 성격 유형
MIQ 다중지능 검사[3]	초4~중2	정종진	• 지능검사뿐만 아니라 학습방법 및 진로적성 탐색 검사로 활용 • 강점 기능과 약점 기능을 파악 • 잠재력 개발 및 재능 분야 파악 • 가드너(Gardner)의 8가지 지능 측정: 언어지능, 논리수학지능, 공간지능, 신체운동지능, 음악지능, 대인관계지능, 자기성찰지능, 자연탐구지능
다요인 인성검사 II (16PF)[4]	중학생 이상	염태호, 김정규	• 성격 이해에 적합한 검사 • 도덕성, 예민성, 자책성, 자기결정성 등 척도에 대한 정보를 제공하여 성격 파악 용이 • 성격진단, 직업선택, 연구목적으로 검사 활용
SCI-II 자아개념 검사[5]	초등~성인	이경화, 고진영	• 자아개념 향상을 위한 상담 자료로 활용 • 자아영역별로 자아개념 측정 가능: 인지적 자아, 정의적 자아, 사회적 자아, 신체적 자아 등 • 자아개념 향상 프로그램 개발에 기초자료 제공

K-CTC 창의적 특성 검사[6]	유아~ 초등	전경원	• 평소 생활에 나타내는 창의적 특성이나 성향에 대해 평가 가능 • 인지적 요인(유창성, 융통성, 독창성)과 정의적 요인(민감성, 독자성, 호기심, 다양성)으로 구성
유아음악 적성검사 (Kids' MAT)[7]	만 5~ 7세	현경실	• 유아의 음악적 잠재력 능력을 측정 • 내재적 음악적 능력, 재능 등을 측정 • 가락과 리듬의 음악적성 측정
한국음악 적성검사 (KMAT)[8]	초3 ~ 중3	현경실	• 음악적 잠재적 능력을 측정하는 도구 • 가락과 리듬의 음악적성 측정 • 음악과 관련된 진로적성 평가

표준화 검사 선택 시에는 다음의 사항을 유의해야 한다(성태제, 2016b, p. 169).

- 측정하고자 하는 내용에 따라 검사를 선택한다.
- 검사하고자 하는 집단의 특성에 맞는 검사를 선택한다.
- 검사 소요 시간, 검사결과의 활용을 고려한다.
- 문화적으로 인종과 성별에 따른 차별 기능 문항이 있는지 확인한다.
- 타당도와 신뢰도를 확인한다.
- 표준화 검사를 위한 규준이 최근 규준인지 확인한다.

1) 인싸이트: www.inpsyt.co.kr
2) 어세스타:www.caree4u.net
3) 한국 가이던스: www.guidance.co.kr
4) 한국 가이던스: www.guidance.co.kr
5) 인싸이트: www.inpsyt.co.kr
6) 인싸이트: www.inpsyt.co.kr
7) 인싸이트: www.inpsyt.co.kr
8) 인싸이트: www.inpsyt.co.kr

참고문헌

김민혜(1990). 교사관심에 의한 수업형태 및 교사-학생의 언어적 상호작용, 이화여자대학교 대학원 석사학위논문.

김병성(1996). 교육연구방법. 서울: 학지사.

김석우, 최태진(2007). 교육연구방법론. 서울: 학지사.

노석준, 문승태, 장선철(2008). 교육연구방법 및 통계. 서울: 동문사.

민경훈 외(2017). 음악교육학 총론. 서울: 학지사.

변창진, 최진승, 문수백, 김진규, 권대훈(1996). 교육평가. 서울: 학지사.

성태제(2016a). 교육연구방법의 이해. 서울: 학지사.

성태제(2016b). 현대교육평가. 서울: 학지사.

최은식, 권덕원, 문경숙, 석문주, 승윤희(2014). 음악교육연구방법. 경기: 교육과학사.

현경실(1999). 초등학교 음악 수업의 실태 조사. 음악교육연구, 18. 49-78.

현경실(2004). 한국음악적성검사. 서울: 학지사.

현경실(2012). 중학교 음악과의 수행평가 실태조사 연구. 교과교육학연구, 16(4), 981-999.

현경실(2016). Kids' MAT 유아음악적성검사의 이해와 활용. 서울: 인싸이트.

Anastasi, A. (1988). *Psychological Testing*. New York: Macmillan.

정리하기

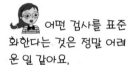

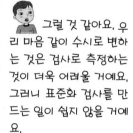

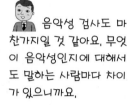

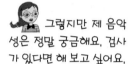

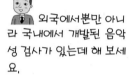

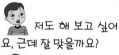

어떤 검사를 표준화한다는 것은 정말 어려운 일 같아요.	그럴 것 같아요. 우리 마음 같이 수시로 변하는 것은 검사로 측정하는 것이 더욱 어려울 거예요. 그러니 표준화 검사를 만드는 일이 쉽지 않을 거예요.	음악성 검사도 마찬가지일 것 같아요. 무엇이 음악성인지에 대해서도 말하는 사람마다 차이가 있으니까요.
그렇지만 제 음악성은 정말 궁금해요. 검사가 있다면 해 보고 싶어요.	외국에서뿐만 아니라 국내에서 개발된 음악성 검사가 있는데 해 보세요.	저도 해 보고 싶어요. 근데 잘 맞을까요? 오류는 항상 있을 수 있으니 참고하세요.

내용요약

1. 평가를 할 때 가장 중요한 것은 객관적으로 공정하게 하는 것이다.

2. 연구를 진행할 때 측정도구가 필요할 때가 있다. 측정도구가 필요할 경우, 제일 먼저 해야 할 일은 무엇을 측정하고 싶은지 그 기준을 먼저 명확하게 결정하는 것이다.

연구문제

1. 주제를 잡아 10문항 정도의 설문지를 개발해 보시오.

2. 가창 실기평가 기준을 만들어 보시오.

10장
통계와 자료분석

최진호

1. 연구를 위한 통계의 기본개념

> **통계**
> 통계는 수를 통해 어떤 현상을 설명하는 것을 말한다.

현재 우리가 살고 있는 세상에서 통계는 매우 중요하다. 일반적으로 사람들은 통계를 수학과 동일하게 생각하여 복잡하고 어려운 것으로 여기는 경향이 있다. 그러나 통계는 단순히 수학의 한 분야라기보다 자연과 사회에서 발생하는 현상들을 보다 구체적으로 설명하는 역할을 한다. 예를 들면, 182라는 숫자와 30이라는 숫자 자체는 별 의미가 없다. 하지만 '내 남자친구의 키가 182cm' '오늘의 날씨가 섭씨 30도'라고 하면 그 의미는 달라진다. 이러한 점에서 통계는 단순한 숫자를 넘어서 세상에서 일어나고 있는 어떤 현상을 숫자로 설명하는 것을 말한다.

연구에 있어서도 통계는 중요하다. 연구가 자연과 사회에서 발생하는 문제를 과학적 · 체계적 방법을 통해 해결방법을 찾아 나가고, 이를 통해 이론을 도출하는 것이라고 한다면, 통계는 이러한 연구와 관련된 모든 문제를 설명하는 방식을 말한다. 이러한 점에서 성태제(2010)는 "통계란 이론을 도출,

지지, 거부, 수정하기 위하여 수집한 자료를 가지고 가설을 검증하는, 즉 확률적으로 판정하는 수리적 논리"(p. 261)라고 정의하였다. 조금 어려운가? 그렇다면 쉬운 예를 들어 연구 상황을 만들고 설명해 보자.

예를 들어, 고등학교 학생인 연구자가 음악교과 수행평가로 음악회를 다녀오려 한다. 음악교사가 제시한 3개의 음악회 중 어떤 음악회를 가는 것이 좋을지 고민하던 연구자에게 한 친구가 자신이 다녀온 음악회가 재미있다고 꼭 보라고 한다. 그러나 음악회에 대한 판단은 주관적이기에 정말 그 음악회가 좋은 음악회인지를 알고 싶었다. 그래서 앞에서 설명한 통계의 정의대로 '친구가 추천한 음악회는 재미있다.'라는 가설을 세우고 연구 상황을 만들어 확률적으로 검증해 보고자 하였다. 이 '연구가설'을 검증하기 위해 연구자는 친구가 추천한 음악회를 관람한 100명의 사람들에게 얼마나 재미있는지를 물어 1점부터 10점까지 범위를 주고 재미있을수록 10에 가깝게 표시하라고 하였다. 이렇게 모아진 100명의 자료를 분석하여 그 평균을 계산하고, 평균 9.5점 이상이 나오면 가설을 받아들이기로 결정하였다. 그 결과 평균 6.0점의 결과를 얻어 친구가 추천한 음악회가 재미있다는 가설을 기각하였다. 여기서 말하고 있는 평균 9.5점과 6.0점은 영화가 얼마나 재미있는지를 설명하는 기술통계이다.

이처럼 통계는 주관적 판단에 의존하기보다는 객관적 자료를 수집하여 현상을 설명하는 데 꼭 필요한 수단이다. 이러한 통계를 이해하기 위해서는 기본적인 통계의 개념과 용어 정리가 필수적이다.

1) 통계를 이해하기 위한 기본적인 개념과 용어 정리

(1) 기술통계와 추리통계

기본적으로 통계는 기술통계와 추리통계로 크게 나뉜다. 먼저, 기술통계(descriptive statistics)는 얻어진 자료를 일목요연하게 정리하여 모집단이나 표본의 특성 또는 현상을 한눈에 파악할 수 있도록 하는 통계를 말한다. 기술통계는 서술연구(descriptive research)의 목적에 적합한 통계이며, 가장 대표적인 기술통계는 평균과 백분율(%) 등이 있다. 〈표 10-1〉은 대학생들이 선호하는 음악장르에 대한 연구 결과로 기술통계를 사용한 실제 출간된 논문이다(최진호, 2016, p. 190). 연구 결과를 살펴보면, 대학생들이 생활 속에서 가장 즐겨 듣는 음악장르가 무엇인가에 대해 연구대상인 198명의 대학생 중 80명이 가요라고 대답하여 40%의 대학생이 가요를 가장 선호하는 것으로 나타났다. 반면, 한국전통음악은 198명 중 2명(1%)만 선호하는 것으로 나타나 가장 선호도가 낮다는 것을 보여 준다. 또한 대학생들의 하루 평균 음악감상시간은 1.97(SD=1.18)시간으로 대학생들은 평균 2시간 정도 음악을 듣는 것으로 나타났다. 이처럼 기술통계는 현재 일어나고 있는 현황을 보여 주는 것이다.

표 10-1 대학생들이 생활 속에서 감상하는 음악 선호 장르

음악 선호 장르		빈도(f)	
		N	%
장르	가요(K-Pop)	80	40
	팝(Pop)	57	29
	재즈(Jazz)	40	20
	클래식(Classical)	19	10
	한국전통음악 (Korean Traditonal Music)	2	1
	소계	198	100

음악교육 및 음악과 관련된 연구나 석사 · 박사 학위논문을 작성하고자 하는 대학원생들에게 기술통계는 다음의 두 가지 점에서 매우 효과적이다.

첫째, 현재 음악교육연구에서는 기술통계를 사용하여 현상을 설명하는 서술연구가 매우 필요하다. 실제로 음악교육과 관련한 양적 연구가 이전에 비해 활발하게 진행되고 있긴 하지만, 아직도 음악계에서는 양적 연구보다는 질적 연구의 형태를 지닌 연구가 월등히 많다. 이러한 점에서 기술통계를 사용하여 음악계의 현상을 파악하는 연구가 많이 필요하다.

둘째, 기술통계는 평균과 퍼센트(%) 등 대학원생과 일반인에게도 매우 익숙한 통계로 사용하기에 쉽고 간단하다는 장점이 있다.

다음으로 추리통계(inferential statistics)는 모집단에서 추출한 표본을 가지고 연구를 시행하여 얻은 결과로 모집단의 현상을 설명하고 일반화하려는 목적에 사용되는 통계이다. 이러한 점에서 추리통계는, 모집단을 고려하지 않고 모아진 자료를 요약 · 정리하는 기술통계와 달리, 표집방법에 대한 고려가 반드시 필요하다. 추리통계는 기술통계에 비해 계산과 절차가 복잡하고 어려운 점이 있다. 추리통계는 가설을 세우고 검증하는 확률적 통계로 대표적으로 Z검정, t검정, F검정 등이 여기에 해당되며, 이에 대한 자세한 설명은 집단비교를 위한 통계방법에서 설명한다.

(2) 독립변수, 종속변수, 매개변수

독립변수(independent variable)는 영향을 주는 변수이고, 종속변수(dependent variable)는 영향을 받는 변수이다. 만약 '음악교육이 창의성 발달에 미치는 영향'에 대한 연구를 시행하려고 한다면, 음악교육은 창의성 발달에 영향을 주는 독립변수가 되고, 창의성 발달은 음악교육에 따라 영향을 받는 종속변수가 된다. 한편, 음악교육과 창의성 발달의 연구를 시행하는 과정에서 창의성의 발달이 음악교육과 상관없이 평소 친구들과 함께하는 보드게임과 같은 다른 변인에 영향을 받은 것이라면 문제가 된다. 이와 같이 연구에서 독립변수인 음악교육 이외의 종속변수인 창의성 발달에 영향을 주는 모든 변수를 매개변수(extraneous variable)라고 부른다. 특히, 실험연구의 주요목적 중 하나는 이 매개변수를 통제하여 인과관계를 밝히는 것이다.

(3) 가설(영가설, 대립가설)

가설

가설은 연구에서 어떤 사실을 검증하기 위한 잠정적 진술이다.

가설(hypothesis)은 연구에서 어떤 사실을 검증하기 위한 잠정적 진술로 영가설(null hypothesis)과 대립가설(research hypothesis)로 나뉜다. 영가설은 연구에서 검증하는 가설로 집단 간 비교연구에서 '두 집단 간 차이가 없다.'고 진술하며, 대립가설은 영가설에 반대되는 '두 집단 간 차이가 있다.'로 진술한다.

- 영가설: 한국과 미국의 음악교사의 가르치는 능력에 차이가 없다.
- 대립가설: 한국과 미국의 음악교사의 가르치는 능력에 차이가 있다.

(4) 1종 오류, 2종 오류

연구자는 표본을 통해 얻어진 추정치를 가지고 모집단의 속성을 확률적으로 검증하기 때문에 판단의 오류가 발생할 수 있다. 판단의 오류에는 1종 오류(type I error)와 2종 오류(type II error)가 있다. 1종 오류는 보다 심각한 오류로 영가설이 참일 때 영가설을 기각하고 대립가설을 선택하는 경우이다. 예를 들면, 한국과 미국 음악교사의 가르치는 능력에 차이가 없는데 차이가 있다고 판단하는 경우이다. 반면, 2종 오류는 영가설이 거짓일 때 영가설을 선택하는 경우이다. 예를 들면, 한국과 미국 음악교사의 가르치는 능력에 차이가 있는데 없다고 결론을 내리는 경우이다. 두 경우 중, 한국과 미국의 음악교사의 가르치는 능력에 차이가 없는데 있다고 판단하는 것이 더 심각한 오류로 1종 오류에 해당한다. 심각한 오류인 이유는 실제 음악교사의 가르치는 능력에 차이가 없는데 있다고 오판하면 이 문제를 해결하기 위한 행동을 취하게 되어 불필요한 노력과 비용을 지불하게 될 가능성이 크지만, 한국과 미국 음악교사의 가르치는 능력에 차이가 있는데 없다고 오판하면 아무 행동도 취하지 않게 되어 상대적으로 피해가 적게 발생하기 때문이다.

(5) 유의수준

유의수준(level of significance)이란 앞에서 설명한 1종 오류를 허용할 수 있는 수준을 말한다. 연구논문을 읽다 보면 '유의수준 .5에서 영가설이 기각되었다.'라는 경우를 종종 보게 된다. 유의수준은 보통 .5 또는 .1로 설정하는 경우가 많은데, 유의수준 .1은 1종 오류를 범하게 되는 수준이 100번 중에 1번 정도라는 것을 의미하며, .5는 100번 중에 5번 이하라는 것을 의미한다.

(6) 통계적 유의성과 실제적 유의성

통계적 유의성(statistical significance)은 앞에서 설명한 0.1 또는 0.5 유의수준에서 통계적으로 의미 있는 결과가 나와 영가설을 기각하게 되는 것을 말한다. 예를 들면 한국과 미국 음대생의 연주능력을 비교한 결과, 유의수준 0.5에서 두 집단 간 연주능력에 차이가 있는 것으로 나타나 영가설을 기각하게 되는 경우이다. 일반적으로 연구는 이러한 통계적 유의성을 검증하는 것을 목적으로 한다. 그러나 통계적 유의성은 표본의 크기(sample size)에 크게 영향을 받는다. 일반적으로 표본의 크기가 크면 통계적 유의성도 커지게 된다. 한국과 미국 음대생 1,000명을 대상으로 연주능력을 평가한 결과, 2점 차이로도 통계적으로 유의미한 결과가 나왔는데, 100명일 경우에는 10점 차이로도 영가설을 기각하지 못하는 경우가 생길 수 있다는 것이다. 그러므로 연구자는 통계적 유의성만 보고 결론을 내리지 말고, 실제적 유의성을 함께 고려하여 연구 결과를 판단해야 한다.

2. 관계분석을 위한 통계방법

연구에서 가장 중요한 것 중 하나는 연구하고자 하는 변수를 규명하는 일이다. 먼저, 음악교육과 창의성의 발달이라는 두 변수를 가지고 설명해 보자. 현명한 연구자가 사회 속에 나타나는 현상을 관찰해 보다가 창의성이 발달한 사람 중 음악교육을 받은 사람이 상당히 많다는 사실을 알게 되었다. 그래서 연구자는 이러한 상식을 과학적 · 체계적 연구를 거쳐 밝혀 보고자 하였다. 이럴 경우 만약 음악교육과 창의성이라는 두 변수에 대한 연구가 많지 않다면, 먼저 시행해야 할 연구는 서술연구이다. 그래서 연구자는 앞에서 설명한 기술통계를 통한 서술연구를 실시하여 100명의 음악교육 경험자 중 창의성이 발달한 사람이 95명(95%)이라는 사실을 발견하였다. 그리고 이 연구 결과를 통해 음악교육과 창의성 간에는 분명한 관련이 있을 것이라는 결론을 내릴 수 있었다.

그다음, 연구자는 두 변수 간의 관계가 얼마나 깊이 연관되어 있는지 확인하고자 하였다. 이때 실시하는 연구가 상관연구(correlational research)이다. 상관연구에서는 두 변수 간의 일반적인 관련성을 밝히려는 것이 아니라 상관관계를 밝히려는 목적이 있다. 상관(correlational)이란 말의 의미를 좀 더 생각해 보자. 우리말 사전에는 '상관하다'라는 말에 대한 정의를 "어떤 사람이 다른 사람을 상대로 육체적 관계를 맺다."라고 정의하기도 한다. 그냥 일반적인 관계를 맺는 것과 육체적 관계를 맺는 것은 매우 다르다. 이러한 의미에서 상관연구에서는 두 변수 간 상관관계가 있는지, 있다면 얼마나 깊은

지를 밝히는 것이 목적인 것이다. 그러나 한 가지 꼭 기억해야 할 사실이 있다. 상관연구를 통해 밝혀진 상관관계는 인과관계를 설명하지 못한다. 왜냐하면 앞서 용어 정리에서 설명했듯이, 상관연구에서는 매개변수를 통제하지 못하기 때문이다.

이러한 이유에서 두 변수인 음악교육과 창의성 발달의 인과관계는 매개변수를 통제하는 실험연구를 통해서 확인하여야 한다. 이러한 실험연구는 두 변수 간 관계분석이 아닌 실험집단과 통제집단 간 차이를 비교하는 연구이기에 이 부분은 다음 장에서 설명하고자 하며, 여기에서는 상관관계를 통한 상관분석과 회귀분석, 경로분석, 구조방정식 모형에 대해 설명하고자 한다. 다만, 이러한 분석기술에 대한 설명은 매우 복잡하고 양도 많아 이 책에서 모두 설명하는 것은 불가능하다. 이러한 이유에서 여기에서는 관계분석에 가장 기본이 되는 상관분석과 회귀분석에 대해 자세하게 설명하고, 경로분석과 구조방정식 모형은 개념적 설명에 집중하고자 한다. 이외에도 관계분석과 연관된 여러 가지 통계적 기법이 있는데, 이는 통계를 집중적으로 설명하는 책들을 참고하기 바란다.

1) 상관분석

상관분석은 두 변수 간의 관계를 밝히는 연구로 Pearson(1896)이 자신의 연구에서 처음으로 적률상관계수(Pearson's correlation coefficient)를 사용하면서부터 구체화되었다. 적률상관계수를 이해하기 위해서는 가장 먼저 두 가지 사실을 기억해야 하는데 상관계수의 방향(direction)과 강도(strength)이다. 상관계수의 방향은 정적관계(positive relationship)와 부적관계(negative relationship)로 나누어지며, 상관계수 세기의 범위는 -1부터 +1까지로 -1은 완벽한 부적관계를, +1은 완벽한 정적관계를 그리고 0은 관계가 없음을 나타낸다. 상관계수에 대한 해석은 〈표 10-2〉와 같다.

표 10-2 상관계수의 강도와 해석

상관계수의 강도	해석
.80 ~ 1.00	매우 강한 상관관계
.60 ~ .80	강한 상관관계
.40 ~ .60	보통정도의 상관관계
.20 ~ .40	약한 상관관계
.00 ~ .20	아주 약하거나 관계없음

출처: Salkind (2004, p. 88).

적률상관계수는 X축과 Y축을 기준으로 그리는 산포도(scatterplot)상에서 두 변수 간 선형성(linearity)을 기본으로 한다. 선형성이란 X변수가 증가할 때, Y변수도 따라서 지속적으로 증가하거나 감소하는 것을 말한다. 예를 들면, [그림 10-1]을 보면 X축이 증가함에 따라 Y축도 함께 증가하고 있으며, 모든 점들이 직선 위에 있어, 상관계수가 1.0인 완벽한 정적상관관계임을 나타내고 있다. 반면 [그림 10-2]의 경우 X축이 증가함에 따라 Y축은 반대로

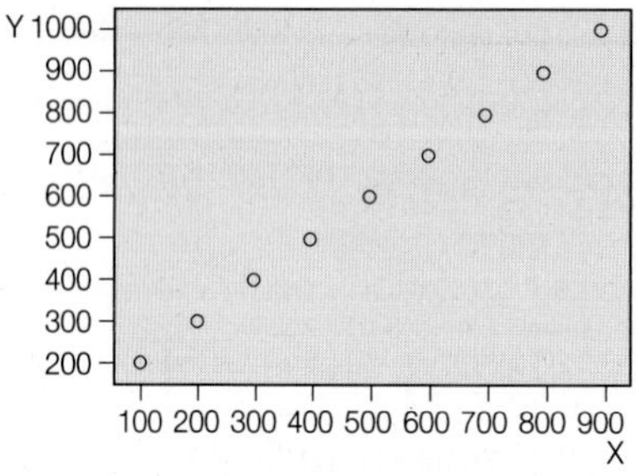

[그림 10-1] r=1.0

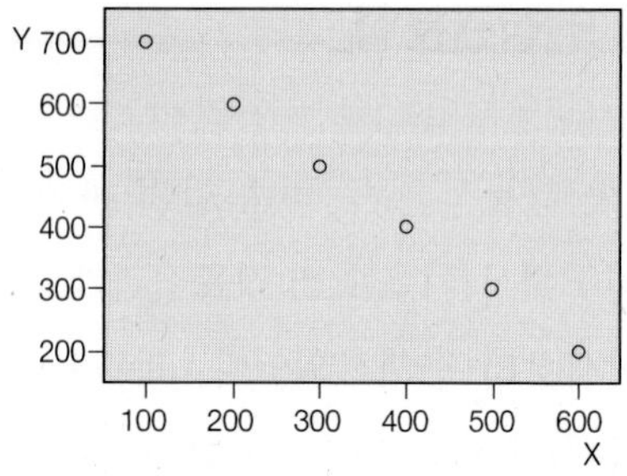

[그림 10-2] r=-1.0

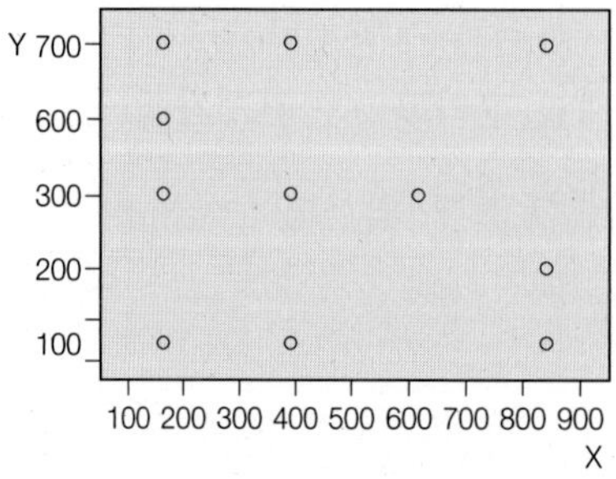

[그림 10-3] r=.13

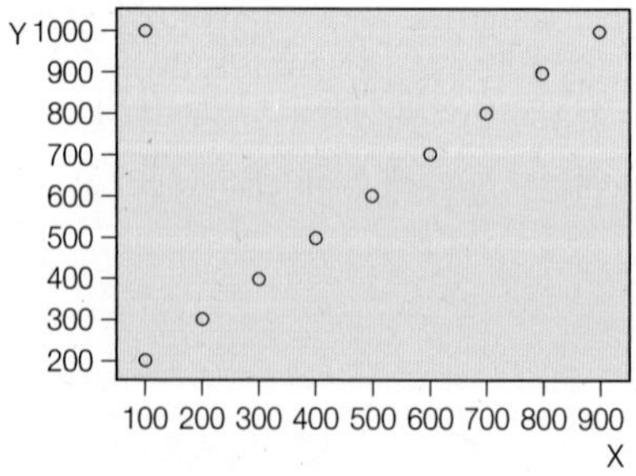

[그림 10-4] r=.61

감소하고 있고, 모든 점들이 직선위에 있어, 상관계수가 -1.0인 완벽한 부적 상관관계를 나타낸다. 만약 두 변수 간 상관관계가 거의 없거나 성립하지 않을 경우에는 [그림 10-3]과 같이 모든 점들이 산포되어 있어 선형성을 보이지 않게 된다.

앞에서 설명한 산포도를 분석할 때 한 가지 고려해야 할 사항이 있는데, 국외자(outlier)이다. [그림 10-4]를 보면 모든 선들이 직선 위에 있고 단 하나의 점만 직선과 떨어져 있다. 이렇게 다른 점들과는 달리 혼자 떨어져 있는 점을 국외자라고 부른다. 국외자는 상관계수를 구할 때 매우 큰 영향을 미치기에 제거해 주는 것이 좋다. 예를 들면, [그림 10-1]과 같이 상관계수가 1.0으로 완벽한 정적 상관관계에 있던 두 변수 간 관계가 국외자로 인해 [그림 10-4]와 같이 상관계수가 .61로 떨어지는 것을 확인할 수 있다. 국외자는 두 변수 간 상관관계의 경향성과 동떨어진 것으로 이러한 국외자가 산포도상에 명백히 나타날 경우에는 이를 제거한 후 상관계수를 구하는 것이 옳다. 단, 상관계수를 올리기 위해 정상적인 표본을 무리하게 제거하는 것은 연구결과의 신뢰성을 떨어뜨리는 일이라는 점을 기억하기 바란다.

지금까지 상관연구의 기본이 되는 상관계수를 중심으로 설명해 보았다. 이제 음악과 관련한 실제 상관연구를 살펴보자. 연구자는 공부를 잘하는 음악전공생이 실기도 잘하는지를 알고 싶었다. [그림 10-5]는 119명의 음악대학생들의 전체 학업성적(X축)과 실기성적(Y축) 사이에 상관관계를 측정하여 그린 산포도이다(최진호, 2012, p. 105).

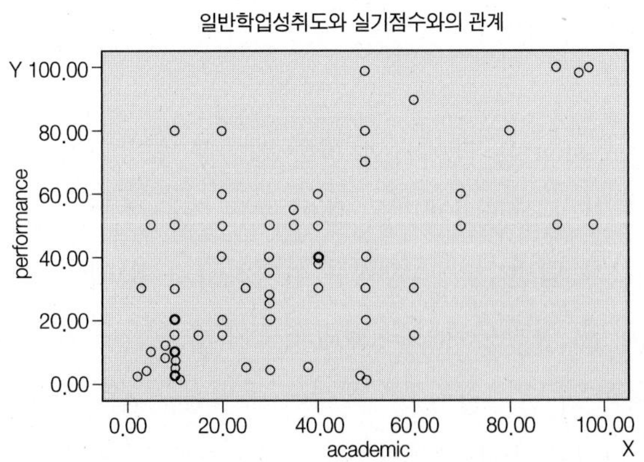

[그림 10-5] 학업성적과 실기성적과의 상관관계

앞에서 설명했듯이, 상관연구에서는 먼저 산포도를 측정하여 방향성과 국외자를 확인하도록 한다. 산포도를 보면 X축의 일반 학업성취도가 증가할수록, Y축의 실기성취도도 지속적으로 증가하고 있는 것을 볼 수 있어, 두 변수 간 정적상관관계가 성립되는 것을 알 수 있다. 또한 산포도에서 확인할 수 있는 것처럼 특별한 국외자는 없는 것으로 나타났기에, 두 변인을 모두 기재한 119명의 참가자들의 학업성적과 실기성적을 Pearson의 단순적률상관계수로 측정한 결과, [그림 10-5]과 같은 결과를 얻었다. 이를 해석해 보면, 〈표 10-3〉에서 확인된 상관계수는 r=.62로 학업성적과 실기성적 사이에는 강한 정적 상관관계가 있다는 것을 알 수 있으며, 유의확률인 p값이 .00으로 유의확률 수준인 0.1보다 작아, 두 변인 간에 통계적으로 유의미한 상관관계(r=.62, p=〈.01)가 있는 것으로 나타났다(최진호, 2012, p. 106).

표 10-3 음악전공 대학생들의 학업성취와 연주성취 간의 상관관계

구분		연주성취(실기)	학업성취(일반)
연주성취(실기)	Pearson 상관계수	1	.624**
	유의확률(2-tailed)		.000
	N	119	119
학업성취(일반)	Pearson 상관계수	.624**	1
	유의확률(2-tailed)	.000	
	N	119	119

**Correlation is significant at the 0.01 level (2-tailed).

2) 회귀분석

회귀분석(regression)은 앞에서 설명한 상관분석의 확장으로 상관분석이 단순히 두 변수 간의 상관관계만을 보여 주는 것에서 더 나아가, 하나의 종속변수에 미치는 독립변수의 영향력을 설명하고자 할 때 사용하는 통계방법이다. 다시 말하면, 상관분석이 독립변수 X와 종속변수 Y의 상관관계를 확인하는 것에 국한된다면, 회귀분석에서는 독립변수 X로 종속변수 Y를 예측할 수 있다는 것이다. 또한 상관관계는 독립변수와 종속변수가 각각 하나씩

이지만, 회귀분석에서는 종속변수 하나에 독립변수는 한 개 또는 여러 개가 될 수 있다. 독립변수가 하나일 경우 단순회귀분석(simple regression analysis)이라고 하며, 독립변수가 여러 개일 경우 중다회귀분석(multiple regression analysis)이라고 부른다.

표 10-4 단순회기분석과 중다회기분석 비교

종류	종속변수와 독립변수의 관계
단순회기분석	종속변수 vs 독립변수
중다회기분석	종속변수 vs 독립변수+독립변수+독립변수+….

먼저, 단순회귀분석에 대하여 설명해 보자. 연구자는 음악대학에 들어온 신입생들의 1학기 실기점수가 얼마나 될 것인지 궁금하였다. 그래서 학생들의 입학할 당시에 받은 실기점수로 1학기 실기성적을 예측해 보고자 단순회귀분석을 실시하여 〈표 10-5〉와 같은 결과를 얻었다.

표 10-5 음대 신입생 1학기 실기성적에 대한 단순회기분석결과(n=15)

독립변수	비표준화 계수		표준화 계수	t	유의확률
	B	표준오차			
입학실기성적	.797	.243	.673	3.28	.006
R^2(adj. R^2) = .45(.41) F=10.752					

〈표 10-5〉를 분석해 보자. 먼저, 유의확률은 .006으로 유의수준 .05보다 작기에 입학실기성적이 음대 신입생의 1학기 실기성적을 통계적으로 유의하게 설명하고 있다는 것을 알 수 있다(t=3.28, p=.006). 다음으로 R^2은 종속변수인 음대 신입생의 1학기 실기성적이 독립변수인 입학 실기성적에 의해 얼마만큼 설명되고 있는지를 나타내는 것으로, 신입생 1학기 실기성적 총 변화량에 45%[수정된 결정계수(adj. R^2)는 41%]가 입학실기성적에 의해 설명된다는 것을 보여 준다. 이는 유의수준 .5에서 회귀계수 또는 결정계수가 0이 아니라는 것으로 영가설을 기각하게 된다는 것을 의미한다.

다음으로, 중다회귀분석에 대하여 설명해 보자. 중다회귀분석은 하나의 종속변수에 여러 개의 독립변수가 포함된 것으로 다수의 독립변수 중 종속변수에 가장 영향을 미치는 변수가 무엇인지를 규명하는 통계적 방법이다. 예를 들면, 연구자는 음악회의 만족도에 영향을 미치는 요소를 알아보고자 하였다. 독립변수로 연주자의 인지도, 연주회 장소 그리고 입장료를 설정하여 종속변수에 미치는 통계적 유의성을 분석하였다. 그 결과 입장료는 통계상 무의미한 결과가 나와 제외하였다. 〈표 10-6〉은 연주자의 인지도와 연주회 장소를 포함한 연구 결과를 정리해 놓은 분산분석표이다.

표 10-6 음악회 만족도에 대한 중다회귀분석 결과(n=15)

	제곱합	자유도	평균제곱	F	유의확률
선형회기분석	728.691	2	242.897	15.092	.000
잔차	177.042	11	16.095		
합계	905.733	16.095			
R^2(adj. R^2) = .897(.805)					

〈표 10-6〉을 분석해 보자. 먼저, 통계상 유의하지 않은 입장료를 제외한 F값 15.09에 대한 유의확률이 .000으로 유의수준 .05보다 작기에 종속변수인 음악회 만족도는 독립변수인 연주자 인지도와 연주회 장소에 의해 통계적으로 유의미하게 설명되고 있다는 결론을 내린다. 다음으로 설명되는 정도를 나타내는 R^2의 값이 .897(adj. R^2=.805)로 이는 만족도 총 변화량의 90%[수정된 결정계수(adj. R^2)는 81%]가 독립변수에 의해 설명된다는 것을 보여 주고 있다.

〈표 10-7〉은 통계상 유의미한 결과가 나온 연주자 인지도와 연주회 장소에 대한 개별 기여도를 분석한 결과이다. 먼저, 확인해 보아야 하는 것은 통계적 유의성인데, 개별 독립변수 중 음악회 만족도에 통계상 유의미하게 영향을 미치는 것은 연주자 인지도(t=2.93, p〈.05)와 연주회 장소(t=2.64, p〈.05)이다. 또한 표준화 계수를 확인한 결과 연주자 인지도, 연주회 장소 순으로 종속변수인 연주회 만족도에 영향을 미치고 있는 것으로 해석할 수 있다.

표 10-7 음악회 만족도에 대한 중다회기분석 결과(n=15)

독립변수	비표준화 계수		표준화 계수	t	유의확률
	B	표준오차			
연주자 인지도	.31	.10	.53	2.93	.014
연주회 장소	.54	.20	.46	2.64	.023
(상수)	37.662	11.960		3.15	.009

3) 경로분석 및 구조방정식 모형

경로분석은 앞에서 설명한 회귀분석에 대한 확장으로 상관계수를 통해 세 개 이상의 변수들 사이의 인과관계에 근거한 모형을 밝혀내는 통계방법이다. 중다회귀분석이 종속변수에 영향을 주는 독립변수의 직접효과가 무엇인지만을 알려 준다면, 경로분석은 독립변수 간의 인과관계까지 가늠하게 해 준다. 경로분석을 제대로 실시하기 위해서는 연구자의 경험과 이론적 배경이 매우 중요하다. 왜냐하면, 어떤 특정한 현상을 분석하고 설명하기 위해서는 그 현상에 적합한 변수를 추출해 정확하게 측정할 수 있는 능력이 필요하며, 측정된 변수 간의 적합한 모형을 설정하는 것은 연구자의 경험과 능력에 의존하기 때문이다.

경로분석에서 조금 더 확장된 통계기법으로는 구조방정식 모형이 있다. 구조방정식 모형은 경로분석에서는 불가능한 측정오차를 통제하여 보다 정확한 측정모형을 도출해 낼 수 있는 모형이다. 통계기법은 지금도 계속해서 연구되고 있고 새로운 기법들이 개발되고 있기에 음악교육연구방법을 다루는 이 책에서 모든 통계적 기법을 다루는 것은 적절치 않다. 경로분석과 구조방정식 모형은 상관계수와 회귀분석 개념을 기반으로 모형을 추출해 내는 방식으로 이에 대한 이해를 위해서는 상관계수와 회귀분석에 대한 기초를 다지는 것이 중요하다. 또한 경로분석과 구조방정식 모형은 사회과학에서 사용하는 통계프로그램인 SPSS와 함께 AMOS 프로그램을 사용한다. 이러한 이유에서 여기에서는 경로분석과 구조방정식 모형에 대해서는 개념적 설명을 하는 것으로 범위를 제한하였다.

3. 집단비교를 위한 통계방법

연구를 구분하는 가장 기본적인 세 가지 방법은 서술연구(descriptive research), 관계연구(relational research), 실험연구(experimental research)이다. 서술연구는 앞에서 설명한대로 기술통계를 주로 사용하는 연구로 얻어진 자료를 일목요연하게 정리하여 모집단이나 표본의 특성 또는 현상을 한눈에 파악할 수 있도록 하는 연구를 말하며, 관계연구는 두 변수 또는 그 이상의 변수 간의 관계를 밝히는 연구로 상관연구가 대표적이다. 앞에서 두 연구방법을 설명할 때, '음악교육과 창의성 발달'이라는 두 변수를 가지고 서술연구와 관계연구를 설명하였다. 예를 들면, 창의성이 뛰어난 사람을 조사하니 95%가 음악교육 경험자였고(서술연구), 이 두 변수의 상관관계를 측정해 보니 적률상관계수가 .90이라는 결과를 얻어 통계상 유의미한 상관관계가 있음을 확인하였다.

문제는 상관연구를 통해 밝혀진 사실을 가지고 음악교육이 창의성 발달의 원인이라는 인과관계를 확립할 수 없다는 것이다. 상관연구는 두 변수 간의 관계를 밝힐 때 매개변수를 통제하지 못하기 때문이다. 다시 말하면, 음악교육과 창의성 발달은 상관관계가 있지만, 상관연구에서는 음악교육 이외에 창의성 발달에 영향을 미칠 수 있는 여러 가지 변수를 통제하지 않았기 때문이다. 예를 들면, 연구를 시행할 당시 연구대상이 음악교육과 함께 창의성 발달에 영향을 미치는 수학교육을 함께 받았다거나 원래 타고난 창의성이 남보다 뛰어났다면, 음악교육이 꼭 창의성 발달의 원인이라고 말할 수 없을 것이다. 이러한 이유에서 음악교육이 창의성 발달에 직접적인 원인이 된다는 인과관계를 밝히기 위해서는 모든 매개변수를 통제하여 음악교육만 독립변수로 작용하게 하는 '실험집단'과 음악교육을 경험하지 않는 '대조집단'의 차이를 비교하는 실험연구가 필요하게 된다.

이와 같은 '집단비교연구'는 음악교육연구에서도 매우 중요하다. 대표적인 예를 들면, 연구자가 새로운 음악교수법을 개발했을 때, 새로운 음악교수법을 시행하는 집단과 기존집단을 비교해서 새로 개발한 음악교수법의 효용성을 밝히거나, 음악교사와 학생 간의 음악수업에 대한 만족도를 비교하여 인식에 차이가 있는지를 알아보는 경우이다. 또 하나 기억해야 할 것은 상관연구가 두 집단 간 비슷한 것을 관찰하는 것이라면, 집단 비교연구는 두 집단 간 차이를 관찰하여 변수 간 인과관계를 밝히는 데 목적이 있다는 것이다. 집단 비교연구에는 비교하는 집단이 두 개인가 그 이상인가에 따라, 독립변수의 수가 하나인가 두 개 이상인가에 따라, 그리고 비교하는 집단의 척도가 명명척도인지 등간척도인지에 따라 통계를 선택하는 기준이 다르다. 여기에서는 두 집단을 비교하는 t검정과 두 집단 이상을 비교하는 분산분석 그리고 두 변수가 질적 변수인 경우 비교하는 X^2 검정에 대하여 설명하기로 한다.

1) t검정

t검정은 모집단의 분산을 모를 때 두 집단을 비교하는 연구로 집단비교연구에서 가장 기본이 되는 연구이다. 만약 모집단의 분산을 안다면, t검정 대신 Z검정을 실시하여야 한다. 그러나 연구를 시행할 때, 모집단의 분산을 모르는 경우가 많기 때문에 대부분의 연구에서는 t검정을 주로 실시한다. 모집단의 분산 차이를 제외하고 Z검정과 t검정은 사실상 같다. 이러한 이유에서 여기에서는 Z검정은 생략하고 t검정에 대하여 설명하고자 한다. t검정을 실시하기 위해서는 종속변수가 양적 변수여야 하고, 종속변수에 대한 모집단이 정규분포여야 하며, 두 모집단의 분산이 같아야 한다는 전제조건이 필요하다. t검정에는 단일표본 t검정(one sample t-test), 두 종속표본 t검정(two dependents t-test), 그리고 두 독립표본 t검정(two independents t-test)가 있다.

t검정

t검정은 분산을 모를 때 두 집단을 비교하는 통계적 기법이다.

(1) 단일표본 t검정

단일표본 t검정은 연구자가 추출한 표본의 평균과 기존에 공인된 평균점수를 비교하는 방법이다. 예를 들면, 현재 한국의 초등학교 5학년 음악적성검사의 평균이 국제평균과 같은지를 검사하고자 하는 경우이다. 〈표 10-10〉은 초등학교 5학년 음악적성 평균점수와 국제평균 75점을 비교하기 위해 단일표본 t검정을 실시한 결과이다.

표 10-8 한국 초등학교 5학년 음악적성검사에 대한 단일표본 t검정결과

사례 수	평균	표준편차	t	유의확률(p)
150	85.13	7.68	5.11	.000

〈표 10-8〉을 해석하면 다음과 같다. 한국 초등학교 5학년 150명을 대상으로 음악적성검사를 실시한 결과, 평균은 85.13이고 표준편차는 7.68이며, t 통계 값은 5.11로 유의확률 값(p=.000)이 유의수준 .05보다 작으므로 한국 초등학교 5학년 학생들의 음악적성검사 평균은 통계상 국제평균 75점과 다르다고 결론 내린다.

(2) 두 종속표본 t검정

두 종속표본 t검정은 두 집단이 독립적이지 않고 종속적일 때 사용하는 통계방법으로 대표적인 예가 '사전-사후 검사'이다. 이를 예를 들어 설명해 보자. 한 연구자가 초등학교 3학년 학생들 중 음정이 불안한 학생들을 위해 음정교정 프로그램을 만들어 효과를 검증하고자 한다. 먼저 연구자는 음정정확도 '사전검사'를 실시해 음정이 불안한 30명을 표본으로 선택하였다. 선택된 표본 30명을 대상으로 새로 개발된 음정교정 프로그램을 2개월 동안 실시한 후, 다시 음정정확도 사후검사를 실시해 사전 검사한 평균과 사후검사 평균을 두 종속표본 t검정을 통해 비교하였다. 〈표 10-9〉는 초등학교 3학년 학생들의 음정교정 프로그램에 대한 효과를 검정하기 위해 두 종속표본 t검정을 실시한 결과이다.

표 10-9 음정교정 프로그램의 효과에 대한 두 종속표본 t검정결과

	사전검사	사후검사
평균	56.73	68.53
표준편차	8.81	8.91
사례 수	30	30
t	-3.51	
유의확률	.003	

〈표 10-9〉를 해석하면 다음과 같다. 한국 초등학교 3학년 30명을 대상으로 음정교정 프로그램을 실시한 결과, 사전 음정정확도 평균은 56.73이고 표준편차는 8.81이며, 사후 음정정확도 평균은 68.53이고 표준편차는 8.91이다. 사전과 사후 음정 정확도에 대한 차이를 알기 위해 두 종속표본 t검정을 실시한 결과, t 통계 값은 -3.51로 유의확률 값(p =.003)이 유의수준 .05보다 작으므로 초등학교 3학년 학생들의 음정교정 프로그램에 의한 사전과 사후 음정 정확도에 차이가 있는 것으로 나타났다.

(3) 두 독립표본 t검정

두 독립표본 t검정은 모집단이 다른 두 독립집단의 평균을 비교할 때 사용하는 통계방법이다. 두 독립표본 t검정은 모집단이 다르기 때문에 두 집단의 분산이 같은지 확인해야 한다. 이를 위해 Levene 등분산 검정을 시행해서 분산이 다를 경우 Welch-Aspin 검정을 시행해야 한다. 조금 복잡한가? 그렇다면, 간단한 해결책이 있다. 만약 두 집단의 표본 수가 같다면 등분산 검정결과와 상관없이 두 독립표본 t검정을 시행해도 된다. 이러한 이유에서 가능한 한 비교하는 집단의 표본 수를 동일하게 하는 것이 여러 가지 문제를 해결하는 하나의 방법이 될 수 있다.

이제 두 독립표본 t검정을 예를 들어 설명해 보자. 연구자는 성별에 따른 중학교 2학년 학생들의 음악성적에 차이가 있는지를 알고 싶어 두 독립표본 t검정을 실시하였다. 〈표 10-10〉은 중학교 2학년 남녀 학생들 사이의 음악성적 차이를 검정하기 위해 두 독립표본 t검정을 실시한 결과이다.

표 10-10 성별에 따른 중학교 2학년 음악성적의 차이에 대한 두 독립표본 t검정결과

성별	남학생		여학생
평균	53.60		74.00
표준편차	11.34		10.65
사례 수	100		100
t		4.14	
유의확률		.001	

〈표 10-10〉을 해석하면 다음과 같다. 중학교 2학년 200명을 대상으로 성별에 따른 음악성적의 차이를 검증한 결과, 남학생들의 음악성적의 평균은 53.60이고 표준편차는 11.34이며, 여학생들의 음악성적은 평균은 74.00이고 표준편차는 10.65이다. 또한 중학교 2학년 남녀 학생들의 음악성적의 차이에 대한 t 통계 값은 4.14로 유의확률 값(p=.001)이 유의수준 .05보다 작으므로 중학교 2학년 학생들의 남녀 간 음악성적은 통계상 유의한 차이가 있는 것으로 나타났다.

2) 일원분산분석

일원분산분석

독립변수가 하나이고 비교하는 집단이 두 개 이상일 때 사용하는 통계방법이다.

일원분산분석(one way analysis of variance: ANOVA)은 독립변수가 하나이고 비교하는 집단이 두 개 이상일 때 사용하는 통계방법이다. 앞에서 연구를 시행할 때, 비교하는 집단이 둘이면 t검정을 실시한다고 하였다. 예를 들면, 달크로즈 교수법(A)과 코다이 교수법(B)을 비교하고자 하면, 두 독립 t검정(A × B)을 한 번만 실시하면 된다. 그러나 여기에 오르프 교수법(C)까지 함께 비교하고자 하면, t검정을 3회(A × B; B × C; A × C) 시행해야 하고, 집단이 하나씩 늘어날 때마다 엄청난 수의 t검정을 시행할 수밖에 없다. 실제로 출간된 논문 중 비교하는 집단이 세 개 이상인 경우 각 집단마다 t검정을 실시하는 경우를 종종 보게 된다. 이러한 비효율적 문제를 해결해 주는 것이 바로 '분산분석'이다.

먼저 일원분산분석을 예를 들어 설명해 보자. 연구자는 초등학교 2학년 학생을 대상으로 달크로즈 교수법, 코다이 교수법, 오르프 교수법을 비교하고자 한다. 이 경우 독립변수는 교수법이 되고 교수법에는 세 개의 집단이 있다. 이처럼 독립변수가 하나이고 독립변수에 따른 집단이 두 개 이상이 될 때 일원분산분석을 실시한다. 만약 여기에 성별(남녀)이라는 또 하나의 독립변수가 추가되면 이원분산분석이 되고, 같은 원리로 교수법과 성별에 지역(대도시, 중소도시, 소도시)까지 추가되어 독립변수가 세 개가 될 경우 삼원분산분석이 되는 것이다.

일원분산분석결과표는 t검정 결과표와 달리 각 집단의 평균이 나오지 않는다. 그래서 각 집단에 대한 평균과 표준편차를 알려 주는 기술통계표를 제시하는 것이 좋다. 〈표 10-11〉은 초등학교 2학년 학생들을 대상으로 달크로즈, 코다이, 오르프 교수법에 따른 시창능력 수준의 차이를 검정하기 위해 두 달간 실험을 실시한 후 얻은 기술통계이다. 〈표 10-11〉을 분석해 보면, 달크로즈 교수법의 시창능력에 대한 평균은 67.33이고 표준편차는 13.48이며, 오르프 교수법의 평균은 69.80이고, 표준편차는 12.96이다. 반면, 코다이 교수법은 평균이 81.70이고 표준편차는 9.70으로 나타났다.

표 10-11 음악교수법에 따른 초등학교 2학년 시창능력 차이에 대한 기술통계 결과

	달크로즈	코다이	오르프	합계
평균	67.33	81.66	69.80	72.93
표준편차	13.48	9.70	12.96	13.46
최저점수	46	55	45	45
최고점수	89	98	89	98
사례 수	15	15	15	45

〈표 10-11〉은 음악교수법에 따른 시창능력의 차이를 검증한 일원분산분석결과이다. 이를 분석해 보면, 음악교수법에 따른 세 집단의 평균차이에 대한 F통계 값은 5.95로 유의확률 값(p=.005)이 유의수준 .05보다 작으므로 초등학교 2학년 학생들의 음악교수법에 따른 시창능력 성적은 통계상 유의한 차이가 있는 것으로 나타났다고 해석한다.

표 10-12 음악교수법에 따른 초등학교 2학년 리듬읽기 차이에 대한 일원분산 분석결과

	제곱합	자유도	평균제곱	F	유의확률
교수법	1761.73	2	880.87	5.95	.005
오차	6215.07	42	147.98		
합계	7976.80	44			

3) 분산분석의 사후 검정

분산분석은 세 집단 이상을 비교하여 각 집단 간 차이가 있는지를 알아보는 통계라고 설명하였다. 앞에서 예로 든 일원분산분석의 경우 달크로즈, 코다이, 오르프 교수법의 차이가 있는지를 알아보아 통계상 유의미한 결과가 나왔다는 것을 알 수 있지만, 어느 집단과 차이가 있는지에 대한 구체적 정보는 제공하지 않는다. 이처럼 세부적인 부 집단 간 차이를 알아보기 위해서는 사후검증을 실시한다. 사후검증 방법에는 여러 가지가 있지만, 주로 많이 사용하는 것이 Scheffe 사후검정이나 Tukey b 사후검정 방식을 선호한다. 통계 프로그램인 SPSS에서 일원분산분석결과를 돌릴 때, 사후검정을 선택하면 필요한 정보가 결과로 나오게 된다.

〈표 10-13〉은 일원분산분석과 함께 사후검정을 한 결과이다. 이를 분석하면, 음악교수법에 따른 시창능력에 대한 사후검사 결과, 유의수준 .05에서 달크로즈와 코다이 교수법에 의한 시창점수의 평균 차는 -14.33이고 유의확률은 .01이며, 달크로즈와 오르프 교수법의 평균 차는 -2.46에 유의확률은 .858이다. 또한 코다이와 오르프의 평균 차는 11.86이고 유의확률은 .037인 것으로 나타났다. 이를 정리하면, 달크로즈와 오르프 사이에는 차이가 없고 코다이와 달크로즈, 코다이와 오르프 교수법 간에는 차이가 있는 것으로 분석한다.

표 10-13 음악교수법에 따른 사후 시창능력 점수의 사후비교분석결과

음악교수법	평균차	표준오차	유의확률
달크로즈 x 코다이	-14.33	4.44	.010
달크로즈 x 오르프	-2.46	4.44	.858
코다이 x 오르프	-11.86	4.44	.037

4) 이원분산분석

이원분산분석(two way analysis of variance)은 일원분산분석에 독립변수가 하나 더 추가되었을 때 사용하는 통계방법이다. 일원분산분석에서 예로 든 세 가지 음악교수법에 따른 시창능력의 차이를 검정한 것에 시창기법(고정도법, 이동도법) 간 차이를 함께 분석하게 되면, 독립변수는 교수법과 시창기법으로 두 개가 되어 이원분산분석이 된다. 기억해야 할 것은 일원분산분석이건 이원분산분석이건 종속변수는 여전히 시창능력 하나라는 사실이다. 또 하나 중요한 것은 이원분산분석에서는 일원분산분석과 달리 두 독립변수 간 상호작용이 생길 수 있다는 점이다. 다시 말하면, 독립변수 교수법의 효과가 시창기법인 고정도법 집단과 이동도법 집단에서 같은 결과로 나타나면 상호작용 효과가 없는 것이고, 다르게 나타나게 되면 상호작용이 생기게 되는 것이다.

이원분산분석을 예를 들어 설명해 보자. 연구자는 음악교수법(달크로즈, 코다이, 오르프 교수법)과 시창기법(고정도법, 이동도법)이 초등학교 2학년 학생들의 시창청음 능력에 미치는 영향을 알아보고자 하였다. 이 경우 독립변수는 음악 교수법과 시창기법 두 개이고 종속변수는 시창청음 능력으로 하나가 되어 이원분산분석을 실시하게 된다. 〈표 10-14〉는 초등학교 2학년 학생들을 대상으로 음악교수법과 시창기법에 따른 시창청음 능력 수준의 차이를

표 10-14 음악교수법과 시창기법에 따른 시창청음 능력 차이에 대한 기술통계결과

		달크로즈	코다이	오르프	합계
고정도법	평균	74.89	74.28	59.29	69.96
	표준편차	10.29	8.11	8.34	12.30
	사례 수	8	7	7	22
이동도법	평균	56.00	88.12	79.00	76.05
	표준편차	9.00	5.44	8.32	15.04
	사례 수	7	8	8	23
합계	평균	67.33	81.67	69.80	72.93
	표준편차	18.48	9.70	12.92	13.46
	사례 수	15	15	15	45

검정하기 위해 한 학기 실험을 실시하여 얻은 기술통계이다.

〈표 10-14〉를 분석하면, 달크로즈 교수법의 시창청음 능력에 대한 평균은 67.33이고 표준편차는 18.48이며, 코다이 교수법은 평균이 81.67이고 표준편차는 9.70이며, 오르프 교수법의 평균은 69.80이고, 표준편차는 12.92로 나타났다. 또한 고정도법으로 교육받은 학생들의 평균이 69.96이고 표준편차는 12.30이며, 이동도법으로 교육받은 학생들의 평균은 76.05이고 표준편차는 15.04이다. 시창청음 능력이 가장 높은 집단은 코다이 교수법을 받으면서 이동도법으로 노래한 학생들로 평균은 88.12이고 표준편차는 5.44이며, 가장 낮은 집단은 달크로즈 교수법을 받으면서 이동도법으로 노래한 학생들로 평균은 56.00이며 표준편차가 9.00이었다.

〈표 10-15〉는 음악교수법과 시창기법 그리고 상호작용 효과에 대한 분산분석결과이다. 이를 분석해 보면, 음악교수법에 따른 시창청음 능력의 효과에 대한 F통계 값은 14.15로 유의수준 .05에서 초등학교 2학년 학생들의 음악교수법에 따른 시창청음 능력은 통계상 유의한 차이가 있는 것으로 나타났다. 반면, 시창기법은 유의확률이 .061로 유의수준 .05에서 유의하지 않은 것으로 나타났다. 한편 음악교수법과 시창기법 간의 상호작용에 대한 F통계 값은 22.25로 나타나 유의수준 .05에서 상호작용 효과가 있는 것으로 해석한다.

표 10-15 음악교수법과 시창기법에 시창청음 능력 차이에 대한 분산분석결과

분산원	제곱합	자유도	평균제곱	F	유의확률
음악교수법	2006.18	2	1003.09	14.15	.000
시창기법	264.36	1	264.36	3.73	.061
교수법×시창기법	3154.11	2	1577.05	22.25	.000
오차	2764.62	39	70.89		
합계	7976.80	44			

다음의 [그림 10-6]은 시창청음 능력에 대한 음악교수법과 시창기법의 상호작용을 그래프로 나타낸 것이다.

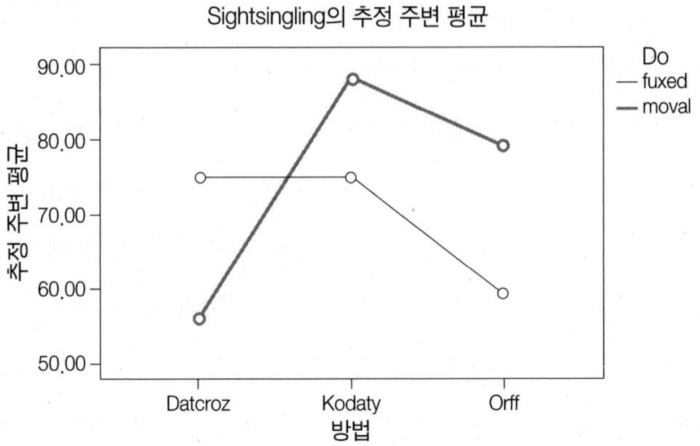

[그림 10-6] 시창청음 능력에 대한 음악교수법과 시창기법의 상호작용 효과

[그림 10-6]을 보면, 코다이의 경우 이동도법을 사용하였을 때 가장 높은 시창청음 능력을 나타내고 있는 반면, 달크로즈의 경우 이동도법보다는 고정도법을 사용했을 때 상대적으로 높은 시창청음 능력을 보이고 있어 두 독립변수 간 상호작용이 있는 것을 알 수 있다.

5) x^2 검정

x^2검정은 종속변수가 질적 변수 또는 범주 변수일 경우 사용하는 통계방법이라는 점에서 지금까지 다루었던 t검정, 분산분석과는 차이가 있다. 즉, 대부분의 통계분석은 모두 종속변수가 양적 변수일 경우 사용하는 통계방법인데 비해, x^2검정은 질적 변수를 사용한다. 질문에 따른 종속변수의 형태가 양적 변수와 질적 변수가 되는 경우를 예를 들어 설명해 보자. 다음의 두 가지 질문은 모두 초·중·고등학교 음악수업이 대학생들의 음악감상 활동에 영향을 미쳤는가에 대한 것이다.

질문 1) 초·중·고등학교 음악수업이 현재 음악감상 활동에 미친 정도를 백분율로 표시하시오. (   ) %

질문 2) 초·중·고등학교 음악수업이 현재 음악감상 활동에 영향을 미쳤는가? 네 (   ) 아니요 (   )

두 질문의 내용은 모두 초 · 중 · 고등학교 음악수업이 현재 음악감상활동에 미친 영향에 대한 것이지만, 첫 번째 질문은 초 · 중 · 고등학교 음악수업의 영향력에 대한 대답이 1～100의 범위 내에 있는 양적 변수(숫자)로 나타나기에 독립변수의 집단 수에 따라 t검정 또는 분산분석을 실시하게 된다. 반면, 두 번째 질문의 경우 초 · 중 · 고등학교 음악수업 영향력에 대한 대답은 '예' 또는 '아니요' 두 개의 이분응답으로 구성되어 종속변수가 질적 변수이기에 x^2 검정을 실시해야한다.

종속변수가 질적 변수인 것과 더불어 x^2 검정을 실시할 때 고려해야 하는 사항은 교차분석을 하는 각 칸에 들어가는 '빈도'가 독립적이어야 하며, 획득도수와 기대도수가 5보다 작은 칸이 20%보다 적어야 한다는 점이다(성태제, 2010). 다음의 예를 가지고 x^2 검정을 설명해 보자. 연구자는 초 · 중 · 고등학교 음악수업이 현재 대학생들의 음악감상 활동에 영향을 미쳤는지를 알아보고자 하여 남녀 대학생 200명에게 의견을 물었다. 〈표 10-16〉은 그 결과를 표시한 교차분석표이다.

표 10-16 대학생 음악감상 활동에 대한 초 · 중 · 고등학교 음악수업의 영향

		성별		
		남	여	
영향 유무	유(네)	10	50	60
	무(아니요)	90	50	140
		100	100	

이 예에서 성별을 분석해 보면, 남녀 학생 수는 모두 100명으로 동일하다. 다음으로 성별과 상관없이 초 · 중 · 고등학교 음악수업이 영향이 있다는 학생 수는 60명으로 남녀 학생 간에 의견 차가 없다는 영가설을 충족하려면 남자 30명, 여자 30명이어야 한다. 이를 기대빈도라 한다. 그러나 실제 응답한 빈도는 남자가 10명이고 여자가 50명이다. 이를 관찰빈도라 한다. x^2 검정은 이러한 관찰빈도와 기대빈도 간의 차이를 계산하여 얻은 결과이

다. 〈표 10-17〉은 〈표 10-16〉 교차분석표의 내용을 SPSS를 통해 얻은 결과표이다.

표 10-17 대학생 음악감상 활동이 초 · 중 · 고등학교 음악수업에 미친 영향에 대한 남녀 인식 차이

단위: 명(%)

	남	여	전체
유(네)	10 (10.0)	50 (50.0)	60 (30.0)
아니요(무)	90 (90.0)	50 (50.0)	140 (70.0)
전체	100 (100.0)	100 (100.0)	200 (100)

x^2 = 38.10 (df = 3, p=.000)

〈표 10-17〉을 해석하면, 대학생 중 초 · 중 · 고등학교 음악수업이 현재 음악감상활동에 영향을 준다고 대답한 사람은 60명으로 전체 인원 중 30%를 차지했고, 성별은 남자가 전체 인원 100명 중 10명(10%)이고 여자는 50명(50%)으로 여자가 남자보다 초 · 중 · 고등학교 음악수업의 영향을 더 많이 받는 것으로 나타났다. 성별에 따른 초 · 중 · 고등학교 음악수업의 영향에 대한 인식 차이를 조사하기 위해 x^2 검정을 실시한 결과 x^2 통계 값은 38.10이고 유의확률은 .000으로 유의수준 .05에서 성별에 따라 대학생들의 인식에 유의미한 차이가 있는 것으로 해석할 수 있다.

참고문헌

성태제, 시기자(2010). 연구방법론. 서울: 학지사.

최진호(2012). 음악전공 대학원들의 학업성취요인 분석 및 전공실기성취도와 전체 학업성취도 간의 관계. 음악교육연구, 41, 89-111.

최진호(2016). 대학생들의 음악 감상활동 및 초중고교 음악교과와의 관계. 음악교육공학, 29, 183-200.

Pearson, K. (1896). Mathematical Contributions to the Theory of Evolution. III. Regression, Heredity and Panmixia. *Philosophical Transactions of the Royal Society of London, 187*, 253-318.

Salkind, S. (2004). *Statistics for people who hate statistics*. London: Sage Publications Inc.

정리하기

통계는 보통 공학처럼 과학과 연관된 학문 분야에서 많이 쓰는 걸로 알고 있는데, 연주를 주로 하는 음악 분야에서 통계가 꼭 필요한가요?

통계는 수학이 아니라 숫자를 통해 현상을 설명하는 것으로 음악연구, 특히 음악교육연구에서는 반드시 필요한 것입니다. 예를 들면, 새로운 음악교수법을 개발한 후 실험을 통해 그 효용성을 알아보거나, 아이들의 폭력성 증가와 음악수업 감소의 상관성을 알아보는 경우 통계를 사용할 수 있겠지요. 음악수업이 일주일에 두 시간에서 한 시간으로 감소한 후, 학교폭력이 40% 증가했다고 말할 때, 40%가 바로 통계입니다.

양적 연구의 대표적 세 가지 연구는 서술, 상관, 실험(비교)으로 배웠는데, 이 세 가지 연구방법에서 주로 사용하는 통계는 어떤 것들이 있나요?

대표적으로 사용하는 서술통계는 평균(M)과 비율(%)이고, 상관은 Pearson r을 들 수 있으며, 실험은 t-test와 ANOVA를 들 수 있습니다.

내용요약

1. 음악교육연구를 위한 통계는 크게 관계분석을 위한 통계와 집단비교를 위한 통계로 나뉜다. 관계분석통계방법에는 상관분석, 회귀분석, 경로분석, 구조방정식 모형 등이 있으며, 집단비교를 위한 통계방법에는 t검정, 일원분산분석, 이원분산분석, x^2 검정 등이 있다.

연구문제

1. 통계적 유의성과 실제적 유의성의 차이를 예를 들어 설명해 보시오.

2. 집단비교를 위한 통계중 t검정과 일원분산분석의 차이를 설명하고, t검정에서 두 독립표본과 종속표본의 차이를 설명해 보시오.

제 6 부

연구윤리와 참고문헌 작성법

11장
연구윤리

김지현

음악교육 현장연구에서 어떤 윤리적 태도를 가지고, 어떤 방법으로 연구해야 하는가에 따라 연구의 방향과 과정이 전혀 달라질 수 있음을 생각해 본다면, 연구윤리는 연구의 진행 내내 연구자가 깊이 있게 생각하여야 하는 주요한 영역이다. 연구윤리에 관한 올바른 이해와 적용은 음악교육연구의 폭을 넓히고, 현장을 새롭게 바라보며, 심층적으로 이해할 수 있는 길을 열어 줄 수 있을 것이다(서제희, 2017).

1. 연구윤리의 의미

연구윤리(research ethics)란 연구자가 연구를 수행하면서 지켜야 할 원칙이나 행동 양식을 말한다. 연구의 기획부터 결과의 검토에 이르기까지 수행과정 전체를 통해 연구자가 지켜야 하는 연구 방식과 표현 방식을 포괄한다(경제 · 인문사회연구회, 2016). 즉, 연구윤리는 연구자가 정직하고 정확하며, 성실한 태도로 바람직하고 책임 있는 연구를 수행하기 위해 지켜야 할 윤리적 원칙 또는 행동양식이라고 말할 수 있다.

1980년대 이후 강조되고 있는 연구윤리는 사전 동의(informed consent), 사기(deceit) 금지, 사생활과 기밀정보 보호(privacy), 정확성(accuracy) 확보 등이다(서제희, 2017). 연구윤리는 과학기술 분야뿐만 아니라, 모든 학문 분야의 연구목적과 방법에 따라 다양한 범주 안에서 광범위하게 적용될 수 있다.

1) 기관생명윤리위원회

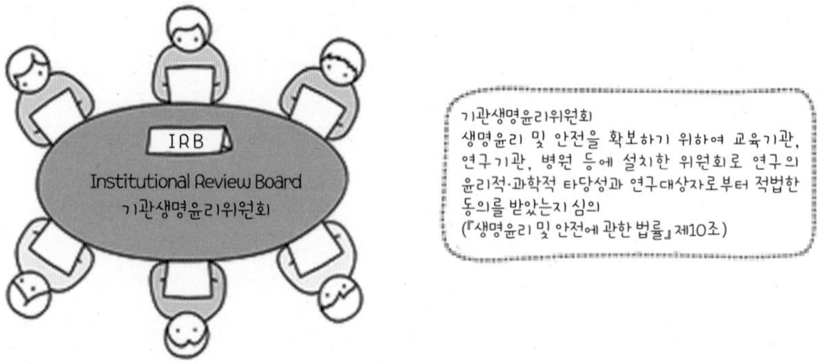

IRB
Institutional Review Board
기관생명윤리위원회
기관생명윤리위원회
생명윤리 및 안전을 확보하기 위하여 교육기관,
연구기관, 병원 등에 설치한 위원회로 연구의
윤리적·과학적 타당성과 연구대상자로부터 적법한
동의를 받았는지 심의
(『생명윤리 및 안전에 관한 법률』 제10조)

[그림 11-1] IRB의 역할

출처: http://www.irb.or.kr

기관윤리위원회(Institutional Review Board: IRB)는 인간을 대상으로 하는 실험에서 피시험자의 권리와 안전을 보호하기 위해 기관 내에 독립적으로 설치한 상설위원회로, '기관생명윤리위원회' 혹은 '연구윤리심의위원회'라고도 한다. 보통 위원장 1명을 포함하여 경험과 자격을 갖춘 5인 이상의 위원으로 구성된다. 하나의 성(性)별로만 구성할 없으며, 사회적 · 윤리적 타당성을 평가할 수 있는 경험과 지식을 갖춘 사람 1명 이상과 그 기관에 종사하지 아니하는 사람 1명 이상이 포함되어야 한다(「생명윤리 및 안전에 관한 법률」 제11조 제1항).

인간 대상 연구란 "사람을 대상으로 물리적으로 개입하거나 의사소통, 대인접촉 등의 상호작용을 통하여 수행하는 연구 또는 개인을 식별할 수 있는 정보를 이용하는 연구로서 「보건복지부령」으로 정하는 연구"(http://www.irb.or.kr)라고 정의하고 있다. 최근 정부 기관들은 인간을 대상으로 하는 모든 연구에 감사 및 감시 단체를 설립하고, 연구의 범위, 절차상의 지침 등에

윤리적인 내용을 포함시키고 있다. IRB는 현재 인간을 대상으로 하는 연구의 도덕적 원칙이 되고 있다(서제희, 2017). 우리나라의 경우, 「생명윤리 및 안전에 관한 법률」 제2조 제1항에 의해 '인간 대상 연구'에 대해 심의를 받도록 하고 있다. 임상시험을 하는 병원에서는 IRB의 설치를 의무화하며, IRB에서는 시험에 앞서 실험 계획서를 검토하게 된다. [그림 11-2]는 한 대학병원의 IRB 심의 과정을 도식화한 그림이다.

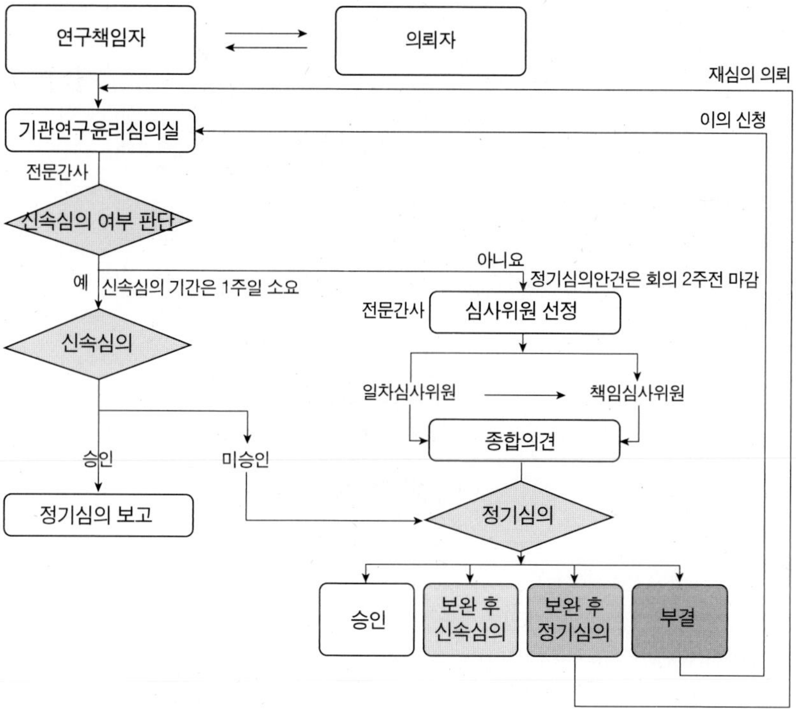

[그림 11-2] IRB 심의 과정

출처: http://eirb2.ajoumc.kr.kr/sub02.asp

IRB의 첫 단계는 윤리 심의이다. 이는 연구대상이 되는 사람에 대한 최소한의 보완 장치이다. [그림 11-3]은 IRB 심의 절차 예시이다.

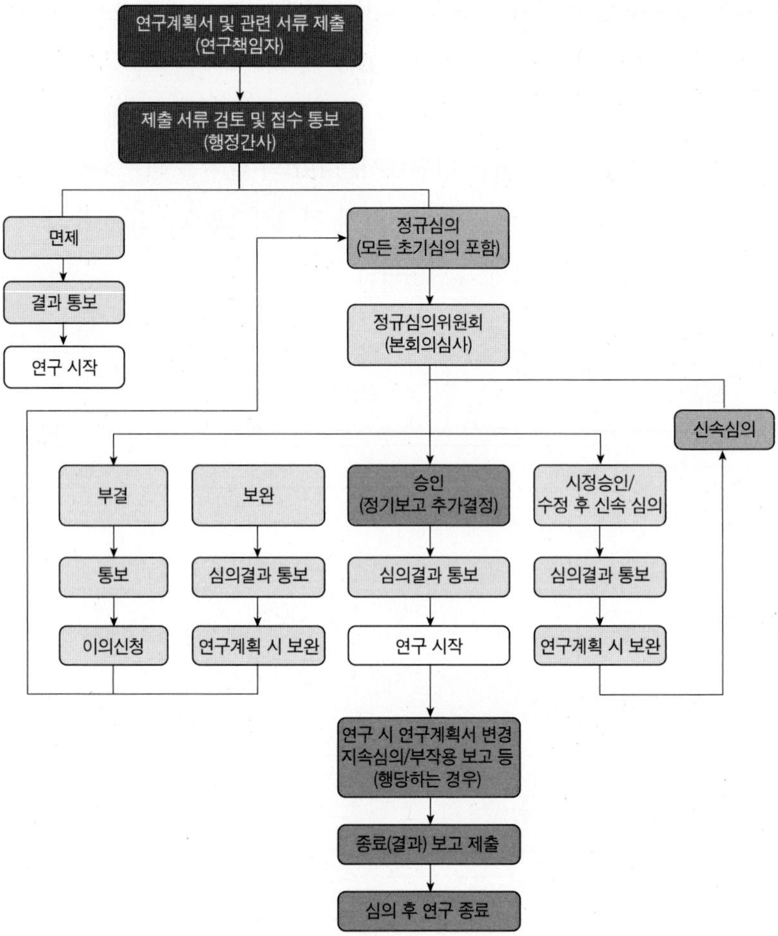

[그림 11-3] IRB 심의 절차

출처: http://www.irb.or.kr/menu02/commonFlow.aspx

IRB 심의 신청을 위한 양식은 다음과 같다.

- 동의서 양식(성인용), 동의서 양식(아동용)
- 지도교수 서약서
- 소속기관장 확인서
- 이해상충공개서
- 생명윤리준수서

2) 생명윤리란

생명윤리(bioethics)란 인간이 생명을 책임 있게 다루기 위해 지켜야 하는 윤리로서 그 범위가 매우 넓다. 생명윤리는 인간을 대상으로 하는 연구에서의 피험자 보호와 실험동물 보호 등이 연구윤리와 상호 밀접한 관련을 맺는다(http://www.cre.or.kr). 즉, 생명윤리는 의사의 직업윤리를 문제 삼는 의료윤리, 철학의 응용윤리학에 속하는 생명윤리, 생태학적 윤리학 내지 환경윤리를 망라하는 표현이다(진교훈, 2017).

3) 「생명윤리 및 안전에 관한 법률」

「생명윤리 및 안전에 관한 법률」(이하 생명윤리법)은 보건복지부에서 2003년 12월 제정되어 국회에 제출했으나, 시행령과 시행규칙은 2004년 12월 공포됨에 따라 2005년 1월부터 「생명윤리법」이 본격 시행되었다. 또한 여러 번 개정안이 제기되어 2017년 12월 시행령 일부 개정안이 정부에 의해 공포되기도 했다(진교훈, 2017).

인간 대상 연구자는 사전에 연구 및 연구 환경이 연구대상자에게 미칠 신체적·정신적 영향을 평가하고 안전대책을 마련해야 하며, 수행 중인 연구가 개인 및 사회에 중대한 해악을 초래할 가능성이 있을 때에는 이를 즉시 소속 기관의 장에게 보고하고 적절한 조치를 하여야 한다(「생명윤리법」 제17조 제1항). 인간 대상 연구자는 다음과 같은 사항을 고려하여야 한다.

첫째, 이상반응(중대한 이상반응 또는 예상치 못한 문제 포함) 보고: 연구 중에는 예상하지 못한 많은 문제가 생길 수 있다. 특히 중대한 이상반응/이상약물반응 같은 연구대상자에게 바람직하지 않고 의도되지 않은 문제들이 생길 수 있다.

둘째, 예상치 못한 문제는 중대한 이상반응에 대한 보고 이외의 것으로 연구대상자의 위험이나 연구에 관련된 다른 사람들에 관한 것을 말한다. 이는 연구대상자의 기밀성 침해나 연구기록의 파괴 등을 포함하며, 계획서 위반/이탈이나 연구대상자 정보가 담긴 노트북의 분실 등과 같은 예상하지 못한 문제들이 발생할 수 있다. 기관위원회는 연구대상자 등의 안전과 복지, 권리를 보호하기 위해 이 같은 예상치 못한 문제에 대해 적절한 조치를 취할 수 있다(한국보건복지인력개발원, 2013).

4) IRB 운영 사례

다음은 신규 연구계획에 대한 심의를 중심으로 한 IRB 위원의 구성부터 회의 관리까지의 운영 사례를 보여 준다(한국보건복지인력개발원, 2013).

신규 연구계획 예시:

김○○ 씨의 연구는 방과후학교 음악활동에 참여하는 초등학생을 대상으로 하여 연습 등의 음악 활동에 얼마나 많은 시간을 소요하는지를 알아보고, 초등학생의 연습 현황과 자발적으로 연습 가능한 시간 등을 제시하기 위한 설문 조사 연구이다. 이를 위해 초등학생들과 학부모에게 자신의 연구에 대해 설명하고 서면으로 동의를 획득한 후 연구를 약 3개월간 수행하고자 한다.

Tip: 인간 대상의 연구를 하려는 자는, 연구에 앞서 연구 계획서를 작성하여 IRB 심의를 받아야 한다.

(1) IRB 위원 구성: 위원회 표준운영지침 규정에 따라 구성한다. 예를 들어 위원장을 포함하여 0인 이상의 위원 구성, 전문 위원을 포함해 구성, 외부위원 1인 이상이 포함되도록 구성, 남성과 여성 위원이 모두 포함되도록 구성하는 등의 내용을 포함할 수 있다.

(2) 회의 개최: 의결 정족수가 충족될 때 회의 개최가 가능하다.

(3) 이해상충의 공개와 관리: 이해상충이 있는 위원이 심의에 관여되지 않도록 회의 개최 전에 확인한다.

(4) 신규연구 계획 및 연구계획 변경에 대한 심의 신청 및 심의: 연구책임자는 규정에 따라 심의신청서, 연구계획서, 동의서 및 동의서에 대한 설명문, 설문 조사지, 연구비 산정내역서 등의 서류를 제출한다.

(5) 연구대상자 모집공고문 및 사례 지급: 연구대상자에게 발생할 것으로 예상되는 신체적 · 정신적 위험 등을 공지하고, 필요한 경우 보상에 관한 언급도 가능하다.

(6) 동의서 및 동의서 설명문에 대한 심의: 법정대리인의 동의가 필요한 사람이 연구대상자로 참여하는 경우 서면동의를 받는다. 동의서 설명문에는 연구대상자의 참여 기간, 절차 및 방법, 연구대상자에게 예상되는 위험 및 이득, 개인정보 보호에 관한 사항, 연구 참여에 따른 손실에 대한 보상, 개인정보 제공에 관한 사항, 동의의 철회에 관한 사항 등을 충분히 적시되어야 한다.

(7) 취약한 연구대상자 보호-18세 미만 아동: 법정대리인을 위한 동의서 및 동의서에 대한 설명문 제출이 필요하다.

(8) 취약한 연구대상자 보고-외국인: 연구대상자가 이해할 수 있는 언어로 작성된 동의서 및 동의서에 대한 설명문 제출이 필요하다.

(9) 동의 서면화 면제에 대한 판단: 연구대상자의 비밀 보장 등 문제가 있다면, 동의를 서면으로 받지 않고 구두로 받을 수 있으며 이를 사유서로 제출할 수 있다.

(10) 인간 대상 연구에 대한 심의면제: 연구대상자 및 공공에 미치는 위험이 미미한 경우, 「개인정보 보호법」 제23조에 따른 민감 정보를 수집하거나 기록하지 않는 연구인 경우, 취약한 환경에 있는 사람을 대상으로 하는 연구가 아닌 경우 심의를 면제받을 수 있다.

(11) 연구 관련 서류의 보관: 인간 대상 연구와 관련된 동의서, 심의결과 통보서와 같은 기록(전자문서 포함)은 법적으로 3년간 연구자가 보관하여야 하는 서류이다.

(12) 회의 관리: 회의록 회람 및 확인과 서명하여 보관한다.

2. 좋은 연구수행

좋은 연구수행(Good Research Practice: GRP)은 연구자나 연구기관이 실현하기 위해 노력해야 할 이상적인 기준(ideal standard)을 의미한다(한국연구재단, 2014). 이것은 연구의 진실성을 확보하기 위해 필수적인 것으로, 연구자가 지켜야할 다음과 같은 핵심 가치들이다(이인재, 2010).

첫째, 정직성으로, 정직한 정보 전달과 연구자 윤리강령의 성실 이행이다.

둘째, 정확성으로, 연구 결과의 정확한 보고와 데이터의 최소 오차이다.

셋째, 효율성으로, 현명하고 낭비 없는 자원 이용이다.

넷째, 객관성으로, 명확한 설명과 부당한 편견의 기피이다.

좋은 연구수행을 위한 인용 방법, 출처표기 방법, 출처표기의 대상 등의 예를 살펴보면 다음과 같다(이인재, 2015).

1) 인용 방법

- 자신의 것과 타인의 것이 명확히 구별될 수 있도록 신의성실의 원칙에 의해 합리적인 방식으로 인용한다.
- 2~3줄 이내로 짧게 직접 인용할 경우에는 인용부호 " "를, 길게 직접 인용할 경우에는 단락을 나누어 인용된 단락 표시(indentation)를 하고, 해당 쪽수를 밝힌다.
- 말 바꿔 쓰기, 요약 등의 방법으로 간접 인용을 할 때에도 출처를 표기하여야 한다.
- 인용은 자신의 저작물이 주가 되고 인용하는 것이 부수적인 것이 되도록 적정한 범위 내에서 한다.

2) 출처표기 방법

- 출처표기는 원칙적으로 문장 단위로 한다.
- 출처표기 방법은 학문 분야별 특성이나 연구 기관의 자체 규정에 따라 달리 정할 수 있다. 다만, 어떤 방법을 따르든 일관성을 유지해야 한다.
- 출처표기 방법은 연구보고서의 종류 별로 달리할 수 있다.
- 보고서의 본문에서 인용한 문헌은 반드시 참고문헌에 서지 사항을 제시해야 한다. 본문에서 인용하지 않았거나 참고하지 않은 문헌이지만 다른 연구자의 관련 연구 및 심화 연구를 위해 참조해야 할 자료인 경우,

'관련 자료 목록'에 포함시킨다.

- 인터넷 자료를 인용하는 경우에는 해당 URL 및 검색한 날짜를 표기하여야 한다.
- 도표, 그림, 악보, 사진 등을 인용하는 경우에는 해당 부분 또는 본문에 출처표기를 하여야 한다.
- 원본 자료를 수정하여 인용하는 경우에는 원본에 대한 출처표기와 원본 수정 사실을 밝혀야 한다.

3) 출처표기의 대상

- 인쇄된 자료: 책, 학술논문, 신문, 학술대회 발표자료 등
- 전자 자료: 디지털화된 자료(전자책, 전자저널, 전자화된 학술지 등), 데이터베이스, 웹사이트, SNS 등
- 데이터: 설문 조사에서 나온 데이터, 인구조사 자료, 각종 경제사회 지표 등
- 이미지: 악보, 그림, 그래프, 도표, 도면, 지도, 사진 등
- 기록물: TV 방송물, 대중 연설문 등
- 구두 자료: 인터뷰, 강의, 학술 세미나 등에서 얻은 정보 등(단, 비공개 자료는 출처를 표기하지 않아도 됨)

3. 연구부정행위

연구부정행위(research misconducts)는 연구의 제안, 연구의 수행, 연구 결과의 보고 및 발표 등에서 행하여진 위조 · 변조 · 표절 · 부당한 논문저자 표시 행위 등을 말한다(교육과학기술부, 2007). 연구자의 속임수, 자기 기만 등으로 인하여 연구자 자신은 물론 그가 속한 연구공동체와 국가 사회에 심각한 해로움을 유발하는 것으로, 흔히 FFP라고 불리는 위조 · 변조 · 표절이 여기에 속한다(이인재, 2010). 즉, 연구부정행위는 연구와 관련된 모든 나쁜 행위의 집합뿐만 아니라 진실성 검증 체계 내에서 규율의 대상이 되는 규율의

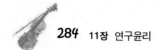

대상이 되는 모든 행위를 의미한다.

1) 위조 · 변조 · 표절

'FFP(Fabrication, Falsification, Plagiarism)'라고도 하는데, 각각의 의미는 다음과 같다.

- 위조(fabrication): 존재하지 않는 연구 원자료 또는 연구자료, 데이터 또는 연구 결과 등을 허위로 만들어 내는 행위로, 날조라고도 한다.
- 변조(falsification): 연구 재료 · 장비 · 과정 등을 인위적으로 조작하거나 데이터를 임의로 변형 · 삭제함으로써 연구 내용 또는 결과를 왜곡하는 행위를 말한다.
- 표절(plagiarism): 타인의 아이디어, 연구 내용 · 결과 등을 정당한 승인 또는 인용 없이 도용하는 행위를 말한다.

2) 국내외 연구부정행위에 대한 개념

(1) 우리나라

2011년 6월에 '연구윤리 확보를 위한 지침'이 개정(「교육과학기술부 훈령」 제218호)되었고, 2012년 8월 일부 재개정되었다. 여기서는 연구부정행위의 범위를 연구진실성을 직접적으로 저해하는 위조(날조), 변조, 표절 이외에도, 부당한 논문저자 표시, 부정행위 조사를 방해하거나 제보자에게 위해를 가하는 행위, 과학기술계에서 통상적으로 용인되는 범위를 심각하게 벗어난 행위를 포함시켰다(제4조).

(2) 미국

세계 최초로 연구부정행위에 대해 체계적인 대응을 시작하였다. 연구 활동에서의 진실성 확보는 물론, 다른 연구자들의 연구 활동에 피해를 주지 않는 책임 있는 연구 행위를 강조한다. 책임성과의 연관관계가 비교적 분명한 위조(날조), 변조, 표절만을 연구부정행위로 정의하고 있다.

(3) 유럽

연구부정행위의 적발 · 처벌을 넘어서, 정직하고 합리적이며 자율적인 연구풍토의 조성을 이상향으로 간주함으로써 '바람직한 과학연구의 실천(good scientific practice)'을 강조한다. 미국과 달리 연구부정(research misconduct)과 연구부정직(research dishonesty)을 구분하지 않고 사용하고 있다. 특히 연구부정행위에는 저자 표시나 타인과의 공동연구에 관련된 문제들이 포함되는 등 미국에 비해 연구부정행위의 범위가 보다 포괄적이다.

3) 연구부정행위의 범위

연구부정행위(이하 '부정행위')라 함은 연구의 제안, 연구의 수행, 연구 결과의 보고 및 발표 등에서 행하여진 위조 · 변조 · 표절 · 부당한 논문저자 표시행위 등을 말한다(교육과학기술부, 2007).

- 실증분석 위조: 실험과 실증분석을 수행하지 않고도 임의로 데이터를 조작하거나 변경하여 논문을 제출하는 경우나 실험을 수행하지 않고도 수행한 것처럼 통계 결과 값을 모두 위조한 경우이다. 예를 들어, 인터뷰를 하지 않았으면서도 가상의 주제에 대한 설문지를 완성하여 연구결과를 허위로 제시하는 경우도 이에 해당한다.
- 변조: 연구기록에서 연구 날짜와 실험 과정을 바꾸는 것, 통계분석 결과를 그릇되게 설명하는 것, 계속 연구 과제 연구비를 지원받기 위해 연구자료를 유리하게 바꾸는 것 등이 이에 해당한다.
- 표절: 아이디어 혹은 구성 표절로는, 무단으로 타인의 독창적 생각이나 사고구조, 논리를 모방하여 활용하는 행위, 원저자의 저작물(단어, 문장, 표, 그래프, 사진, 그림 등)을 출처표기 없이 사용, 출처표기 없이 문장을 변형하여 자신의 저작물처럼 만드는 행위, 타인의 글에 말을 바꿔 쓰거나 요약하여 활용하면서도 출처를 표시하지 않는 행위, 직접 인용 시 큰따옴표로 인용 부분을 표기하는 것을 누락한 행위, 인용표시는 했지만 인용문의 내용이 저작물의 대부분을 차지하는 경우, 2차 저작물에서 가져왔으면서도 원저작물을 본 것처럼 인용하는 경우 등이 여기에 해당한다. 반면, 다음의 내용들은 표절에 해당하지 않는다. 독창성이 인정되지

않는 타인의 표현 또는 아이디어를 이용하는 경우, 여러 개의 타인 저작물의 내용을 편집하였더라도 소재의 선택 또는 배열에 창작성이 인정되는 출처표시를 한 편집 저작물의 경우, 기타 관련 학계 또는 동일 분야 전문가들 사이에 표절이 아닌 것으로 분명하게 평가되고 있는 경우 등이다.

- 부당한 저자 표시:
  - 연구 내용 또는 결과에 대한 공헌 또는 기여가 없음에도 저자 자격을 부여하는 경우
  - 연구내용 또는 결과에 대한 공헌 또는 기여가 있음에도 저자 자격을 부여하지 않는 경우
  - 지도학생의 학위논문을 학술지 등에 지도교수의 단독 명의로 게재·발표하는 경우(학위논문의 학술지 출판의 경우, 지도학생을 저자에서 배제하고 지도교수가 단독으로 투고하거나 심사교수 등 제3자와 함께 투고하는 경우가 있는데, 이는 저자 임의변경과 추가에 해당하므로, 부당한 저자 표시라 할 수 있음)
- 부당한 중복게재: 연구자가 자신의 이전 연구 결과와 동일 또는 실질적으로 유사한 저작물을 출처표시 없이 게재한 후, 연구비를 수령하거나 별도의 연구업적으로 인정받는 경우 등 부당한 이익을 얻는 행위가 이에 해당한다.

4. 정책(정부) 연구윤리 지침

연구윤리에 대한 정부기관의 지침의 종류는 다음과 같다(http://www.cre.or.kr).

1) 연구윤리 확보를 위한 지침(시행 2015. 11. 3.「교육부 훈령」제153호, 일부 개정)
2)「생명윤리 및 안전에 관한 법률 시행규칙」(시행 2016. 7. 19.「보건복지부령」제419호, 일부 개정)
3) 연구노트 지침(제정 2013. 7. 31.「미래창조과학부 훈령」제44호)

4)「저작권법 시행령」(시행 2016. 8. 4. 대통령령 제27427호,「문화체육관광부 타법」 개정)

5. 학회 연구윤리 규정

학술지에 연구물을 투고 및 게재하는 회원이 학술 연구자로서의 도덕적 의무와 사회적 책무를 성실하게 이행하기 위하여 지켜야 할 행동 규범과 학술지의 편집위원과 심사위원이 지켜야 할 윤리규정을 확립하여 학술 발전에 이바지한다. 연구윤리규정(이하 '윤리규정'이라 함)은 투고자와 편집위원(회), 심사위원들이 연구의 수행에서 지켜야 할 원칙과 기준을 규정한다. 다음은 한국음악교육학회(The Korea Music Educators Society: KMES)의 연구윤리 규정이다.

한국음악교육학회 연구윤리 규정

한국음악교육학회(이하 학회)는 학회의 정기 간행물인『음악교육연구』의 논문 투고와 심사, 출판을 비롯하여 정기 학술발표에서 본 학회 회원이 지켜야 할 연구윤리를 다음과 같이 규정한다. 이 규정은 본 학회 회원들이 연구윤리를 엄격히 준수하여 학회 및 회원의 윤리성을 고양하는 데 목적이 있다.

제1장 연구관련 윤리규정

제1절 저자 윤리규정

제1조 표절 금지

"표절"은 타인의 아이디어, 연구 내용 혹은 결과 등을 정당한 승인 또는 인용 없이 도용하는 행위로서 저자는 표절에 해당하는 행위를 해서는 안 된다. 표절의 대표적 행위로 다음의 두 가지 형태를 들 수 있다.

1. 원저자의 아이디어, 논리, 고유한 용어, 데이터, 분석체계 등의 출처를 밝히지 않고 임의로 활용한 경우
2. 타인의 저술이나 논문의 많은 문구 또는 아이디어 등을 인용부호 없이 원문 그대로 옮긴 경우

제2조 위조 금지
"위조"는 존재하지 않는 데이터 또는 연구 결과 등을 허위로 만들어 내는 행위로서 저자는 위조에 해당하는 행위를 해서는 안 된다.

제3조 변조 금지
"변조"는 연구 재료 · 과정 등을 인위적으로 조작하거나 데이터를 임의로 변형 · 삭제함으로써 연구 내용 또는 결과를 왜곡하는 행위로서 저자는 변조에 해당하는 행위를 해서는 안 된다.

제4조 연구물의 중복 게재 및 이중 출판 금지
저자는 연구 결과를 본 학회지 혹은 타 학회지에 중복 게재 및 이중 출판을 해서는 안 된다. 만약 이미 발표된 연구물을 사용하여 출판하고자 할 경우에는, 이미 출판된 학회지 편집위원회의 허가를 받은 후, 새로운 출판물에 이전 출판에 대한 정보를 자세히 제공해야 한다. 단, 학술대회 발표 논문은 이 규정에 적용되지 않는다.

제5조 출판 업적의 표시 및 부당한 논문저자 표시 금지
저자는 연구 결과에 대해 지적으로 기여한 부분에 대한 책임과 권한을 가지며 이러한 기여도에 따라 단독 저자 혹은 공동 저자(순서 포함)를 결정하여 정확히 표시한다. "부당한 논문저자 표시"는 연구내용 또는 결과에 대하여 실제적 공헌 또는 기여를 한 사람에게 정당한 이유 없이 논문저자 자격을 부여하지 않거나, 실제적 공헌 또는 기여를 하지 않은 자에게 감사의 표시 또는 예우 등을 이유로 논문저자 자격을 부여하는 행위를 말한다.

제6조 인용 및 참고문헌 표시
공개된 학술 자료를 인용할 경우에는 정확하게 기술하도록 노력해야 하고, 상식에 속하는 자료가 아닌 한 반드시 그 출처를 명확히 밝혀야 한다. 다른 사람의 글을 인용하거나 아이디어를 차용(참고)할 경우에는 반드시 인용 여부 및 참고 여부를 밝혀야 하며, 이러한 표기를 통해 어떤 부분이 선행연구의 결과이고 어떤 부분이 본인의 독창적인 생각 · 주장 · 해석인지를 독자가 알 수 있도록 해야 한다.

제7조 논문의 수정
저자는 논문의 심사 과정에서 제시된 편집위원과 심사위원의 의견을 가능한 한 수용하여 논문에 반영하도록 노력하여야 하고, 이들의 의견에 동의하지 않을 경우에는 그 근거와 이유를 상세하게 적어서 편집위원회에 알려야 한다.

제8조 표절 검증 절차
연구자는 심사를 거쳐 학회에서 '게재가능'으로 확정된 논문에 대해 한국학술지인용색인(KCI)이나 카피 킬러(Copykiller) 등을 활용하여 논문유사도검사를 실시하고 '표절검증결과확인서'를 제출해야 한다.

제9조 생명윤리심의의원회(IRB) 생명윤리법 준수

연구자는 국가생명윤리심의위원회(National Bioethics Committee: NBC)에서 규정하는 생명윤리 및 안전에 관한 법을 준수하며 투고하여야 한다. (www.bioethics.go.kr/)

① 연구 참여는 자유의지로 결정되어야 하며, 연구 참여자로부터 연구 참여에 대한 동의를 받아야 한다.

② 아동을 포함한 미성년자가 연구대상일 경우, 부모, 법적 보호자 또는 법적 대리인으로부터 동의를 받아야 하며, 이 사실에 대해 명기하는 것을 원칙으로 한다.

제2절 편집위원 윤리규정

제1조 편집위원은 학회지 심사위원 선정 및 투고 논문의 게재 여부를 결정하는 모든 책임을 지며, 저자의 인격과 학자로서의 독립성을 존중해야 한다.

제2조 편집위원은 학술지 게재를 위해 투고된 논문을 저자의 성별, 나이, 소속 기관은 물론이고 어떤 선입견이나 사적인 친분과도 무관하게 오로지 논문의 질적 수준과 투고 규정에 근거하여 공평하게 취급하여야 한다.

제3조 편집위원은 투고된 논문의 평가를 해당 분야의 전문적 지식과 공정한 판단 능력을 지닌 심사 위원에게 의뢰해야 한다. 같은 논문에 대한 평가가 심사위원 간에 현저하게 차이가 날 경우에는 해당 분야 제3의 전문가에게 자문을 받을 수 있다.

제4조 편집위원은 투고된 논문의 게재가 결정될 때까지는 저자에 대한 사항이나 논문의 내용을 공개하면 안 된다.

제3절 심사위원 윤리규정

제1조 심사위원은 학술지의 편집위원회가 의뢰하는 논문을 심사규정이 정한 기간 내에 성실하게 평가하고 평가 결과를 편집위원(회)에게 통보해 주어야 한다. 만약 자신이 논문의 내용을 평가하기에 적임자가 아니라고 판단될 경우에는 편집위원(회)에게 바로 그 사실을 통보해야 한다.

제2조 심사위원은 논문을 개인적인 학술적 신념이나 저자와의 사적인 친분 관계를 떠나 객관적 기준에 의해 공정하게 평가하여야 한다. 충분한 근거를 명시하지 않은 채 논문을 탈락시키거나 심사자 본인의 관점이나 해석과 상충된다는 이유로 논문을 탈락시켜서는 안 되며, 대상 논문을 제대로 읽지 않은 채 평가해서도 안 된다.

제3조 심사위원은 전문 학자로서의 저자의 인격과 독립성을 존중해 주어야 한다. 심사 의견서에는 논문에 대한 자신의 판단을 밝히되 수정 및 보완이 필요한 부분에는 그 이유도 함께 상세히 설명해야 한다. 가급적 정중하고 부드러운 표현을 사용하고 저자를 비하하거나 모욕적인 표현은 삼간다.

제4조 심사위원은 심사대상 논문에 대한 비밀을 지켜야 한다. 논문 평가를 위해 특별히 조언을 구하는 경우가 아니라면 논문을 다른 사람에게 보여 주거나 논의하는 것도 바람직하지 않다. 또한 논문이 게재된 학술지가 출판되기 전에 저자의 동의 없이 논문의 내용을 인용해서는 안 된다.

제2장 윤리규정 시행 지침

제1조 목적

이 규정은 연구부정행위를 방지하고 연구의 진실성 및 연구자의 윤리성을 확고하게 정립하기 위한 한국음악교육학회의 연구윤리위원회 설치 및 운영에 관한 일반사항을 정립함으로써 학회 및 회원의 연구윤리성을 고양하는 데 목적이 있다.

제2조 윤리규정 서약

한국음악교육학회 모든 회원은 본 연구윤리 규정을 준수해야 한다. 「음악교육연구」 학술지에 논문을 투고할 경우, 연구윤리서약에 서명함으로써 윤리규정위반 사항이 있을 경우, 한국음악교육학회 연구윤리위원회의 어떠한 제재 조치라도 따를 것을 서약한다.

제3조 윤리규정 위반 보고

회원은 다른 회원이 윤리규정을 위반한 것을 인지할 경우 그 회원으로 하여금 윤리규정을 환기시킴으로써 문제를 바로잡도록 노력해야 한다. 문제가 바로잡히지 않거나 명백한 윤리규정 위반 사례가 드러날 경우에는 학회 윤리위원회에 보고할 수 있다. 윤리위원회는 문제를 학회에 보고한 회원의 신원을 외부에 공개해서는 안 된다.

제4조 윤리위원회 구성

심사과정에서 연구규정 위반에 관련한 상황이 발생할 경우, 이를 심의하는 역할을 한다. 윤리위원회는 고문, 전식 · 현직 편집위원장, 이사를 중심으로 6명 이내로 구성한다.

제5조 윤리위원회 권한과 책무

윤리위원회는 윤리규정 위반으로 보고된 사안에 대하여 제보자, 피조사자, 증인, 참고인 및 증거자료 등을 통하여 폭넓게 조사를 실시한 후, 윤리규정 위반이 사실로 판정된 경우에는 회장에게 적절한 제재조치를 건의할 수 있다.

1. 위원회는 본 학회 내에 상설기구로 둔다.

2. 위원회는 본 학회 소속 연구자의 연구윤리와 관련된 다음 각 호의 사항을 심의 · 의결 · 처리한다.
   ① 위원회는 조사과정에서 제보자 · 피조사자 · 증인 및 참고인에 대하여 출석과 자료 제출을 요구할 수 있다.
   ② 피조사자가 정당한 이유 없이 출석 또는 자료 제출을 거부하는 경우 혐의 사실을 인정한 것으로 추정할 수 있다.
   ③ 위원회는 연구기록이나 증거의 상실, 파손, 은닉 또는 변조 등을 방지하기 위하여 필요한 조치를 할 수 있다.
   ④ 연구윤리 규정 위반으로 보고된 자에게는 충분한 소명 기회를 주어야 한다.
   ⑤ 연구윤리규정 위반에 대한 위원회의 최종결정이 내려질 때까지 연구윤리 규정 위반으로 보고된 자의 신원을 외부에 공개하여서는 안 된다.

제6조 윤리위원회의 조사 및 심의

부정행위에 대한 검증절차는 예비조사 · 본조사 · 판정 · 확정의 4단계로 진행한다. 이때 위원회는 필요하다고 판단될 경우 제1항의 검증절차 외에 절차를 추가하여 조사를 진행 할 수 있다.

1. (예비조사) 예비조사의 심의 및 결과처리 과정은 다음과 같다.
   ① 구두 · 서면 · 전화 · 전자우편 등 전달방법에 상관없이 부정행위와 관련된 구체적인 제보가 실명으로 접수되면 본조사 여부를 결정하기 위한 예비조사에 착수한다. 익명으로 된 제보라 할지라도 연구과제명(논문명), 부정행위의 종류와 증거 등이 구체적으로 접수된 경우, 이는 실명제보에 준한다.
   ② 편집위원회가 예비조사위원회를 겸하며 부정행위 제보 접수일로부터 30일 이내에 예비조사를 착수 · 완료하여야 한다. 조사 완료 후 예비조사보고서를 학회장에 제출함으로써 조사를 위한 연구윤리위원회 소집을 결정할 수 있다.
   ③ 예비조사에서 검증해야 할 사항은 다음과 같다.
      가. 제보일이 조사대상 논문의 학회지 게재일로부터 5년을 경과하였는지의 여부
      나. 제보 내용이 본 연구윤리 규정 제1장 1절의 "저자 윤리규정"에 어긋나는지 여부
      다. 제보 내용의 구체성과 명확성에 비추어 본조사를 실시해야 할 필요가 있는지의 여부
   ④ 예비조사 결과, 본조사를 실시할 필요가 없다고 판단된 경우 위원회는 곧바로 조사를 종료하고, 이 사실을 제보자와 피조사자에게 서면으로 통보한다.
   ⑤ 예비조사 결과, 본조사를 실시할 필요가 있다고 판단될 경우 위원회는 이 사실을 제보자와 피조사자에게 서면으로 통보한다.
   ⑥ 예비조사보고서에는 다음 각 호의 내용을 포함하도록 한다.
      가. 조사 대상 논문 사본
      나. 제보 내용 및 부정행위 의혹 여부

다. 본조사 실시 필요성 여부와 판단 근거

2. (본조사 및 판정) 본조사의 심의 및 판정 과정은 다음과 같다.

① 윤리위원회가 (본)조사위원회를 겸하며, 예비조사 결과 통보 10일 이내에 착수하여, 착수일로부터 30일 이내에 조사를 완료한다. 조사위원회가 이 기간 내에 조사를 완료할 수 없다고 판단할 경우 위원회에 조사기간의 연장을 요청할 수 있다.

② 조사위원회는 제보자 · 피조사자 및 참고인과 증인 등에 대하여 출석 또는 참고자료 제출을 요구할 수 있다.

③ 제보자 또는 피조사자가 합당한 이유 없이 제②항의 요구를 거부할 경우, 조사위원회는 제보 사실을 근거가 없는 것으로 또는 피조사자가 의혹을 인정한 것으로 추정할 수 있다.

④ 조사위원회는 최종 결과보고서를 작성하여 이사회에 제출한다.

⑤ 최종 결과보고서에는 다음 각 호의 사항이 포함되어야 한다.

가. 제보 내용

나. 부정행위의 종류 및 조사대상 논문 사본

다. 예비조사 결과

라. 조사대상 논문에서의 피조사자의 역할과 부정행위의 유무

마. 관련 증거 및 참고인과 증인 등의 진술

바. 제보자 및 피조사자의 의견진술, 이의제기 및 소명 내용과 그에 대한 조사위원회의 의견

사. 판정

아. 조사위원 명단

⑥ 제⑤항 본조사 결과 "판정" 기준은 조사위원 2/3 이상 찬성으로 한다.

3. (확정) 윤리위원회는 판정 결과를 학회장에게 보고한다. 학회장은 이사회를 소집하여 본조사 결과보고서를 의결 · 확정하고 최종 결과를 제보자와 피조사자에게 통보한다.

제7조 소명 기회 보장

윤리규정 위반으로 보고된 회원에게는 충분한 소명 기회를 주어야 한다. 투고자(피조사자)가 윤리위원회의 결정에 이의를 제기할 경우 윤리위원회에 재심의 또는 보고서 보완을 요청할 수 있다. 재심의 또는 보고서 보완의 요청은 윤리위원회에 구체적인 이유를 밝힌 문서로만 이루어진다.

제8조 조사 대상자에 대한 비밀 보호

윤리규정 위반에 대해 학회의 최종적인 징계 결정이 내려질 때까지 윤리위원은 해당 회원의 신원을 외부에 공개해서는 안 된다.

제9조 징계의 절차 및 내용

윤리위원회의 징계 건의가 있을 경우, 회장은 이사회를 소집하여 징계 여부 및 징계 내용을 최종적으로 결정한다. 윤리규정을 위반했다고 판정된 회원에 대해서는 경고, 회원자격 정지 내지 박탈, 해당 투고자 향후 논문투고 금지, 학술지

논문목록에서 삭제, 공개 사과 및 학회 홈페이지에 공지, 기관통보 등의 징계를 할 수 있으며 이는 중복하여 처분할 수 있다. 투고자의 윤리규정 위반 내용은 반드시 문서로 작성하며, 학회장은 연구윤리위원회의 결정을 승인 후 즉시 이행한다.

제10조 검증 이후 결과에 대한 조치

학회장은 위원회로부터 부정행위자로 확정된 자에 대한 보고를 받는 즉시 해당 논문의 최소 및 학회지 투고 제한 조치와 함께 학회지와 학회 홈페이지에 이 사실을 공지하는 조치를 취한다. 위원회의 건의가 있을 경우, 학회장은 위 1항의 조치 내용을 본 학회의 유관 학회 및 기관에 문서로 알릴 수 있다.

제11조 기록의 보관 및 공개

위원회는 예비조사 및 본조사와 관련된 모든 회의록 및 기록을 조사가 종료된 시점으로부터 5년 동안 보관하여야 한다. 결과보고서는 검증이 끝난 후 공개할 수 있으나, 제보자 · 조사위원 · 참고인 · 증인 등의 개인적 신원과 관련된 정보에 대해서는 공개하지 않는다.

제12조 윤리규정의 수정

윤리규정의 수정 절차는 본 학회 회칙 개정 절차에 준한다. 윤리규정이 수정될 경우, 기존의 규정을 준수하기로 서약한 회원은 추가적인 서약 없이 새로운 규정을 준수하기로 서약한 것으로 간주한다.

부칙

이 규정은 2008년 3월 1일부터 시행한다.

부칙

본 규정은 2016년 5월 7일부터 시행한다.

부칙

본 규정은 2017년 11월 30일부터 시행한다.

6. 기타 정보

1) 심의면제 자가점검표: 보건복지부 지정 공용기관생명윤리위원회[권고서식 제3호]

심의면제 자가점검표

기본정보						
연구 과제명		연구 책임자	성 명	소 속	직 위	전공분야

다음은 심의면제가 가능한 경우를 점검합니다.(중복표시 가능)

1. 인간 또는 인체유래물을 대상으로 연구를 수행합니까?
□ 예 (→ 2번 질문으로)
□ 아니오 (→ 인간대상연구 또는 인체유래물연구의 심의 대상이 아닙니다.)

2. 다음에 해당한다면, 이 법의 적용 대상이 아닙니다. 해당하지 않는다면, 3번 질문으로 가세요.
① 국가나 지방자치단체가 공공복리나 서비스 프로그램을 검토 · 평가하기 위해 직접 또는 위탁하여 수행하는 연구
② 「초 · 중등교육법」 제2조 및 「고등교육법」 제2조에 따른 학교와 보건복지부장관이 정하여 고시하는 교육기관에서 통상적인 교육실무와 관련하여 하는 연구

3. 연구대상자 또는 인체유래물 기증자 및 공공에 미치는 위험이 미미합니까?
□ 예 (→ 4번 질문으로) ※ 이 경우, 미미한 위험에 대한 판단은 연구자와 기관위원회가 일치해야만 하며, 불일치한다면 심의가 면제될 수 없습니다.
□ 아니오 (→ 심의를 면제할 수 없습니다.)

4. 연구대상자 또는 인체유래물 기증자의 개인식별정보를 수집하거나 기록합니까?
□ 예 (→ 심의를 면제할 수 없습니다.) □ 아니오 (→ 5번 질문으로)

5. 연구를 위해 연구대상자등에게 새로운 정보를 수집하지 않고 기존에 생성된 자료나 문서만을 이용하는 연구입니까?
□ 예 (→ 심의를 면제할 수 있습니다.) □ 아니오 (→ 6번 질문으로)

6. 연구대상자 또는 인체유래물 기증자에 취약한 환경의 시험대상자가 포함되어 있습니까?
※ 취약한 환경의 시험대상자란 연구 참여와 관련하여 이익에 대한 기대 또는 참여를 거부하는 경우 조직 위계상 상급자로부터 받게 될 불이익에 대한 우려가 자발적인 참여 결정에 영향을 줄 가능성이 있는 연구대상자(학생, 의료기관 · 연구소의 근무자, 회사의 직원, 군인 등), 불치병에 걸린 사람, 집단 시설에 수용되어 있는 사람, 실업자, 빈곤자, 응급상황에 처한 환자, 소수 인종, 부랑인, 노숙자, 난민, 미성년자 및 자유의지에 따른 동의를 할 수 없는 자를 말합니다.
□ 예 (→ 심의를 면제할 수 없습니다.) □ 아니오 (→ 7-1번 질문으로)

7-1. 인간을 대상으로 연구를 위해 직접 어떤 조작이나 그의 환경을 조장하는 연구를 수행합니까? □ 예 (→ 8-1번 질문으로) □ 아니오 (→ 7-2번 질문으로)	7-2. 인간을 대상으로 면담, 설문조사 또는 행동관찰 등을 수행하여 얻은 자료를 이용하여 연구를 수행합니까? □ 예 (→ 8-2번 질문으로) □ 아니오 (→ 7-3번 질문으로)	7-3. 연구대상자(인간)를 식별할 수 있는 자료를 이용하여 연구를 수행합니까? □ 예 (→ 8-3번 질문으로) □ 아니오 (→ 7-4번 질문으로)	7-4. 인간을 직접 대상으로 하지 않지만, 인체로부터 얻어진 인체유래물을 직접 조사 · 분석하는 연구를 수행합니까? □ 예 (→ 8-4번 질문으로) □ 아니오 (→ 기관위원회로 문의하십시오.)
8-1. 다음의 어느 하나에 해당하면 심의를 면제할 수 있습니다. □ 약물투여, 혈액 채취 등 침습적 행위가 개입되지 않은 연구 □ 신체적 변화가 초래되지 않는 단순 접촉 측정장비 또는 관찰장비만을 사용하는 연구 □ 「식품위생법 시행규칙」 제3조에 따라 판매 등이 허용된 식품의 맛 또는 질을 평가하는 연구 □ 「화장품법」 제8조 제1항 및 제2항에 따른 안전기준에 적합한 화장품을 이용하여 사용감 또는 만족도 등을 조사하는 연구	8-2. 다음에 해당하면 심의를 면제할 수 있습니다. □ 연구대상자가 불특정하며, 연구로 인해 수집된 정보에 「개인정보보호법」 제23조에 따른 민감정보가 포함되어 있지 않은 연구	8-3. 다음에 해당하면 심의를 면제할 수 있습니다. □ 일반 대중에게 공개된 정보를 이용하는 연구	8-4. 다음의 어느 하나에 해당하면 심의를 면제할 수 있습니다. 다만, 공중보건상 긴급한 조치가 필요한 상황에서 국가 또는 지방자치단체가 직접 수행하거나 위탁한 연구는 공용위원회에 연구 종료 전에 진행상황을 통보하여야 합니다. □ 인체유래물은행이 수집 · 보관하고 있는 인체유래물과 그로부터 얻은 유전정보(이하 "인체유래물 등")를 제공받아 사용하는 연구로서 인체유래물 등을 제공한 인체유래물은행을 통하지 않으면 개인정보를 확인할 수 없는 연구 □ 의료기관에서 치료 및 진단을 목적으로 사용하고 남은 인체유래물등을 이용하여 정확도 검사 등 검사실 정도관리 및 검사법평가 등을 수행하는 연구 □ 인체유래물을 직접 채취하지 않는 경우로서 일반 대중이 이용할 수 있도록 인체유래물로부터 분리 · 가공된 연구재료(병원체, 세포주 등 포함)를 사용하는 연구 □ 연구자가 인체유래물 기증자의 개인식별정보를 알 수 없으며, 연구를 통해 얻어진 결과가 기증자 개인의 유전적 특징과 관계가 없는 연구(다만, 배아줄기세포주를 이용한 연구는 제외한다)

2) 연구윤리정보센터

연구윤리정보센터(Center for Research Ethics: CRE, http://www.cre.or.kr)는 교육부 한국연구재단 지정 기관으로, 연구윤리 정보 콘텐츠와 교육 자료를 제공하고, 상담센터를 운영하고 있다. 연구윤리 고민을 상담하고 싶을 때, 연구윤리 교육이 필요할 때, 논문·특허를 작성할 때, 연구를 계획할 때, 공동 연구를 고민할 때 도움이 될 것이다.

참고문헌

경제·인문사회연구회(2016). 국책연구기관 연구윤리 및 평가규정 사례.

교육과학기술부, 과학기술혁신본부(2007). 연구윤리 확보를 위한 지침 해설서.

교육부(2015). 연구윤리확보를 위한 지침(「교육부 훈령」 제153호).

서제희(2017). 어린이 미술교육 현장의 연구윤리에 관한 제언. 미술과 교육, 18(2), 157-170.

유네스코한국위원회편(2001). 과학연구윤리. 서울: 당대.

이영규(2017). 생명윤리및안전에관한법률상 기관생명윤리위원회이 구성과 운영. 한양법학, 28(1), 297-321.

이인재(2010). 연구진실성과 연구윤리. 윤리교육연구, 21, 269-290.

이인재(2015). 연구윤리의 이해와 실천. 서울: 동문사.

진교훈(2017). 한국 생명윤리의 과거와 현재 그리고 미래. 생명, 윤리와 정책, 1(1), 3-29.

최용성 (2007). 연구윤리교육의 필요성과 방향성에 관한 연구. 윤리교육연구, 13, 261-290.

한국보건복지인력개발원(2013). 초보자를 위한 기관생명윤리위원회 운영의 사례.

한국연구재단(2014). 연구부정행위 검증 및 처리 관련 연구윤리 실무 매뉴얼.

황희중 (2017). 2016 학술지 윤리강화를 위한 표절 검증 사례: 편집심사업무 관점에서 연구윤리 위반 유형 분류. 한국유통과학회 학술대회 논문집, 8-11.

Abraham, P. (2006). Duplicate and salami publications. *Journal of Postgraduate Medicine, 46*(2), 67-69.

Bird, S. J. (2002). Self-plagiarism and Dual and Redundant Publications: What is the Problem? Commentary on 'Seven ways to Plagiarize'(M. C. Loui). *Science and Engineering Ethics, Science and Engineering Ethics, 8*(4), 543-544.

Brian, M. (1994). Plagiarism: a misplaced emphasis. *Journal of Information Ethics, 3*(2), 36-47.

International Committee of Medical Journal Editors (2003). Uniform Requirements for Manuscripts Submitted to Biomedical Journals: Writing and Editing for Biomedical Publication. *Croatian Medical Journal, 44*(6), 770-783.

Kassirer, J., P., & Angell, M. (1995). Redundant publication: a reminder. *The New England Journal of Medicine, 333*(7), 449.

LBJ School of Public Affairs (2004). *A Guide to Avoiding Plagiarism*. LBJ School of Public Affairs.

Lowe, N. K. (2003). Publication ethics: Copyright and self-plagiarism. *Journal of obstetric, gynecologic and neonatal nursing, 32*(2), 145-146.

Norman, K., Denzin, Yvonna, S., & Lincon (Eds.) (2014). **질적 연구 핸드북**. 최욱, 김종배, 김민정 공역. 파주: 아카데미프레스.

Reich, W. T.(Ed.). (1972). *The Encyclopaedia of Bioethics*. NY: Oxford University Press.

Roig, M.(2008). The debate of self-plagiarism: inquisitional science or high standards of scholarship? *Journal of Cognitive and Behavioral Psychotherapies, 8*(2), 245-258.

Steneck, N. H. (2006). Fostering integrity in Research: Definitions, current Knowledge, and Future Directions. *Science and Engineering Ethics, 12*(1), 53-74.

Watt, W. W. (1970). *An American Rhetoric*(4th ed). New York: Holt, Rinehart and Winston, Inc.

Weyland, K. (2007). How to Assess Plagiarism of Ideas? *Political Science & Politics, 40*(2), 375-376.

기관생명윤리위원회 정보포털 www.irb.or.kr

연구윤리정보센터 www.cre.or.kr

정리하기

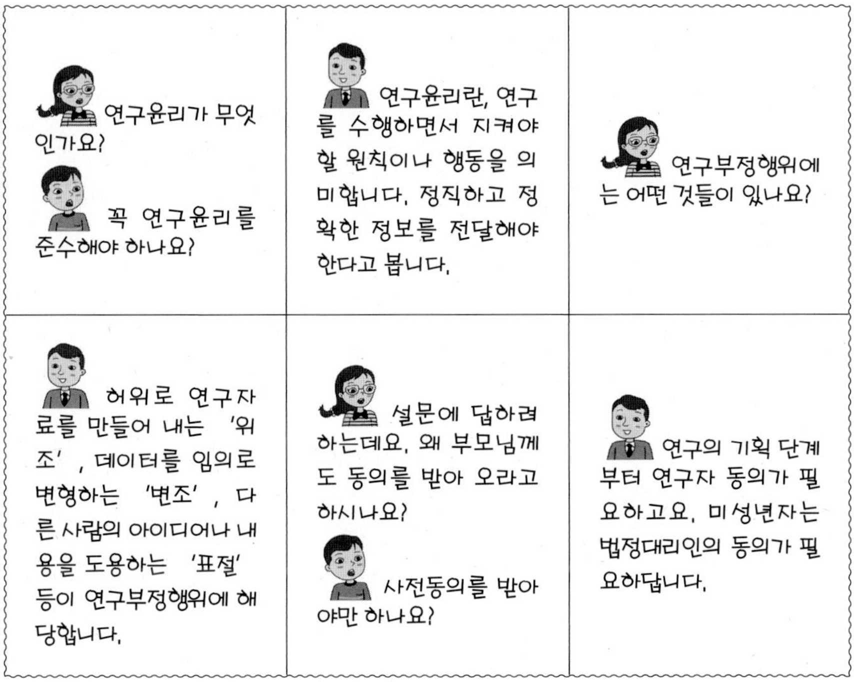

연구윤리가 무엇인가요?
꼭 연구윤리를 준수해야 하나요?
연구윤리란, 연구를 수행하면서 지켜야 할 원칙이나 행동을 의미합니다. 정직하고 정확한 정보를 전달해야 한다고 봅니다.
연구부정행위에는 어떤 것들이 있나요?
허위로 연구자료를 만들어 내는 '위조', 데이터를 임의로 변형하는 '변조', 다른 사람의 아이디어나 내용을 도용하는 '표절' 등이 연구부정행위에 해당합니다.
설문에 답하려 하는데요, 왜 부모님께도 동의를 받아 오라고 하시나요?
사전동의를 받아야만 하나요?
연구의 기획 단계부터 연구자 동의가 필요하고요, 미성년자는 법정대리인의 동의가 필요하답니다.

내용요약

1. 연구윤리는 연구자가 정직하고 정확하며, 성실한 태도로 바람직하고 책임 있는 연구를 수행하기 위해 지켜야 할 윤리적 원칙 또는 행동양식이라고 할 수 있다. 연구윤리에 관한 올바른 이해와 적용은 음악교육연구의 폭을 넓히고, 현장을 새롭게 바라보며, 심층적으로 이해할 수 있는 길을 열어줄 것이다.

연구문제

1. 연구윤리가 필요한 이유를 설명해 보시오.

2. 연구부정행위의 개념과 그 범위에 대해 설명해 보시오.

12장
참고문헌 작성방법

권수미

참고문헌이란 연구논문의 작성을 위하여 참고한 문헌을 의미하며, 참고문헌의 서지사항을 일정한 순서로 정리하여 제시한 목록을 참고문헌 목록이라고 한다. 참고문헌을 제시하는 목적은 다른 연구자들의 연구에 도움을 주는 데 있다. 즉, 본문에 인용된 참고자료들의 출처를 찾아 이용할 수 있게 하기 위한 것으로, 저자, 출판연도, 제목, 출판지와 출판사에 대한 정보들을 정확하게 제공해야 한다. 학술적인 논문 작성에 관한 권위 있는 양식으로 크게 APA 양식(American Psychological Association Style), MLA 양식(The Modern Language Association Style), Chicago 양식, Turabian 양식 등이 있다.

참고문헌

연구논문의 작성을 위하여 참고한 문헌을 의미하며, 참고문헌의 서지사항을 일정한 순서로 정리하여 제시한 목록을 참고문헌 목록이라고 부른다.

우선 APA 양식은 미국심리학회(The American Psychological Association)에서 연구논문의 본문이나 Reference에 참고문헌을 인용하여 사용할 때 제시하는 표준화된 방법으로, 심리학 문헌뿐만 아니라 교육학 관련 사회과학 학술지 작성에서 가장 많이 사용하는 양식이다. APA 양식의 큰 특징은 각주(footnote)를 사용하지 않고 내주와 참고문헌만으로 간단히 작성하는 것이다.

반면, Chicago 양식은 문학, 역사, 예술 등의 인문학, 자연과학, 사회과학 분야에서 The Chicago Manual of Style에 근거하여 참고문헌과 각주를 동시에 사용하는 작성 양식이다. 시카고대학교 대학원에서 학위논문 담당 비서로 있던 케이트 튜라비안(Kate L. Turabian)이 시카고 양식을 알기 쉽게 소책자『A Manual for Writers of Term Papers, Theses, and Dissertation』를 펴내 튜라비안 양식(Turabian Style)으로도 알려져 있다.

MLA 양식은 현대언어학회(Modern Language Association)에서 제안하는 인문과학 분야에서 자주 사용되는 논문 작성방법이다. MLA 양식은 각주를 사용하지 않고 내주와 참고문헌만을 사용하나 작성방식에 있어 APA 양식과 약간의 차이가 있다.

이들 양식의 참고문헌 작성방법은 저자, 책이나 논문명, 출판 정보를 제공하는 데 있어 그 순서나 작성 방식에 있어 약간씩 차이가 있다. 이에 이 장에서는 주요 양식의 특징과 차이점을 제공함으로써 연구자가 어떠한 양식으로 학술논문을 진행하여도 참고문헌 작성이 일관성 있게 이루어지도록 하는 데 기여하고자 한다.

1. APA 양식

APA 양식은 각주를 사용하지 않고 간단히 내주와 참고문헌만으로 작성하는 것이 특징이다. 한국음악교육학회의 정기간행물인『음악교육연구』의 논문작성은 APA 양식을 따르고 있다. 여기에서는『음악교육연구』투고규정의 일부 내용과 함께 본문 인용법과 참고문헌 작성법으로 나누어 설명하고자 한다.

1) 본문 내에서 참고문헌 인용 방법

본문 내의 참고문헌 인용은 독자가 출처를 간편하게 확인할 수 있도록 정보를 제공하는 것이다. 이때 주의하여야 할 점은 본문에 인용한 내용과 참고문헌(Reference)에서 제시되는 내용이 일치되어야 한다는 것이다. 본문에 있는 모든 인용구는 반드시 논문 뒤쪽에 제시되는 참고문헌 목록에 명시되어야 하며, 동시에 참고문헌 목록에 제시된 것들은 모두 본문에 인용되어야 한다.

(1) 인용 방법

① 인용된 참고문헌은 본문의 하단에(각주) 기입하지 않고 본문 안의 해당 문장 뒤에 표기하도록 한다.

② 단행본과 정기간행물의 본문 내 인용은 저자, 연도, 페이지 순으로 괄호로 묶고, 문장이 끝나는 경우 마침표는 괄호 뒤에 두며 괄호 앞에는 빈칸을 두지 않는다. 외국문헌일 경우, 연구자의 성(姓, Last Name)과 연구 연도를 밝힌다.

- 예시: 주장하였다(김영희, 2015).
  주장하였다(Browan, 2015).

③ 본문 중에서 더 첨가할 내용이나 설명이 있을 경우에는 본문의 하단에 각주를 달도록 한다.

④ 인용된 페이지 표시는 한 페이지는 소문자 p.로, 두 페이지 이상은 pp.로 표기하며, p. 또는 pp.와 페이지 번호 사이는 1칸 띄도록 한다.

- 예시: (김영연, 2015, p. 15).
  (김영연, 2015, pp. 15-20).

⑤ 저자의 이름이 본문의 일부로 표기된다면 출판 연도만 괄호 속에 인용한다. 또는 본문 중에서 괄호 안에 저자명, 출판 연도순으로 표기될 수도 있다.

- 예시: 주대창(2017)은 한슬릭의 형식주의가 지닌 철학적 구조를 밝혀서

⑥ 원자료의 특정 부분을 인용하기 위해서는 본문의 적절한 부분에 반드시 인용출처의 해당 페이지 또는 장(章, chapter) 등을 명시하도록 한다.

⑦ 본문의 내용이나 그림 등이 원(original)자료가 아닌 2차(secondary) 자료에서 인용된 경우는 재인용임을 밝히도록 한다.

- 예시: (Woody, 1999, p. 25 재인용).

⑧ 같은 괄호 안에서 서로 다른 저자에 대한 연구가 인용되는 경우, 인용출처는 세미콜론(;)으로 구분 후 한 칸 띄고, 국문 인명은 '가나다' 순으

로 외국인명은 '알파벳' 순으로 한다.

- 예시: (Baumeister & Brooks, 1981; Borkowski & Day, 1987; Sternberg, 1982). (이경인, 장근주, 박지현, 2012; 임미경, 2006)

⑨ 원 자료의 내용을 그대로 옮겨오는 직접 인용의 경우, 반드시 원문의 쪽 수(페이지 수)를 표기하여야 한다. 이때, 짧은 내용을 직접 인용할 때에는 이를 본문에 포함시켜 겹 따옴표로 표시하며, 긴 내용을 직접 인용할 경우에는 인용 부분을 새로운 줄에서 다시 시작하고, 왼쪽과 오른쪽에 각각 들여쓰기 하여 본문의 글자 크기보다 한 단계 작은 크기로 한다. 이때 겹따옴표는 사용하지 않는다.

- 예시 1: 짧은 내용 직접 인용

  자기 모니터링은 "자신의 연주를 정확하게 들을 수 있는 능력"(Woody, 1999, p. 25)이다.

- 예시 2: 긴 내용을 직접 인용

  음악의 의미에 대해 랭어는 다음과 같이 기술하고 있다.

> 음악이 어떤 의미 (significance)를 갖는 다면, 그건 의미론적인 차원이지 징후적 차원이 아니다. … 만일 정서적 내용을 가지고 있다면, 그건 언어가 상징적으로 개념적 내용을 갖는 것처럼 동일한 입장에서 음악도 상징적으로 정서적 내용을 갖는 것이다(Langer, 1942, p. 218)

(2) 저자 수에 따른 인용 방법

① 저자 1인의 단독 연구일 경우는 앞의 (1) 인용 방법의 예들을 참고하도록 한다.

② 저자 2~5인에 의한 단일 연구를 인용하는 경우, 항상 본문에 인용문이 사용될 때마다 모든 저자의 이름을 기입한다. 이때 외국 인명은 '&'로 연결하며, 괄호 안으로 인용될 경우에 국문 인용될 경우에 국문 인명은 쉼표로 인명을 분리한다.

- 예시: (Brown & Walker, 2015).

③ 6인 이상의 저자가 공동으로 수행한 단일 연구의 내용을 인용할 경우,

첫 번째 인용에만 모든 저자의 이름을 표기하며, 지속적으로 인용될 경우 국문 인명에는 첫 저자와 '외'를 쓰고 외국 인명에는 'et al.' 을 사용한다.

- 예시 1: 김미숙 외(2013)는 바람직한 인성의 도야는 음악교육의 교육적 목적에서
- 예시 2: Fleishner et al.(1982) reported a higher incidence of counting strategies among third-and sixth-grade LD children than among normally achieving math students when they solved 12 basic addition facts.

④ 저자가 단체명일 경우에는 본문에서 처음으로 인용될 때에만 완전하게 기입하고, 두 번째 인용부터는 단체의 약자를 사용한다.

- 예시: 첫 번째 인용 (Music Teachers National Association, 2017)
  두 번째 인용 (MTNA, 2017)로 인용할 수 있다.

⑤ 동일한 성을 가진 외국 저자들의 저작물을 본문에서 인용하는 경우, 출판 연도가 다르더라도 혼동을 피하기 위해 인용을 할 때마다 저자들 이름의 머리글자(initial)을 표기하도록 한다.

- 예시: (J. P. Miller, 1988) (R. Miller, 1993)
  J. P. 밀러와(1988) R. 밀러(1993)는 음악교육에 있어……

⑥ 같은 저자에 의해 작성된 두 편 이상의 저작물들은 출판 연도순으로 배열한다.

- 예시: 현경실(2008, 2010, 2011, 2016)의 저술을 살펴보면……

2) 참고문헌 목록으로 인용 방법

학술 논문의 끝부분에 제시되는 참고문헌 목록은 본문 안에서 인용된 선행연구의 출처 확인 및 인출할 때 필요한 정확한 정보를 제공하여야 한다. APA 양식에 따른 참고문헌의 일반적인 작성방법은 크게 다음과 같다.

① 참고문헌은 국문 자료, 외국자료의 순으로 쓴다.

② 논문의 맨 뒤에 오는 참고문헌 목록에는 저자의 성(last name)의 알파벳

순서로 열거해 준다.

③ 외국저서일 경우 저자의 성을 먼저 쓰고 콤마(,)를 찍은 후 이름(first name)의 이니셜만 쓴다.

- 예시: Brown, S. (2017)

④ 저자수가 2인 이상인 경우 제2저자는 이름 이니셜, 성의 순으로 하며, 성과 이름 사이는 쉼표로 분리한다.

- 예시: Brown, S., Walker, M., & Martin, O. (2017)

⑤ 외국 도서명은 첫 단어의 처음만 대문자로 표기하도록 하며, 정기간행물은 전치사를 제외한 각 단어의 처음을 대문자로 한다.

⑥ 각 참고문헌의 첫줄은 내어쓰기를 하고, 두 번째 줄부터는 첫 번째 줄보다 3칸 들여쓰기를 한다.

⑦ 저자의 first name이나 호칭 (Dr. Ph.D.)은 사용하지 않는다. .

(1) 단행본

단행본은『저자 (출판연도). 도서명. 출판지: 출판부』순으로 기재하며, 이들 사이에는 마침표로 구분하고 1칸 씩 띄도록 한다(단, 국문 저자 다음에는 마침표를 사용하지 않고 한 칸 띄어쓰기만 한다). 이때 국문 도서명은 굵은 글씨체로 하고 외국 도서명은 이탤릭체로 한다.

① 저자 1인에 의한 단행본

- 예시 1: 김용희 (2016). **창의적 음악교육**. 서울: 음악세계.
- 예시 2: Elliott, D. J. (1995). *Music matters*. New York: Oxford University Press.

② 저자가 여러 명일 경우에는 저자를 모두 쓰며 국문 인명인 경우에는 인명 사이를 쉼표로, 외국 인명인 경우에는 마지막 저자 앞에 '&'을 표기한다.

- 예시 1: 민경훈, 김신영, 김용희, 방금주, 승윤희, 양종모, 이연경, 임미경, 장기범, 조순이, 주대창, 현경실(2017). **음악교육학 총론(제3판)**. 서울: 학지사.
- 예시 2: Abeles, H., Hoffer, C., & Klotman, R.(1994). *Foundation of*

music education. New York: Schirmer books.

③ 출판된 도서가 수정되어 다시 발간된 경우에는 이를 도서명 다음에 괄호 안에 기입한다.

- 예시 1: Riemer, B. (1989). *A philosophy of music education*(2nd ed.). Englewood Cliffs, NJ: Prentice Hall.

⑤ 저자가 직접 쓴 내용이 아니라 편집된 도서의 경우, 국문 도서는 '편,' 외국 도서는 편저자가 1인일 때는 'Ed.', 2인 이상일 때는 'Eds.'로 표기한다.

- 예시 1: 김선달 (편) (1992). 음악교육을 말한다. 서울: 음악출판사.
- 예시 2: Elliott, D. J. (Ed.) (2005). *Praxial music education: Reflections and dialogues*. New York: Oxford University Press.

⑥ 저자가 학회명, 혹은 기관명으로 되어 있을 경우, 저자와 출판자가 동일하다면 출판사의 이름으로 국문에서는 '저자', 영문에서는 'Author'라고 표기한다.

- 예시 1: 교육과학기술부 (2013). 3-5세 연령별 누리과정 지침서. 서울: 저자.
- 예시 2: Music Educators National Conference (1994). *The school music program: A new vision*. Reston, VA: Author.

⑦ 동일 저자에 의한 단행본은 연도순으로 적으며, 저자는 반복 표기한다.

⑧ 저자나 편집자가 없는 단행본

- 예시 1: 조선대백과사전 (1995-2001). 평양: 백과사전출판사.
- 예시 2: Merriam-Webster's collegiate dictionary(10th ed.) (1993). Springfield, MA: Merriam Webster.

⑨ 외국도서가 국문으로 번역된 단행본의 경우, 원저자. (번역 출판연도). 번역문 제목. 번역자. 출판지: 출판부. 순으로 적도록 한다.

- 예시: Hoffer, C. R. (2001). 음악교사론. 안미자 역. 서울: 이화여자대학교 출판부.

⑩ 편집된 단행본이나 논문의 경우, 특정 장(章)이나 논문에 대한 참고문헌 작성은, 『해당부분의 저자(출판연도). 장/논문저자 (출판연도). 장/논문 제목. 편집자, 도서명 (pp.). 출판지: 출판부』. 순으로 한다. 이들 사이에는 마침표로 구분하고(편집자 다음은 쉼표), 1칸씩 띄도록 한다. 이때 장/

논문제목에는 따옴표를 붙이지 않는다. 외국 도서의 경우, 편집자 앞에는 전치사 'In'을 붙인다.

- 예시 1: 국내도서

  양종모 (2003). 음악교육평가. 한국교과교육평가학회 (편), 교과교육평가의 이론과 실제 (pp. 412-458). 서울: 원미사.

- 예시 2: 외국도서

  Nierman, G. E., Zeichner, K. & Hobblel, N. (2002). Changing concepts of teacher education. In R. Cowell & C. Richardson (Eds.), *The new handbook of research on music teaching and learning* (pp. 818-838). New York: Oxford University Press.

(2) 정기간행물

정기간행물이란 학술지(Journals)나 잡지(Magazines) 등 같이 정기적으로 발간되는 간행물을 말한다.

① 정기간행물은『저자. (출판연도). 연구제목. 간행물이름, 권(호), 페이지.』순으로 하며 구두점 다음은 1칸씩 띄도록 한다(단행본의 경우와 마찬가지로, 국문저자 다음에는 마침표를 사용하지 않고 1칸 띄어쓰기만 한다). 이때 연구제목에는 따옴표를 달지 않으며 간행물 이름은 국문인 경우는 굵은 글씨체로, 외국어인 경우는 이탤릭체로 한다. 참고문헌에서는 p. 또는 pp.는 쓰지 않고 페이지 번호만 단다.

- 예시1: 권수미 (2012). 예술중심 융합교육 프로그램 개발을 위한 제언. **음악교육연구**, 41(2), 67-100.
- 예시2: Stambaugh, L. A. (2011). When repetition isn't the best strategy: Effects of blocked and random practice schedules. *Journal of Research in Music Education*, 58(4), 368-383.

② 출판 예정인 정기 간행물 논문은 국문인 경우에는 '근간,' 영문인 경우에는 'in press'라고만 쓰며, 연도나 권, 호수 등은 기입하지 않는다.

- 예시 1: 조대현(근간). 초등학교 5학년 음악교수-학습모형. **음악교육연구**.
- 예시 2: Song, Y., Hong, J., Kim, S., & Lee, K. (in press). *Differences in*

music.,).……

③ 잡지(Megazine)에 실린 글

- 예시1: Lemann, N. (1994). The myth of community development. *New York Times Magazine, 9*(1), 27-31.

(3) 석사 · 박사 학위논문

박사 및 석사 학위논문은 연구자가 구독하는 데이터베이스, 기관의 아카이브 그리고 개인운영 웹사이트로부터 인출할 수 있다. 만일 저작물이 ProQuest 학위논문 및 논문 데이터베이스 등에서 인출된 경우, 이 정보를 참고문헌에 다음의 순서로 제시한다.

- 예시 1: 김지현 (2009). Web 2.0 기반 PBL 음악 교수-학습 모형 구안 연구: 예비 음악교사 교육을 중심으로. 박사학위논문, 경희대학교 대학원.
- 예시 2: Fincher, B. J. (1983). The effects of playing the melody by rote during the prestudy procedure upon sight-reading skill development of beginning class piano students. (Doctoral dissertation, University of Oklahoma). Dissertation Abstracts International, 44-12A, 3623.

(4) 보고서

보고서를 참고문헌으로 사용할 경우, 정기간행물 표기방법에 준하되 괄호 안에 연번을 포함한 보고서명을 쓴다.

- 예시: 장기범, 황연주, 임원수, 조성기, 윤성원 (2006). 학교경영자를 위한 문화예술분야 연수프로그램 개발 연구. 한국문화예술교육진흥원 연구보고(KACES-0620-R003). 서울: 한국문화예술교육진흥원.

(5) 인터넷 자료

인터넷 자료는 사이트명과 검색일을 기록한다. 다양한 웹사이트와 방대한 양의 온라인 기사가 제공되고 있기 때문에 작성방법을 단일화하는 데 어려운 점은 있으나 일반적으로 다음과 같은 순서로 작성한다.

① 일반 웹사이트와 온라인기사

저자. (출판연도). 특정 페이지의 제목. 웹사이트명 또는 학술지명(이탤릭체). 정보 검색일. URL 표시하기. 순서로 기입한다.

- 예시 1: Doe, J. (2012, December 31). Statistics and analysis. *The great information website*. Retrieved January 1, 2013, from http://SampleURL.com.
- 예시 2: 황지원(2017). 뮤지컬 아리랑 열두 고개 넘어 또다시 힘차게 부르는 아리랑. *Beautiful Life Arts Center* Vol. 336. 접속일 10. 14. 2017. http://www.sac.or.kr/ebook/ecatalog.jsp?Dir=121

② 저자가 없는 웹사이트

- 예시 1: How to cite a website in APA. (2012, December 31). Retrieved January 1, 2013, from wikiHow: http//www.wikiHOW.com/cite-a-Website-in-APA
- 예시 2: ASU enrollment (2008). Retrieved 20 August 2008, from http://uoia.asu.edu/files/factbook/Enrollment.pdf.

(6) 기타

이와 같은 내용을 참고로 논문 작성하되 여기에서 구체적으로 제시하지 않은 다른 자료를 인용하는 경우는 최신 지침 APA 논문작성 양식을 따르도록 한다.

3) 본문과 참고문헌의 APA 양식 인용 방법 비교 예시

APA 양식에 따른 본문과 참고문헌에서의 인용 방법을 단행본, 학위논문, 정기간행물로 분류하여 비교한 예시를 정리하면 〈표 12-1〉, 〈표 12-2〉, 〈표 12-3〉과 같다.

표 12-1 APA 양식에 따른 단행본 인용방법 예시

단행본	내주	한글	(저자명, 출판연도)
		영문	(성, 출판연도)
	예시	한글	(김용희, 2016)
		영문	(Franklin, 1985)
	참고문헌	한글	저자명 (출판연도). 제목. 출판도시: 출판사.
		영문	저자 성, 이름 중간이름. (출판연도). *제목*. 출판도시: 출판사.
	예시	한글	김용희 (2016). 창의적 음악교육. 서울: 음악세계.
		영문	Riemer, B. (1989). *A philosophy of music education* (2nd ed). Englwood Cliffs, NJ: Prentice-Hall.

표 12-2 APA 양식에 따른 학위논문 인용방법 예시

학위논문	내주	한글	(저자명, 출판연도)
		영문	(성, 출판연도)
	예시	한글	(조성기, 2007)
		영문	(Fincher, 1983)
	참고문헌	한글	저자명 (출판연도). 학위논문명. 학위명. 수여기관.
		영문	성, 이름 중간이름. (출판연도). 학위논문명. (학위명, 수여기관). 자료를 인출한 기관 이름과 인출번호.
	예시	한글	조성기 (2007). 센커식 분석이론을 적용한 중등음악교육방법에 관한 연구. 박사학위논문. 한양대학교 대학원.
		영문	Fincher, B. J. (1983). The effects of playing the melody by rote during the prestudy procedure upon sight-reading skill development of beginning class piano students. (Doctoral dissertation, University of Oklahoma). *Dissertation Abstracts International*, 44-12A, 3623.

표 12-3 APA 양식에 따른 학위논문 인용방법 예시

정기간행물	내주	한글	(저자명, 출판연도)
		영문	(성, 출판연도)
	예시	한글	(주대창, 2012)
		영문	(Gaser & Schlaug, 2003)
	참고문헌	한글	저자명 (출판연도). 제목. 간행물명, 권(호), 수록면수.
		영문	성, 이름 중간이름. (출판연도). 제목. *간행물명*, 권(호), 수록면수.
	예시	한글	주대창 (2012). 학습주제 중심의 실용적 음악교과 교육과정의 구안. 음악교육연구, 44(1), 219-242.
		영문	Gaser, C. & Schlaug, G. (2003). Brain Structures differ between musicians and non-musicians. *The Journal of Neuroscience*, 23(27), 9240-9245.

2. Chicago 양식

Chicago 양식 작성 시 한글 단행본 제목은 굵은체나 겹낫표『 』기호를 사용하기도 하며, 외국문헌의 경우 이탤릭체로 서술한다. 정기간행물의 경우 한글 간행물명은 굵은체로, 외국간행물은 이탤릭체로 서술한다. 출판사의 소재 정보를 밝힐 때는 도시(city) 이름을 쓰고 출판사명을 쓴다. 만약, 미국에서 출판된 참고문헌일 경우, 도시명에 이어 주명을 축약어로 밝혀야 하나, 아래의 유명 도시들일 경우는 주명을 추가하지 않아도 된다.

Baltimore	New York	Amsterdam	Paris
Boston	Philadelphia	Jerusalem	Rome
Chicago	San Francisco	London	Stockholm
Los Angeles		Milan	Tokyo
		Moscow	Vienna

Chicago 양식 작성방법을 크게 단행본, 학위논문, 정기간행물, 웹사이트로 분류하여 간단히 정리하면 〈표 12-4〉, 〈표 12-5〉, 〈표 12-6〉과 같다.

표 12-4 Chicago 양식에 따른 단행본 인용방법 예시

<table>
<tr><td rowspan="8">단행본</td><td rowspan="2">각주</td><td>한글</td><td>각주번호) 저자명, 제목 (출판도시: 출판사, 출판연도), 인용쪽수.</td></tr>
<tr><td>영문</td><td>각주번호) 저자이름 중간이름 성, 제목, (출판도시: 출판사, 출판연도), 인용쪽수.</td></tr>
<tr><td rowspan="2">예시</td><td>한글</td><td>1) 김용희, 창의적 음악교육 (서울: 음악세계, 2016), 115.</td></tr>
<tr><td>영문</td><td>2) Bennett Riemer, A Philosophy of Music Education, (Englwood Cliffs, NJ: Prentice-Hall, 1989), 54.</td></tr>
<tr><td rowspan="2">참고문헌</td><td>한글</td><td>저자명. 제목. 출판도시: 출판사, 출판연도.</td></tr>
<tr><td>영문</td><td>저자 성, 이름 중간이름. 제목. 출판도시: 출판사, 출판연도.</td></tr>
<tr><td rowspan="2">예시</td><td>한글</td><td>김용희. 창의적 음악교육. 서울: 음악세계, 2016.</td></tr>
<tr><td>영문</td><td>Franklin, John Hope. George Washington Williams: A Biography. Chicago: University of Chicago Press, 1985.
Riemer, Bennett. A Philosophy of Music Education. Englewood Cliffs, NJ: Prentice-Hall, 1989.</td></tr>
</table>

표 12-5 Chicago 양식에 따른 학위논문 인용방법 예시

<table>
<tr><td rowspan="6">학위논문</td><td rowspan="2">각주</td><td>한글</td><td>각주번호) 저자명, “제목”(학위명, 수여기관, 수여연도), 인용쪽수.</td></tr>
<tr><td>영문</td><td>각주번호) 저자이름 중간이름 성, “제목” (학위명, 수여기관, 수여연도), 인용쪽수.</td></tr>
<tr><td rowspan="2">예시</td><td>한글</td><td>3) 조선옥, “초등학교 3 · 4학년 음악 수행평가의 성취기준 양상 탐색” (석사학위, 한국교원대학교, 2017), 26.</td></tr>
<tr><td>영문</td><td>4) Gilberto Artioli, “Structural Studies of the Water Molecules and Hydrogen Bonding in Zeolites” (Ph.D. diss., University of Chicago, 1985), 10.</td></tr>
<tr><td rowspan="2">참고문헌</td><td>한글</td><td>저자명. “제목.” 학위명, 수여기관명, 수여연도.</td></tr>
<tr><td>영문</td><td>성, 이름 중간이름. “제목.” 학위명, 수여기관명, 수여연도.</td></tr>
</table>

학위논문	예시	한글	조선옥. "초등학교 3 · 4학년 음악 수행평가의 성취기준 양상 탐색." 석사학위, 한국교원대학교, 2017.
		영문	Artioli, Gilberto. "*Structural Studies of the Water Molecules and Hydrogen Bonding in Zeolites.*" Ph.D. diss., University of Chicago, 1985.

표 12-6 Chicago 양식에 따른 정기간행물 인용방법 예시

정기간행물	각주	한글	각주번호) 저자명, "제목" 간행물명 권:호 (연도): 인용쪽수.
		영문	각주번호) 이름 성, "제목" *간행물명* 권:호 (연도): 인용쪽수.
	예시	한글	5) 주대창, "학습주제 중심의 실용적 음악교과 교육과정의 구안" 음악교육연구 44:1 (2015): 219-242.
		영문	6) Harold F. Abeles, "Development and Validation of a Clarinet Performance Adjudication Scale." *Journal of Research in Music Education* 21:3 (1973): 246-255.
	참고문헌	한글	저자명. "제목" 간행물명 권:호 (연도): 수록면수.
		영문	성, 이름. "제목" *간행물명* 권:호 (연도): 수록면수.
	예시	한글	주대창. "학습주제 중심의 실용적 음악교과 교육과정의 구안" 음악교육연구 44:1 (2015): 219-242.
		영문	Abeles, Harold F. "Development and Validation of a Clarinet Performance Adjudication Scale." *Journal of Research in Music Education* 21:3 (1973): 246-255.

3. MLA 양식

MLA 양식은 현대언어학회(Modern Language Association)에서 제안하는 양식으로 내주와 참고문헌을 사용하는 것은 APA 양식과 유사하나 작성방식에 있어 약간의 차이가 있다. 이를 간단히 정리하면 〈표 12-7〉, 〈표 12-8〉, 〈표 12-9〉와 같다.

표 12-7 MLA 양식에 따른 단행본 인용방법 예시

단행본	내주	한글	(저자명 인용면수)
		영문	(성 인용면수)
	예시	한글	(현경실 115)
		영문	(Riemer 54)
	참고문헌	한글	저자명. 제목. 출판도시: 출판사, 출판연도.
		영문	성, 이름 중간이름. 제목. 출판지: 출판사, 출판연도.
	예시	한글	현경실. 한국 음악적성 검사. 서울: 학지사, 2004.
		영문	Riemer, B. *A Philosophy of Music Education*. Englwood Cliffs, NJ: Prentice-Hall, 1989

표 12-8 MLA 양식에 따른 학위논문 인용방법 예시

학위논문	내주	한글	(저자명 인용면수)
		영문	(성 인용면수)
	예시	한글	(조선옥 26)
		영문	(Artioli 10)
	참고문헌	한글	저자명. "제목." 학위명. 수여기관명. 출판연도.
		영문	성, 이름 중간이름. "*제목*." 학위명. 수여기관명. 출판연도.
	예시	한글	조선옥. "초등학교 3 · 4학년 음악 수행평가의 성취기준 양상 탐색." 석사학위. 한국교원대학교. 2017.
		영문	Artioli, Gilberto. "*Structural Studies of the Water Molecules and Hydrogen Bonding in Zeolites*." Ph.D. diss., University of Chicago. 1985.

표 12-9 MLA 양식에 따른 정기간행물 인용방법 예시

정기간행물	내주	한글	(저자명 인용면수)
		영문	(성 인용면수)
	예시	한글	(조선옥 26)
		영문	(Artioli 10)

참고문헌	한글	저자명. "제목." 간행물명 권.호 (출판연도): 수록면수.
	영문	성, 이름 중간이름. "*제목.*" 간행물명. 권.호 (출판연도): 수록면수.
예시	한글	주대창. "학습주제 중심의 실용적 음악교과 교육과정의 구안." 음악교육연구 44.1(2015): 219-242.
	영문	Abeles Harold F. "*Development and Validation of a Clarinet Performance Adjudication Scale.*" Journal of Research in Music Education 21.3(1973): 246-255.

참고문헌

교육평가용어사전(2004. 5. 31). 네이버 지식백과. Retrieved 2017.07.07., from http://terms.naver.com/entry.nhn?docId=1924509&cid=42125&categoryId=42125

Gibaldi, J. & Achtert, W. (Ed.) (1984). *MLA Handbooks for Writers of Research Papers.* (2nd ed.). New York: The Modern Language Association.

Publication Manual of the American Psychological Association (5th ed.). (2001). Washington, DC: American Psychological Association.

The Chicago Manual of Style (14th ed.). (1996). Chicago: University of Chicago Press.

Turabian, K. (1996). *A Manual for Writers of Term Papers, Theses and Dissertations* (5th ed.). Chicago: University of Chicago Press.

Langer, S. K. (1942). *Philosophy in a new key.* New York: A Mentor Book.

Woody, R. H. (1999). Getting into their heads. *American Musica Teachers, 49*(3), 24-27.

정리하기

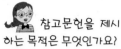

참고문헌을 제시하는 목적은 무엇인가요? 참고문헌은 대충 적으면 안 되나요?	참고문헌을 제시하는 이유는 다른 연구자들의 연구에 도움을 주는 데 있습니다. 즉, 본문에 인용된 참고자료들의 출처를 찾아 이용할 수 있게 하기 위한 것입니다. 따라서 정확한 정보를 제시해야 합니다.	그럼 참고문헌에는 어떤 내용을 밝혀 줘야 하는가요?
일반적으로 저자, 출판연도, 제목, 출판지와 출판사에 대한 정보들을 정확하게 제공해야 합니다.	저자, 책이나 논문명, 출판 정보를 제공하는 데 있어 그 순서나 작성방식에 약간씩 차이가 있는데, 왜 그런가요? 참고문헌 양식이 다른데 어떻게 작성하면 되나요?	학술지마다 선택한 논문작성 양식이 다르기 때문이지요. 어떠한 양식으로 학술논문을 진행하여도 일관성 있게 이루어지도록 하세요.

내용요약

1. 참고문헌 작성방법은 양식에 따라 저자, 책이나 논문명, 출판정보를 제공하는 데 있어, 그 순서나 방식에 약간씩 차이가 있다. 이에 주요 양식의 특징과 차이점을 이해함으로써 연구자가 어떠한 양식으로 학술논문을 진행하여도 참고문헌 작성이 일관성 있게 이루어지도록 하여야 한다.

연구문제

1. 참고문헌을 제시하는 목적을 설명해 보시오.

2. 참고문헌에서 밝혀야 할 내용을 설명해 보시오.

찾아보기

[인 명]

[내 용]

ㅂ

ㅅ

ㅇ

저자 소개

주대창(Ju, Daechang)

독일 기센대학교 철학(음악학) 박사

현 광주교육대학교 음악교육과 교수

논문 헤겔 미학을 통해 본 음악교육의 방향 설정(2016)
음악교육의 철학적 사고에 대한 최근 경향-북미지역을 중심으로(2013)

현경실(Hyun, Kyungsil)

미국 템플대학교 음악교육학 박사

현 성신여자대학교 교육대학원 교수

저서 Kids' MAT 유아 음악적성 검사: 이해와 활용(인싸이트, 2016)
한국음악적성 검사(학지사, 2004)

민경훈(Min Kyunghoon)

독일 뮌스터대학교 음악교육학 박사

현 한국교원대학교 제4대학 음악교육과 교수

저서 음악교육학 총론(3판, 공저, 학지사, 2017)

논문 학교 음악교육의 활성화를 위한 논의(2016)

양종모(Yang, Jongmo)

단국대학교 교육학 박사

현 부산교육대학교 음악교육과 교수

논문 조선총련의 음악교육에서 나타나는 민족교육의 양상(2016)
일본 소학교의 음악 교과서에 나타나는 지역세계성(glocality) 연구(2016)

김용희(Kim, Yong Hee)

미국 컬럼비아대학교 음악교육학 박사
현 경인교육대학교 음악교육과 교수
저서 창의적 음악교육(음악세계, 2016)
역서 음악 교육의 주요 이슈(공역, 음악세계, 2017)

조성기(Cho, Sunggi)

한양대학교 음악학(음악이론) 박사
현 공주대학교 음악교육과 교수
저서 스마트하게 음악 만들기(공저, 미래엔 에듀, 2016)
논문 음악 창작 교수 · 학습을 위한 TPACK 연구(2016)

김지현(Kim, Jihyun)

경희대학교 교육학(음악교육공학) 박사
현 조선대학교 음악교육과 교수
저서 음악 교수학습방법(공저, 학지사, 2017)
논문 Suggestion on the Problem-based Learning Environment for Smart Learning in Pre-service Music Teacher Education(2014)

권수미(Kwon, Sumi)

미국 컬럼비아대학교 음악교육학 박사 및 맨해튼음악대학교 연주학 박사
현 한국교원대학교 초등교육과 교수
논문 예술중심 융합교육 프로그램 개발을 위한 제언(2012)
비피아노전공 대학생들을 위한 클래스 피아노 교재 개발(2006)

조대현(Cho, Daehyun)

독일 뷔르츠부르크음악대학교 철학(음악교육학, 교육심리학, 음악학) 박사

현 경상대학교 음악교육과 교수

논문 음악 중심 융합교육을 위한 교수학습 모델 개발(2017)

음악 중심 융합교육과 이를 위한 전제조건(2013)

박지현 (Park, Jihyun)

서울대학교 음악교육학 박사

현 광주교육대학교 음악교육과 교수

저서 음악과 교재 연구(공저, 학지사, 2015)

음악의 지각과 인지 II(음악세계, 2013)

최진호(Choi, Jinho)

미국 노스텍사스대학교 음악교육학 박사

현 중앙대학교 예술대학 음악학부 교수

논문 대학생들의 음악감상활동 및 초중고교 음악교과와의 관계(2016)

연구방법론을 통해 본 음악교육학 연구의 현황과 과제(2011)

임은정(Lim, Eunjung)

미국 켄트주립대학교 음악교육학 박사

현 경희대학교 교육대학원 객원교수

논문 생활화 영역의 음악적 역량 지도 방안 연구(2017)

미국 지역 공동체 음악프로그램 'Harmony Project' 분석 연구(2017)

KMES 한국음악교육학회 학술총서 02

음악교육연구방법의 이해
Research Practice in Music Education

2018년 2월 15일 1판 1쇄 인쇄
2018년 2월 20일 1판 1쇄 발행

지은이 • 주대창 · 현경실 · 민경훈 · 양종모 · 김용희 · 조성기
김지현 · 권수미 · 조대현 · 박지현 · 최진호 · 임은정

펴낸이 • 김진환
펴낸곳 • (주) 학지사
04031 서울특별시 마포구 양화로 15길 20 마인드월드빌딩
대표전화 • 02)330-5114 팩스 • 02)324-2345
등록번호 • 제313-2006-000265호

홈페이지 • http://www.hakjisa.co.kr
페이스북 • https://www.facebook.com/hakjisa

ISBN 978-89-997-1477-1 93370

정가 19,000원